本书系国家社会科学基金重点项目（13AZD084）的结项成果

中国海洋大学一流大学建设专项经费资助
教育部人文社会科学重点研究基地中国海洋大学海洋发展研究院资助

Research on China's Strategy on Arctic Shipping Routes
from the Perspective of International Law

国际法视角下的
中国北极航线战略研究

刘惠荣　李浩梅 ◎ 著

中国政法大学出版社

图书在版编目（ＣＩＰ）数据

国际法视角下的中国北极航线战略研究/刘惠荣, 李浩梅著. —北京:中国政法大学出版社,
2019.8
ISBN 978-7-5620-9159-2

Ⅰ.①国… Ⅱ.①刘… ②李… Ⅲ.①北极－航海航线－海洋法－研究－中国 Ⅳ.①D993.5

中国版本图书馆CIP数据核字(2019)第170397号

书　名	国际法视角下的中国北极航线战略研究
	GUOJIFA SHIJIAOXIADE ZHONGGUO BEIJI HANGXIAN ZHANLUE YANJIU
出版者	中国政法大学出版社
地　址	北京市海淀区西土城路 25 号
邮　箱	fadapress@163.com
网　址	http://www.cuplpress.com （网络实名：中国政法大学出版社）
电　话	010-58908466(第七编辑部) 010-58908334(邮购部)
承　印	固安华明印业有限公司
开　本	720mm×960mm　1/16
印　张	19.25
字　数	305 千字
版　次	2019 年 8 月第 1 版
印　次	2019 年 8 月第 1 次印刷
定　价	75.00 元

目 录 CONTENTS

第四编　中国北极航线战略评估与制定

前　言

一、北极变化及北极航道通航前景

受全球气候变化以及其他人类活动等多种因素的影响，北极气候与环境正在发生巨变。近年来北极地区的气候变得更加温暖，不断出现创纪录的高温，海冰和冰雪覆盖减少，冰川和冰盖融化，永久冻土层融化。北极理事会在 2017 年发布了关于北极雪、水、冰和冻土变化情况的最新评估报告[1]，清晰地揭示了北极地区气候变化的现状与形势。报告指出，温室气体浓度的升高导致敏感脆弱的北极气候、水文和生态系统发生了广泛的变化，自 2011 年以来，海冰厚度、面积、陆地冰量、春雪覆盖范围和持续时间均呈下降趋势，近地表永冻层持续升温，北极环境正在变得更加温暖、湿润和多变；海冰范围和厚度缩减明显，科学家基于现有观测数据，预测北冰洋最早将在 21 世纪 30 年代末出现夏季基本无冰的状况。[2]

据科学家分析，在过去 30 年间北极海冰面积出现了快速减退的趋势，尤其是夏季以每 10 年超过 10% 的幅度快速减少。1979 年以来北极海冰经历了从平缓到突变的过程，1997～2012 年北极海冰面积的减少速率是 1979～1996 年

---

〔1〕　这一评估是对 2004 年发布的北极气候变化影响评估（Arctic Climate Impact Assessment）的阶段性更新，北极气候变化影响评估（Arctic Climate Impact Assessment, ACIA）由北极理事会北极监测和评估工作组、北极动植物保护工作组以及国际北极科学委员会联合开展，包括一个总结了评估结果的概述报告、一个提供了完整参考和详细技术背景信息的科学评估报告以及一个单独的政策文件共三个报告。https://www.amap.no/arctic-climate-impact-assessment-acia，最后访问日期：2019 年 1 月 12 日。

〔2〕　Arctic Council, Snow, water, ice and permafrost in the Arctic (SWIPA) summary for policy-makers, https://oaarchive.arctic-council.org/handle/11374/1931，最后访问日期：2019 年 1 月 12 日。

的 2.7 倍。在北极海冰快速缩减的趋势下，多年冰的减少尤为显著，其范围已经收缩到北冰洋中央区域和加拿大群岛附近。由于多年冰的大幅度减少，太平洋扇区海冰减退最为严重，2012 年 9 月达到了有史以来的最低值。同时，北极海冰的厚度变薄，融冰期变长。1980 年代初期，北极中央区的海冰的平均厚度约为 3.64m，到了 2008 年北极中央区海冰的厚度则下降到 1.89m。北极海冰的减退已经成为北极变化的重要现象，成为全球气候变化领域的研究热点。[1]

北极地区所具有的独特自然条件和气候状况，决定了它对气候变化的敏感性。北极是全球气候变化的一个非常重要的早期预警系统，北极地区的年平均气温升高速度是地球上其他地区的两倍，其所造成的海冰融化，影响到北极及周边地区的大气环流和天气，引起包括欧洲和北美洲等地区的气温和降水变化，严重影响了这些地区的农林业和供水系统。北极冻土和湿地所储存的大量碳，数量相当于大气中碳含量的两倍。随着北极气候变化，冻土也在日益融化，并以惊人的速度向大气中释放出二氧化碳和甲烷，使这两种温室气体在大气中的含量不断上升[2]。北极环境的巨大变化给北极地区的交通、北极居民和原住民的生活、生物和生态系统以及经济活动带来深刻的影响。海冰及陆上冰雪消融导致海岸侵蚀严重，雪崩、洪水等灾害多发，给沿海社区的生活带来交通安全风险乃至生存威胁；气候变迁改变着当地动植物的分布，并且影响着整个生态系统的变迁，海冰的消退还会扰乱北极熊、北极海豹、海象等动物的生命周期。北极是全球气候变化的报警器，北极气候变化的影响不仅局限于地区和区域内部，还可能产生全球性影响。北极冰冻圈的融化通过地球大气和海洋环流的作用会给地球的其他角落带来严重的后果，例如：加速全球气候变暖、导致全球海平面上升、增加中纬度等地区的极端天气。北冰洋是全球气候系统运转的巨大冷源之一，北极海冰面积的缩减直接增加了对太阳辐射的吸收，进而加速海冰融化、加热大气，加快全球变暖的速度。

北极自然环境的变化给北极乃至整个国际社会的经济社会发展带来深远

---

〔1〕 陈萍、赵进平："北极海面风场对海冰区域性和整体性变化的影响"，载《中国海洋大学学报（自然科学版）》2017 年第 8 期。

〔2〕 刘惠荣、陈奕彤："北极法律问题的气候变化视野"，载《中国海洋大学学报（社会科学版）》2010 年第 3 期。

影响。北冰洋可通航海域面积扩大，人们更容易到达原本被海冰覆盖的北冰洋海域，北极地区特别是北冰洋沿岸的能源资源更容易被获取。近年来俄罗斯在北冰洋沿岸增加了大陆架的油气资源开采，带动了北极地区的基础设施建设和其他经济活动，北极区域内部货物运输、北极探险旅游增多，作为北极地区经济活动的集中体现，北极航道的船舶通行量在多个北极海域有所增加，北极地区迎来经济开发新机遇。在全球化的时代背景下，北极地区的经济社会发展将会牵动域外国家乃至整个世界的经济和贸易格局。经济全球化和区域经济一体化的深入发展推动着资源、资本、技术和信息等要素在全球范围内跨国界流动，不同地区的经济联系和相互依赖程度不断扩大和加深，北极地区的经济开发活动也将纳入到全球性贸易市场中。北极域外贸易国家有望成为未来北极海上航线商业通航的利用者，北极地区能源、资源的勘探开发会吸引域外投资，其能源产品也将流入世界主要的能源需求国，从而对全球贸易、投资和能源供应格局产生重要影响。

二、中国的北极活动及北极政策的发展轨迹

中国与北极的联系可以追溯到 20 世纪初期，1925 年，北洋政府参与签署了《斯匹次卑尔根群岛条约》（以下简称《斯约》）[1]。斯瓦尔巴群岛地处北极圈内北纬 70 度以北的北极区域，是北极地区的重要岛屿。《斯约》建立起一种独特的法律制度，一方面赋予挪威对斯瓦尔巴群岛的主权，另一方面赋予缔约国国民自由进入该群岛以及平等从事海洋、工业、矿业和商业等活动的权利。中国真正意义上介入北极国际事务始于 20 世纪 90 年代中期以后，当时的北极活动主要是科学考察，处于"认识北极"阶段。1996 年，中国成为国际北极科学委员会成员国。1999 年，中国"雪龙"号科学考察船首航北极，我国成功开展第一次北极科学考察，2018 年 7 月，中国科学考察队乘坐"雪龙"号开启第九次北极科学考察。2004 年，中国北极黄河站建成，中国逐步建立起海洋、冰雪、大气、生物、地质等多学科北极观测体系。中国作为北极圈外的"近北极国家"，在北极开展的最早的、也是主要的活动是科学

---

〔1〕 1596 年荷兰人巴伦支发现群岛后，一直以其主要岛屿斯匹次卑尔根来命名整个群岛，直至 1925 年挪威获得该岛的主权后，将群岛与熊岛合称为斯瓦尔巴群岛，该名称被后世沿用至今，所以《斯匹次卑尔根群岛条约》又称为《斯瓦尔巴群岛条约》。

考察，重在了解北极地区的自然过程及其变化，探索北极环境变化对我国海洋、气候、生态环境等系统和社会经济发展可能产生的影响。目前中国的北极考察研究已经从不定期的考察发展到常态化考察，对北极的研究也已进入最好的历史时期。

中国对北极事务的关切度大幅度提升始于 2007 年俄罗斯北极点插旗事件，国内社会科学研究者开始从国际政治、法学、社会学等不同视角关注中国与北极的关系，分析北极国家的主权和主权权利纷争，研究中国在北极事务中的身份定位以及应当以何种姿态处理与北极国家、北极区域组织和各种论坛的关系，研究中国在北极治理、与北极有关的全球治理中的角色和作用。中国官方政府秉承中国一贯的“内敛韬晦”政治传统，重点关注的是北极的科研价值以及北极对于气候变化的重大影响，尤其是后者。[1]据国家海洋局公开发布的国家报告《2013 年度中国极地考察报告》和《2015 年度中国极地考察报告》[2]统计：2013 年、2015 年度承担北极黄河站科学考察任务共计47 人次、58 人次，执行了 16 个、27 个考察项目，其中，“极地专项”6 项、9 项，国家自然基金项目 3 项、5 项，2015 年度还增加了科技部项目 1 项。2013 年度主要围绕空间物理、冰川、生态环境变化检测等学科开展研究；2015 年度主要开展了冰川监测研究、生态环境本底考察、大气空间环境监测、鱼类浮游生物调查、植被样方的维护与复查、挪威北极政策研究、极端环境下心理社会适应的时间历程研究等科研项目。中国第 6 次北极科学考察自2016 年 7 月 11 日开始，至 9 月 26 日结束，历时 78 天，航行 13 000 海里。考察队由 128 名队员组成，其中 2 名来自法国、1 名来自美国，承担了 77 项科学考察任务。考察队在白令海、楚科奇海、楚科奇海台、加拿大海盆、门捷列夫海岭等重点海域，开展了物理海洋与海洋气象考察、海冰和冰面气象考察、海洋地质考察、海洋地球物理考察、海洋化学考察、海洋生物与生态多样性考察，是一次多学科综合考察。中国第 8 次北极科学考察队由 96 名队员组成，于 2017 年 7 月 20 日乘“雪龙”号船自上海出发，10 月 10 日返回上

---

〔1〕 刘惠荣、孙善浩：“中国与北极：合作与共赢之路”，载《中国海洋大学学报（社会科学版）》2016 年第 2 期。

〔2〕 “国家报告”，载国家海洋局极地考察办公室网站，http://www. chinare. gov. cn/caa/gb_news. php? modid＝05001，最后访问日期：2017 年 7 月 26 日。

海，历时 83 天，总航程逾 2 万海里，首次穿越北极中央航道和西北航道，实现了我国首次环北冰洋科学考察，开展了海洋基础环境、海冰、生物多样性、海洋脱氧酸化、人工核素和海洋塑料垃圾等要素调查，极大地拓宽了我国北极海洋环境业务化调查的区域范围和内容，对我国北极业务化考察体系建设、北极环境评价和资源利用、北极前沿科学研究作出了积极贡献。

认识北极是开发利用北极的前提。2017 年 5 月 11 日，由美国、俄罗斯主导，包括美国、俄罗斯，以及格陵兰岛和法罗群岛在内的 8 个北极国家的外交部长在北极理事会的主持下签署了具有里程碑意义的《加强北极国际科学合作协定》。该协定强调"在北极维持和平稳定以及进行建设性合作的重要性"。这一协定旨在改善现有基础设施中以前无法使用的部分；实现研究人员和学生交流，设备和材料的更新；用以前不可能实现的方式促进数据和元数据的共享；鼓励拥有传统经验和本土知识的人参与到跨领域的科学活动中。[1] 在北极科学考察领域，科学界正努力通过北极理事会、国际北极科学委员会、北极大学（U Arctic）、国际北极社会科学协会（IASSA）和北极科学部长级会议为其发声，并已经确定了下一阶段北极研究的重要优先事项。在北极科学管理不断系统化、规范化的背景下，2017 年 8 月 30 日，国家海洋局印发了《北极考察活动行政许可管理规定》，首次以法律规范的形式明确强化对我国北极考察活动的行政许可，促进北极考察活动有序开展。该管理规定要求我国所有公民、法人或其他组织开展该规定明确事项范围内的北极考察活动时，须向国务院海洋主管部门提出申请。

自 2006 年开始，中国正式提出成为北极理事会永久观察员的申请。继 2007 年取得北极理事会"特别观察员"身份后，2013 年 5 月，北极理事会的第八次部长级会议在基律纳召开，批准中国和其他 5 个国家成为北极理事会的正式观察员国。根据这次会议上通过的《北极理事会下属机构观察员手册》，结合 2011 年努克会议上形成的《努克宣言》和高官会议报告中关于观察员作用与准入标准的建议，中国取得了参与北极地区事务的"基本参与权"[2]。可

---

〔1〕 "《北极科学协定》推动科学外交的发展"，载国际极地与海洋门户网，http://www.polaroceanportal.com/article/1816，最后访问日期：2019 年 3 月 3 日。

〔2〕 刘惠荣、孙善浩："中国与北极：合作与共赢之路"，载《中国海洋大学学报（社会科学版）》2016 年第 2 期。

以说，2013 年是中国参与北极事务具有里程碑意义的一年，中国参与北极区域事务获得了更具官方性的认可，活动的平台大幅度增加，活动的广度有所扩展。

位于北半球的中国，有必要去认识北极、了解北极，深化对北极的科学研究，同北极域内、外国家的科学家们开展北极科学研究合作，认知北极自然环境对中国的影响。认识北极是参与北极治理、参与北极开发和利用的重要基础。长期以来，中国的北极立场一直遭遇北极国家的质疑，"中国威胁论""环境破坏论""资源的饥渴者"等言论甚嚣尘上。2011 年初，挪威斯德哥尔摩国际和平研究所的研究员琳达·雅各布森撰写了《中国为无冰北极进行准备》的研究报告，反响巨大。这篇研究报告虽然不具有官方性质，但是从一定程度上被视为西方国家特别是北冰洋沿岸国家对中国北极政策以及北极权益主张的代表性解读。琳达在报告中强调了中国对北极地区日渐增加的兴趣，指出有一些中国学者注意到了北极水域因海冰融解带来的商业和战略价值。她认为，中国正在小心翼翼地探索一条通向北极之路，"中国确实已经有了一个清晰的北极日程"。这份报告代表了当时北极域内外对于中国北极立场主张的"怀疑论"，认为中国过度强调北极的"全球公域""人类共同财产"属性或者力主今后应当将北极定位为"全球公域""人类共同财产"，从而使北极成为全人类的共同利益，中国当然分享其中的一份；认为中国过度扩大其在北极地区的权益范围，几乎将北极问题的全部因素都与中国的潜在利益联系起来。[1]

近年来，中国政府通过多种形式多种渠道阐明中国与北极的关系，影响较大的是，2015 年 10 月 16～18 日在冰岛雷克雅未克召开的第三届北极圈论坛大会上，外交部部长王毅和副部长张明分别发表演讲，首次明确阐明中国的北极立场，即"中国是北极的重要利益攸关方，参与北极事务秉承尊重、合作与共赢"三大政策理念。[2]中国作为国际社会大家庭成员，根据国际法在气候变化、科研、环保、航运等领域享有合法权益。"中国作为北半球最大的发展中国家，北极地区气候环境的变化过程深刻影响着中国气候与环境的

---

〔1〕 刘惠荣："中国可以在北极做什么"，载《经济参考报》2011 年 12 月 27 日，第 A08 版。

〔2〕 "王毅部长在第三届北极圈论坛大会开幕式上的视频致辞"，载外交部网站，http://www.fmprc.gov.cn/web/wjbzhd/t1306854.shtml，最后访问日期：2018 年 8 月 20 日。

变化，直接关系到中国的工农业生产和人民生活，开展北极科学考察对促进
我国的可持续发展具有重要意义。"[1]

中国参与北极事务的身份定位取决于中国与北极的关系，关系的确定归
因于地缘联系、国际法依据以及经济贸易联系。2018 年 1 月 26 日，国内外期
盼已久的《中国的北极政策》由国务院新闻办公室公开发布，阐明政策立场，
增信释疑，指导实践。[2]这是中国政府首次以白皮书形式宣示对北极事务的
基本立场和政策主张，向国际社会表明积极参与北极治理、共同应对全球性
挑战的立场、政策和责任担当。白皮书指出，中国是北极事务的重要利益攸
关方，在地缘上是"近北极国家"，是陆上最接近北极圈的国家之一。北极的
自然状况及其变化对中国的气候系统和生态环境有着直接的影响，进而关系
到中国在农业、林业、渔业、海洋等领域的经济利益。

广袤的北极大陆和岛屿的领土主权分属于北极八国。依据《联合国海洋
法公约》和《斯约》等国际条约和一般国际法，沿岸国拥有内水、领海、毗
连区、专属经济区和大陆架等管辖海域，除此之外，北冰洋中还有公海和国
际海底区域，北冰洋海域相关海洋权益由沿岸国和各国分享。尽管北极国家
之间仍存在领土、海洋划界、专属经济区与大陆架、北极航道等纷争，但彼
此之间的纷争并未打乱他们北极主人身份的共识。2008 年 5 月北冰洋沿岸五
国外交部部长签署的《伊卢利萨特宣言》声明：由于五国拥有在北冰洋大部
分地区的主权、主权权利和管辖权，因而在解决北极面临的问题和挑战时具
有"特别的"地位。此外，宣言接受《联合国海洋法公约》作为他们确定外
大陆架划界、海洋环境保护、冰封区域、自由航行权、海洋科学研究和其他
海洋事务的国际法依据。

北极事务具有层叠交错的复杂系统特征，北极治理包括区域治理和全球
治理问题。中国是北极事务的积极参与者、建设者和贡献者，白皮书宣示了
中国参与北极事务秉持的"尊重、合作、共赢、可持续"基本原则，坚持科研
先导，强调保护环境，主张合理利用，倡导依法治理和国际合作，并致力于维
护和平、安全、稳定的北极秩序。这种积极自信、有理有据的政策宣示，旨在

---

[1] "2013 年度中国极地考察报告"，载国家海洋局极地考察办公室网站，http://www.chinare.gov.
cn/caa/gb_ news.php? modid=05001&id=1383，最后访问日期：2016 年 9 月 17 日。

[2] 杨剑："《中国的北极政策》解读"，载《太平洋学报》2018 年第 3 期。

对外发挥释疑解惑的作用，对内起到规范、指引中国北极事业发展的功效。[1]

从 20 世纪 90 年代的北极科学考察到 2007 年之后的北极社会科学研究，从 1996 年加入北极国际科学委员会到 2013 年成为北极理事会正式观察员国，从早期的"近北极国家"身份到"北极重要利益攸关方"的确定，中国与北极的关系逐渐趋于明朗、自信。我国的北极政策坚持和贯彻了新时代中国的外交理念，包含了新型国际关系和人类命运共同体的追求，针对北极地区经济社会发展的需要提出新的北极合作议题、搭建北极合作新平台，为促进北极的和平、稳定和可持续发展做贡献。白皮书在阐述中国参与北极事务的基本原则时指出，合作是中国参与北极事务的有效途径，我国主张稳步推进北极国际合作，促进北极的和平稳定和可持续发展。近年来中国与北极国家的开发合作取得了积极进展。例如，中远海运集团已经利用东北航道完成多个航次的试航，中石油投资的亚马尔液化气勘探项目也已经投产。

中国政府在《中国的北极政策》白皮书中指出：中国主张稳步推进北极国际合作，加强共建"一带一路"倡议框架下开展关于北极领域的国际合作，包括加强与北极国家发展战略对接，积极推动共建经北冰洋连接欧洲的蓝色经济通道，积极促进北极数字互联互通和逐步构建国际性基础设施网络等。针对新形势下北极航道开发利用的机遇，中国提出愿依托北极航道的开发利用，与各方共建"冰上丝绸之路"。具体措施包括：鼓励企业参与北极航道基础设施建设，依法开展商业试航，稳步推进北极航道的商业化利用和常态化运行；积极开展北极航道研究，加强航运水文调查，提高北极航行、安全和后勤保障能力等。

三、"一带一路"合作倡议与共建"冰上丝绸之路"

中华民族两千多年前通过海陆两条丝绸之路与其他国家开展商贸往来。新中国成立后，尤其是自改革开放发展至今，我国已成为世界第二大经济体，傲然屹立于世界东方，与遍布世界各大洲的许多国家建立起紧密的经贸关系，经济互补性加强，亟须打造海陆统筹、东西互济、面向全球的开放新格局。自 2013 年 9 月以来，党中央应势提出与各国人民共建"一带一路"的战略构

---

[1] 徐庆超："冰上丝路：开辟未来的蓝色经济通道"，载《社会科学报》2018 年 6 月 14 日。

想，2015 年 3 月 28 日，国家发改委、外交部和商务部联合发布《推动共建丝绸之路经济带和 21 世纪海上丝绸之路的愿景与行动》（以下简称《愿景与行动》）。2017 年 6 月 20 日，国家发改委和国家海洋局联合发布《"一带一路"建设海上合作设想》，提出了建设包括"经北冰洋连接欧洲的蓝色经济通道"在内的三条海上丝绸之路的合作设想。《"一带一路"建设海上合作设想》明确提出：积极参与北极开发利用。中国政府愿与各方共同开展北极航道综合科学考察，合作建立北极岸基观测站，研究北极气候与环境变化及其影响，开展航道预报服务。支持北冰洋周边国家改善北极航道运输条件，鼓励中国企业参与北极航道的商业化利用。愿同北极有关国家合作开展北极地区资源潜力评估，鼓励中国企业有序参与北极资源的可持续开发，加强与北极国家的清洁能源合作。积极参与北极相关国际组织的活动。由此可见，在《"一带一路"建设海上合作设想》中，北极航线作为最北的海上丝路已被纳入"一带一路"合作设想中。

"冰上丝绸之路"建设源于俄罗斯对中国的邀请。就在中国提出《愿景与行动》之后不久，2015 年 12 月 7 日，俄罗斯副总理德米特里·罗戈津在"北极的现今与未来"国际论坛上演讲指出：俄罗斯建议中国参与北方航道基础设施建设的一些项目，中国可以首先参与通往北方航道港口的货运铁路项目。罗戈津还将北方航道称为"冷丝绸之路"（Cold Silk Road），并认为"北方航道最终将成为全季'冷丝绸之路'"，"一个现代的核动力破冰船舰队将使得集装箱船沿着北方航道在一年中的任何时候航行"。[1]2015 年和 2016 年的中俄总理定期会晤联合公报均提出"对联合开发北方海航道运输潜力的前景进行研究"。2017 年 5 月，俄罗斯总统普京在"一带一路"国际合作高峰论坛上指出，在欧亚经济联盟和"一带一路"倡议建设框架内提出的基础设施建设项目，把北极航道同"一带一路"连接起来，可以为欧亚地区打造一个新的交通格局。[2]

中国对俄罗斯关于打造"冰上丝绸之路"的提议给予积极回应。2017 年

---

〔1〕 王志民、陈远航："中俄打造'冰上丝绸之路'的机遇与挑战"，载《东北亚论坛》2018 年第 2 期。

〔2〕 邓洁："俄罗斯驻华大使：俄中高层频繁接触，无讨论'禁区'"，载环球网，http://world.huanqiu.com/exclusive/2017-07/10936114.html，最后访问日期：2018 年 12 月 5 日。

11 月 1 日，习近平主席会见到访的俄罗斯总理梅德韦杰夫，中俄双方正式提出了共建"冰上丝绸之路"。习近平主席指出，要做好"一带一路"建设同欧亚经济联盟对接，努力推动滨海国际运输走廊等项目落地，共同开展北极航道开发和利用合作，打造"冰上丝绸之路"。[1]这是中国领导人第一次在国际场合确认中国愿意与相关国家进行战略对接，共建北极的"冰上丝绸之路"。2018 年 1 月，在《中国的北极政策》白皮书中，其第二部分"中国与北极的关系"指出："中国发起共建'丝绸之路经济带'和'21 世纪海上丝绸之路'（'一带一路'）重要合作倡议，与各方共建'冰上丝绸之路'，为促进北极地区互联互通和经济社会可持续发展带来合作机遇。"其第四部分"中国参与北极事务的主要政策主张"之三"依法合理利用北极资源"专门提出参与北极航道开发利用的政策主张："中国愿依托北极航道的开发利用，与各方共建'冰上丝绸之路'。中国鼓励企业参与北极航道基础设施建设，依法开展商业试航，稳步推进北极航道的商业化利用和常态化运行。中国重视北极航道的航行安全，积极开展北极航道研究，不断加强航运水文调查，提高北极航行、安全和后勤保障能力。切实遵守《极地水域船舶航行安全规则》，支持国际海事组织在北极航运规则制定方面发挥积极作用。主张在北极航道基础设施建设和运营方面加强国际合作。"

我国提出的"一带一路"倡议中，"丝绸之路经济带"建设重在加强基础设施互联互通建设，"21 世纪海上丝绸之路"建设侧重于加强海上通道互联互通，拉紧各国之间相互利益的纽带。[2]规划的全球经济贸易网络横贯亚欧非大陆，两侧是活跃的东亚经济圈和极具先发优势、发达的欧洲经济圈，中间是颇具后发潜力的广大腹地国家。其中，丝绸之路经济带源起于我国中部，串联三个方向的沿途国家：一个从我国中西部地区经中亚、俄罗斯连接欧洲波罗的海沿岸；一个经中亚、西亚抵达波斯湾、地中海；南下方向则把我国与东南亚、南亚国家连接在一起，直达印度洋。21 世纪海上丝绸之路不是古代海上丝绸之路的简单延续，而是发挥沿海地区海运优势建设与沿线国家互联互通的通道。"一带一路"统筹规划我国内陆地区与沿海地区的对外开

---

〔1〕 "习近平会见俄罗斯总理梅德韦杰夫"，载新华网，http://www.xinhuanet.com/2017-11/01/c_ 1121891929. htm，最后访问日期：2018 年 12 月 5 日。

〔2〕 参见《推动共建丝绸之路经济带和 21 世纪海上丝绸之路的愿景与行动》。

放格局，使整个国家的国民经济和社会发展借助于通道建设得以与世界经济发展联通起来。

共建"一带一路"倡议是促进全球和平合作与共同发展的中国方案，是新时期新时代中国特色外交政策的伟大实践。共建"一带一路"倡议弘扬和平合作、开放包容、互学互鉴、互利共赢的丝路精神，坚持参与方共商、共建、共享的原则，以加强政策沟通、设施联通、贸易畅通、资金融通、民心相通为主要内容，共同打造开放、包容、均衡、普惠的新型合作架构，体现了共建人类命运共同体的美好愿景。〔1〕这一倡议得到了许多国家的欢迎和支持，2017 年 5 月第一届"一带一路"国际合作高峰论坛在北京召开，各方发表了"一带一路"国际合作高峰论坛圆桌峰会联合公报，迄今已有 80 多个国家和国际组织同中方签署了共建"一带一路"合作协议，一大批合作项目正在全面地推进。〔2〕北极航道是穿越北极圈连接北美、东亚和西欧三大经济中心的海运航道，包括东北航道、西北航道和中央航道。随着北极海冰的持续消融，北极航道未来有望成为国际贸易的重要运输干线，对航线沿线国家以及潜在的航道利用国家都将产生重要的影响。打造"冰上丝绸之路"是共建"一带一路"倡议在北极地区的发展和延伸，也是我国在北极事务中发挥参与者、建设者和贡献者作用的重要体现。

中国是世界贸易大国和能源消费大国，对北极航线有重要的海上运输需求，也对北极能源资源有重要的需求，北极航线开通利用后，中国有望成为北极航线的重要客户，北极航道的开发会对中国的能源战略和经济发展产生重要影响。俄罗斯政府将北方海航道的发展作为一项国家战略，致力于提高北方海航线的实际航运价值和地位。中国同俄罗斯在"一带一路"建设与欧亚经济联盟对接的框架下，积极探讨北极航道的合作开发利用，将打造"冰上丝绸之路"作为其重要方向。〔3〕中国商务部和俄罗斯经济发展部正牵头探

---

〔1〕 "共建'一带一路'：理念、实践与中国的贡献"，载新华网，http://www.xinhuanet.com/politics/2017-05/10/c_ 1120951928. htm，最后访问日期：2018 年 10 月 15 日。

〔2〕 两会期间外交部部长答中外记者提问："王毅：'一带一路'合作由参与方协商着办　都在阳光下运作"，载新华网，http://www.xinhuanet.com/politics/2018lh/2018-03/08/c_ 137024034. htm，最后访问日期：2018 年 5 月 7 日。

〔3〕 孔铉佑："中国是北极事务的积极参与者、建设者和贡献者"，载《人民日报》2018 年第 4 期。

讨专项工作机制，统筹推进北极航道开发利用、北极地区资源的开发、基础设施建设、旅游、科考等全方位的合作。[1]

2017年12月8日，中俄能源合作重大项目——亚马尔液化天然气项目正式投产，这一项目是中国提出"一带一路"倡议后实施的首个海外特大型项目。亚马尔液化天然气项目位于俄罗斯境内的北极圈内，是目前全球在北极地区开展的最大型液化天然气工程，属于世界特大型天然气勘探开发、液化、运输、销售一体化项目，被誉为"镶嵌在北极圈上的一颗能源明珠"。[2]

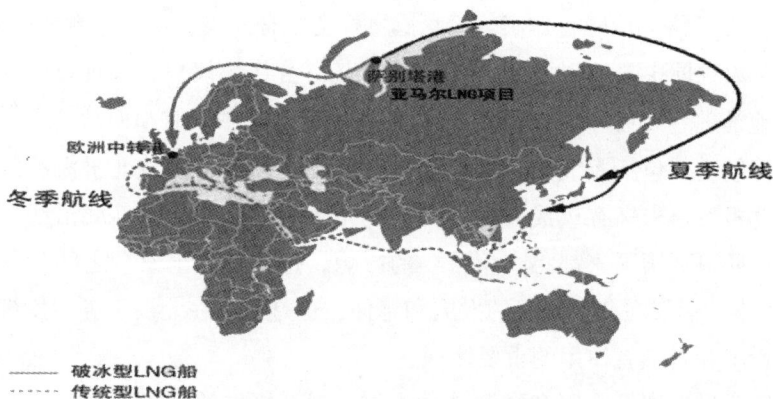

图　亚马尔 LNG 运输线路

亚马尔液化天然气项目由俄罗斯诺瓦泰克公司、中国石油天然气集团公司、法国道达尔公司和中国丝路基金共同开发。天然气可采储量达到1.3万亿立方米，凝析油可采储量6 000万吨；项目将建成3条年产量550万吨液化天然气生产线，全部建成后每年可生产液化天然气1650万吨，凝析油100万吨。该项目2017年底正式投产，2018年7月17日，已经实现向中国供应首船液化天然气。2018年6月26日，弗拉基米尔·鲁萨诺夫号破冰油轮从俄罗

---

〔1〕 "商务部谈中俄冰上丝绸之路：积极开展北极油气开发"，载中国新闻网，http://www.chinanews.com/cj/2017/11-09/8372250.shtml，最后访问日期：2018年4月9日。

〔2〕 "中国首船亚马尔LNG经北极东北航道运抵江苏如东接收站"，载国家能源局网站，http://www.nea.gov.cn/2018-07/19/c_137335203.htm，最后访问日期：2018年7月28日。

斯亚马尔半岛萨贝塔港出发，沿着北极东北航道，穿越白令海峡，2018 年 7 月 17 日运抵中国石油旗下的江苏如东 LNG 接收站，交付给中国石油天然气集团。这是中俄两国"冰上丝绸之路"重要合作取得的初步成果。

共建"冰上丝绸之路"为现阶段的北极合作指明了重要方向，这一框架为各国提供了广阔的双边、多边合作空间，各参与方可以以北极航道的合作开发利用为依托，广泛深入地开展互联互通、产能合作、贸易投资和科技创新领域的合作以及各种形式的人文交流，实现互利共赢。对于中国来说，共建"冰上丝绸之路"是我国参与北极事务合作、为北极和平建设与发展做贡献的重要途径，北极航道的常态化运营将会给中国的经济社会发展带来重要的收益。

推进北极航道的合作开发利用，其面临的挑战不可忽视。一方面，北极环境正处于变化之中，海冰消融带来的海冰流动性增强给部分海域航行带来了新的安全隐患，北极环境变化的范围、程度和可能产生的影响还有待进一步的科学观测和研究，给北极航道的开通利用增加了一定的不确定性。另一方面，中国呼吁共建"冰上丝绸之路"，需要相关国家进行必要的政策沟通和协商，就合作规划以及具体实施方式达成共识，在平等、开放、普惠的基础上开展合作，目前只有俄方表明参与共建"冰上丝绸之路"，与北欧等北极国家的北极航道合作还有待观察和推进。而且，无论是推进中俄双边合作，还是未来与其他有合作意向的国家共同开展北极航道开发利用合作，都需要各方使合作内涵具体化、更加契合各方发展的实际需要。

在参与北极合作、倡导共建"冰上丝绸之路"的背景下，开展北极航线开发利用的综合性研究显得尤为重要。开展系统的北极航线战略研究，有助于展示和分析北极航线利用在自然、政治、经济、法律各方面的环境，有利于客观认识北极航道面临的挑战，防范政策风险，为中国政府推进以共建"冰上丝绸之路"为代表的北极合作提供科学、严谨的政策支撑。

四、研究目标和研究内容的确定

本课题的研究目标是：以国际法为主要研究视阈，通过运用战略分析方法开展综合研究，明晰我国参与开发利用北极航线可能产生的经济、政治和军事以及其他各方面的重要战略价值，深入研究俄罗斯和加拿大控制航道的法律依据，分析国际海事组织以及其他有关北极航运的区域或者全球性组织的航运规则，分析适用于北极航线的航运规则与普遍公认的国际法规则之间的相适性或者冲突，把握北极航线法律秩序的走向，研究我国参与北极航运面临的障碍和挑战，探寻中国参与航线治理的法律根据。结合我国对于北极航运国际事务参与及开展航运的实际情况，制定我国参与北极航线事务的战略对策和国内相应的法律、政策及产业规划调整战略。

为了实现上述研究目标，我们将研究内容设计为四个板块。

第一板块：新形势下北极航线之于中国的战略价值。

所谓新形势包含两个方面，一方面，在北极气候变化等客观因素和社会发展因素的双重作用下，北极航线开发利用已经从远景逐渐变为现实，另一方面，中国在发出"一带一路"倡议后与俄罗斯等北极国家在资源能源等领域展开合作，北极航线以"冰上丝绸之路"的新面貌呈现出来。因此，中国参与北极航线开发利用要以"新形势"为背景，准确评估北极航线之于中国的战略价值，着重从航运和贸易价值、资源与能源价值、政治与外交价值、军事和国家安全价值等方面评估北极航线对于中国的战略价值，以此作为航线战略研究的出发点和基础。梳理中国在北极航线事务上所面临的新形势，准确把握中国北极航线战略形势，主要包括三个方面：一是密切关注气候变化对于北极航线利用的影响，特别要关注近年来北极航运的国际立法动态及趋势；二是把握中国成为北极理事会正式观察员这一参与北极事务的新机遇；三是充分认识中国海洋强国建设日益加强的国内战略背景对中国参与和发展北极航线事务提出的新任务。

第二板块：中国北极航线战略的法律基础及其走向。

就战略构建而言，在进行战略价值评估以后，需要进行战略环境分析和战略空间界定。如果说战略价值是从战略实施对象中获取的"应然"利益，那么战略空间就是经过条件限定后预测可以从战略实施对象中获取的"实然"利益，战略空间能为战略目标和手段划定初步的范畴。北极航线战略的总体规划是极其庞大的系统工程，法律环境研究是战略决策中的一个基础环节。利用北极航线需要遵守基于国际法制定的航运规则，北极航运法律规制的发展和变化对北极航线的开通利用具有重要的影响。这一部分全面梳理和分析有关北极航运的法律规则，把握北极航线的法律秩序及其走向，从而为评估北极航线通航的法律环境奠定基础。

1. 北极航运的现有法律秩序及其走向

北极航运的法律规制是多层次的，国际海洋法为沿海国管辖权与其他国家航行权的范围和行使提供了基本框架，国际海事组织作为主管国际组织负责制定关于海洋环境保护、航行安全及船员安全的国际规则，北极航道沿岸国在国际法基础上制定实施国内法律法规，对通行其管辖海域的北极航运活动实施管控。剖析北极航运法律规制体系的任务包括两方面。在国际法层面，梳理和分析《联合国海洋法公约》及国际海事组织为维护海洋环境安全、船员安全及航行安全制定的条约及软法性指南，特别关注新的极地冰区航行规则的出台。在国内法层面，全面解读和分析俄罗斯、加拿大控制北极航线的法律制度及其法理基础，以及欧美国家对于俄加北极航线内水化主张的反映和立场，总结并比较俄加两国的北极航运法律与政策之异同，分析两国北极航运法律和管理制度与国际法之间的冲突。在此基础上，评估北极航运法律规制的现状及特点，并对北极航线法律秩序的走向作出预判。

2. 中国参与北极航线治理的法律依据及对策

我们从海洋法、国际海事公法、国际海事私法、沿岸国国内法四个不同的层面寻找中国参与北极航线治理和利用的法律依据。对我国在北极航线法律属性认定的长远战略安排和近期战术确定上提出具体建议；通过国际海事公法理论分析北极航行中有关航行安全、环境安全和船员安全的制度发展，分析我国应对哪些不利于我国权益的国际法律制度提出修正的意见和建议，对哪些法律制度做出调整以符合我国权益的需要；通过国际海事私法理论分析我国商船和货主选择北极航线后面临的挑战及应对措施；研究我国与加拿大、俄罗斯可通过怎样的双边条约来避免加、俄内国法律制度对我国的不利影响。

第三板块：北极航运治理及各国政策实践。

中国开发利用北极航线，不仅要有坚实的法理依据做支撑，还要考察中国参与北极航线治理的战略空间，寻求中国参与北极航线治理的可行路径。开发利用北极航线的战略环境可以从两个层面分析：一是国际和区域北极航线治理中的博弈与协调，二是单个北极国家和地区行为体的北极航线政策与实践。

1. 北极航运治理与合作

知己知彼方能百战不殆。伴随着北极事务的国际关注度不断上升，北极国家内部合作有所加强，北极规则制定不断提速，其中航道管控规则、航运管理与服务规则的修订尤为突出。有必要梳理并分析北极航运治理的相关国际平台，包括研究中国参与北极航运国际治理的现状，相关国际平台包括以海洋法为手段的联合国、以海事法为手段的国际海事组织、以软法和航运规则为手段的北极理事会和其他有关北极的国际及区域性组织。在区域北极航运治理中，国际海事组织的北极航运治理是近年来的关注焦点，也是我们的研究重点，与此同时，我们还将研究北极理事会以及其他次区域航运合作。

2. 北极国家及主要域外国家北极航运政策及实践

在国家层面上，对于各国北极航线战略及其实施情况进行比较研究。目前，不论是北极航线沿岸国还是其他北极域内国家，都公开发布了国家层面的北极战略，其中都包含有针对北极航线的子战略。除关注北极国家的战略外，欧盟以及韩国日本等域外国家，也都拟定了公开的北极航线战略，这些北极域外国家的北极航线政策及实施措施能对我国制定北极航线战略提供借鉴和参考。因此，有必要全面分析研究其中关于北极航运的战略和政策，并考察这些战略在后期的投入和实施状况，评估其将对我国开发利用北极航线的总环境造成怎样的影响。

第四板块：中国北极航线战略制定和实施。

结合前面北极航线利用的法律基础和战略环境研究，分析中国北极航线战略的法律依据及其限制，评估中国参与北极航线利用面临的地缘政治优势和劣势，从而发现和确定中国在北极航线问题上可以获取的战略空间。在此基础上，研究中国北极航线战略的规划布局，确定中国参与北极航线事务的政策和法律立场，最后提出中国开发利用北极航线的战略目标和战略举措，包含参与北极航线事务的国际战略以及在国内层面的战略规划两方面。

1. 中国参与北极航线治理和利用的战略空间分析

战略空间的分析包含以下几个方面。首先，明确中国参与北极航线开发利用的现状。梳理中国关于北极航线的开发利用情况，包括以"雪龙"号公务船为代表的科研考察船舶和以中国远洋运输总公司"永盛"轮为代表的商用船舶的北极商业航行情况。其次，全面分析中国冰区适航船舶设计建造、冰区航海技术、航海保障、人力资源和航行保险等方面的能力现状和存在的问题，掌握中国的参与能力、面临的技术挑战以及国际上冰区加强船舶的研发和建造水平。除技术水平的限制外，我国参与北极航线治理和利用受制于以规则为基础的北极治理体系，最后，还需要明确中国参与北极航线利用的法律基础及其限制，并且剖析中国参与北极航线利用和治理的地缘政治环境。

2. 中国参与北极航线事务的政策和法律立场

我国北极航线战略的确定应当符合我国的北极政策立场，《中国的北极政策》白皮书在介绍北极的形势与变化、中国与北极的关系基础上，阐述了中国的北极政策目标和基本原则，提出了中国参与北极事务的主要政策主张，为我国参与北极航道开发利用提供了指导原则和政策框架。北极航道的通航利用面临复杂的法律制约因素，北极航道性质争议未决，北极沿岸国航行管控强化，沿海国管辖权与航运国航行权的矛盾凸显，开发利用北极航线需要处理相关法律问题。我国应当积极参与北极航运规则制定及相关治理活动，研究制定适当策略，减少相关法律争议对我国开展北极航运的消极影响，切实维护我国在北极水域的航行权。

3. 中国开发利用北极航线的战略规划

中国开发利用北极航线的战略规划包含参与北极航线事务的国际合作战略以及国内战略举措两方面：国际战略方面，需要研究我国参与北极航线开发利用及治理的国际合作战略，基于前文对北极航运治理平台和机制的研究，有针对性地确定中国参与北极航线治理的对策。中国参与北极航线国际治理和合作的战略目标，从短期而言，主要还是解决"参与权"问题；从长期来看，是在北极实现较大规模通航之后，中国如何在北极航线国际事务特别是海事规则的拟定以及相关组织中发挥重要影响的问题。国际合作战略要研究如何充分利用既有的国际和区域性平台参与北极航运治理及规则制定，分析中国如何利用自身的政治资源和资本优势，与北极国家和域外国家开展双边和多边外交与经济合作。国内战略举措方面，需要针对我国目前开展北极航运面临的技术掣肘，研究促进我国开展北极航运的战略举措。

北极航线对于中国具有重大战略意义和价值。中国参与北极事务，考察、开发和利用北极航线必须有一个宏观性、全面性、前瞻性和实效性的战略规划。我们在谋划课题研究的架构时确定了以下技术路线：首先，本课题的使命在于综合各个学科的研究成果，进行交叉研究，为我国拟定北极航线战略提供理论支撑和实际建议。其次，本课题的主要研究内容围绕着"北极航线"，落脚点是"战略"，因此，本课题是一个战略研究而非单纯的航线研究或者法律问题研究，关于航线的诸多技术性、细节性的讨论不是本课题的主题。基于此，课题根据一般战略规划研究的结构对于战略体系构建步骤进行了解构，即先进行战略价值评估、战略环境分析、战略空间界定，在此基础上进行战略目标定位和战略举措选择，从而形成中国北极航线战略。再次，本课题的研究视角是"国际法"，研究过程中将充分注意到国际法在中国北极航线战略价值、战略环境、战略空间及规划中的影响和作用，国际法是战略决策的重要尺度，同时战略目标之一是有效影响国际法的发展方向。在北极航线战略研究中，有几个至关重要的关键性问题。

（1）中国北极航线战略如何有效应对"中国威胁论"和"中国能源饥渴论"等质疑，有效参与北极航线的治理格局？

（2）中国参与北极航线的利用和治理的法律依据和对策是什么？

（3）在海洋发展事务中我国北极航线国内综合发展战略的定位是什么？

此外，还有一些问题也需要着重加以注意，包括如何评估北极航线的安全和外交价值，如何分析中国与非国家形式的北极航线行为体之间的关系，如何综合评估中国目前的考察、利用北极航线和参与治理的内在实力？这些问题都将在本书中探讨。

第一编

新形势下北极航线对我国的战略价值

第一章

北极航线开发利用的新形势

从中世纪到近现代的过渡时期，欧洲文艺复兴和宗教改革运动兴起，欧洲民族国家纷纷建立，政治上追求领土扩展，经济上迫切寻找新的市场、追求黄金等货币。15 世纪末，西班牙和葡萄牙积极支持海上探险活动和海上新航路的开辟，后来荷兰、英国等海上强国也纷纷加入海洋贸易和殖民扩展的进程中。

欧洲人在大航海时代不断探索跨越东西半球的航线。1527 年，英国商人罗伯特·索恩（Robert Thorne）提出，在北冰洋中有三条可供选择的通往东印度群岛香料市场的海上航道，这一想法通过大航海时代的欧洲探险被逐渐实现。北极航道包括三条，分别是东北航道（Northeast Passage）、西北航道（Northwest Passage）和穿极航道（Trans-polar Route）。三条航道并没有确切的地理坐标和界限，只是泛泛的指称穿越北冰洋海域的三大海上通道（也有人称之为海上走廊），每个航道都跨越一定宽度的海域。东北航道和西北航道是从欧洲人的视角出发得名的，反映了人类文明史上举足轻重的地理大发现和大航海时代的烙印。东北航道泛指经亚欧大陆北方沿海和西伯利亚、穿过白令海峡连通西北欧和太平洋的航路；西北航道泛指穿越北美北部海岸、途径加拿大北极群岛连接大西洋和太平洋的航路；穿极航道或称中央航道是指穿越北冰洋中央、连接太平洋和大西洋的航路。每个北极航道都包含多条分支，而且北极航道沿岸国家的地理结构、气候与冰情以及管辖权存在较大差异，有必要分别对其进行介绍。

第一节　北极航道的开辟和利用

北极最早是一个地理概念，从地理学的角度出发，北极是指以北极点为中心的北极圈（北纬 66 度 33 分）以北的广大区域，[1]地缘政治意义上的北极地区是晚近才形成的概念，本文所称北极以北极圈为界。北极作为一个区域概念，主体是海洋，被大陆包围，北极圈以北陆海区域总面积为 2100 万平方公里，其中北冰洋面积为 1400 万平方公里。全部或部分位于北极地区的国家有加拿大、丹麦、芬兰、冰岛、挪威、俄罗斯、瑞典和美国。上述八个国家被称为"北极八国"，而直接环绕北冰洋的有俄罗斯、丹麦、美国、加拿大、挪威五国，被称为"北冰洋沿岸五国"。"北极八国"或者"北冰洋沿岸五国"在北极航道管理中的发言权和作用有所不同，俄罗斯、加拿大、挪威等国直接扼守北极航道的主要关口，各自出台了不少管控航道的法律和政策，是北极航道治理的重要行为主体。

北极地区和非北极地区有非常明显的自然环境特征上的差异。北极地区因地处高纬，年平均日照小、低温、年气温变化幅度相对较少形成了特殊的生态和环境。[2]一月份，北极圈内所有区域的平均气温都低于 0℃，从挪威北部海岸的−5℃到格陵兰中部、加拿大群岛北部以及北西伯利亚地区低于−35℃不等。据估计，北极点的一月份平均气温约在−30℃～−35℃之间，但是由于北极点没有设立固定的观测站，目前还得不到准确数据。作为北极的海洋系统，北冰洋位于北极圈以内，相比其他大洋最大的特点是气温低，且大片海面被冰覆盖。受自然条件和技术水平的限制，人类对北极航道的开发利用在航线发现以来几个世纪并没有实质性增加。

一、东北航道的开辟和利用

1500 年葡萄牙人考特雷尔兄弟开始了纽芬兰岛的探险，此后包括英国国王爱德华六世、著名航海探险家巴伦支等都曾经作出努力，希望打通东北航

---

〔1〕　李绍明主编：《最新实用世界地图册》，中国地图出版社 1993 年版，第 156 页。
〔2〕　北极问题研究编写组：《北极问题研究》，海洋出版社 2011 年版，第 10 页。

道。直到 1878 年芬兰籍瑞典人诺邓许尔德公爵最终成功实现东北航道的首次通航，打通了这一欧亚新航路。

东北航道是从欧洲和大西洋的角度出发命名的，它是指沿挪威和俄罗斯北冰洋海岸通向太平洋的北冰洋航路，另外一条沿加拿大北极群岛向西航行的航路被称为西北航道。图 1-1 展示了东北航道和西北航道的位置。东北航道自西向东横贯巴伦支海、喀拉海、拉普捷夫海、新西伯利亚海和楚科奇海，东到白令海峡，挪威和俄罗斯是东北航道的北极沿岸国，两国均制定了有关通航要求、资源开发、环境保护等方面的沿海国法律规章。

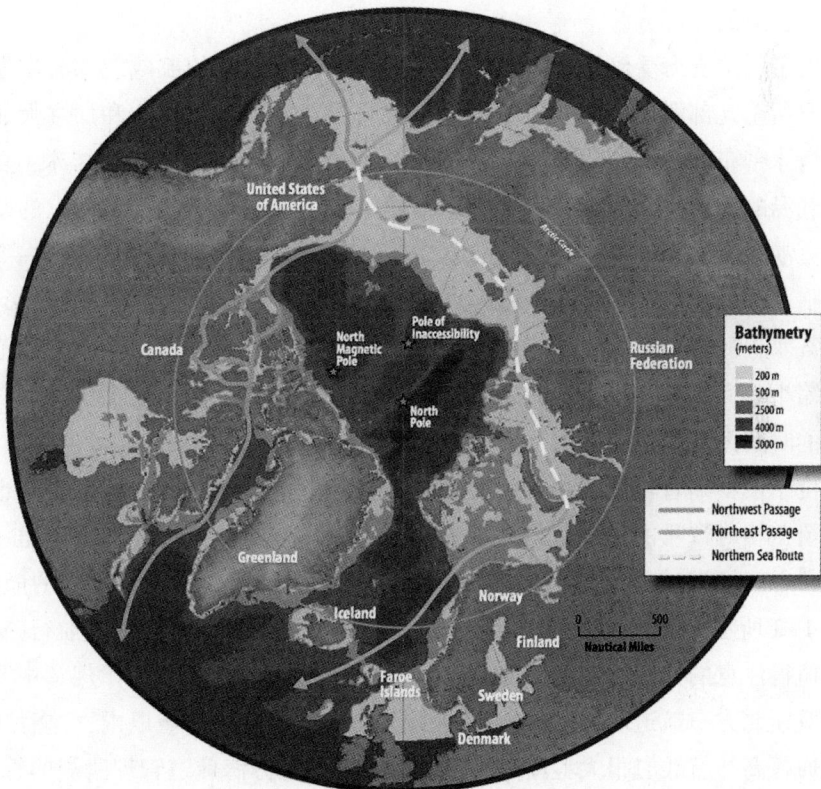

图 1-1　东北航道与西北航道[1]

---

〔1〕 Arctic Council, Arctic Marine Shipping Assessment, 2009, p. 17.

人们在讨论东北航道时常常提及的另一个名称是北方海航道（Northen Sea Route），有时甚至以北方海航道来指代东北航道，然而严格来讲，二者范围并不相同。北方海航道是俄罗斯国内法定义的一条北极航行线路，北极理事会出台的《北极海运评估报告》也特别提到了东北航道和北方海航道的区别，报告指出："北方海航道连接了西边的喀拉海峡和东边的白令海峡，被苏联当作一条国内水路进行高度开发"。[1]北方海航道从新地岛以东，从喀拉海沿西伯利亚一直到白令海峡，航道跨越俄罗斯北极海岸，位于俄罗斯北极专属经济区水域内。从范围上看，东北航道是西起冰岛、东至白令海峡的系列航线，而北方海航道不包括巴伦支海航段，没有到达大西洋，北方海航道属于东北航道的一部分。

由于巴伦支海受到墨西哥湾暖流的影响，东北航道的挪威北部海岸航段和俄罗斯东北部海岸航段全年不结冰，这与同纬度的阿拉斯加和加拿大北极沿岸海冰密布的情况有很大差异。东北航道的俄罗斯航段冬季会结冰，夏季随着气温的升高会部分融化。北方海航道沿线，只有位于喀拉半岛上的摩尔曼斯克港是全年不冻港，其他北极港口通常只能在7~10月之间使用。白令海峡北临北冰洋，南临太平洋，海面水温北低南高；东部受北太平洋暖水影响，冬不甚寒，夏较温暖；夏季，北极浮冰边缘有大量海冰融化，海冰覆盖范围逐年缩小。[2]21世纪初以来，北极海冰消融更加强烈，使得更多船舶可以在更长的时间内利用东北航道。

位于俄罗斯管辖海域内的北方海航段是东北航道的主要组成部分，也是海冰覆盖相对严重的航段，东北航道的开发利用重点集中在北方海航道。如果不考虑管辖海域的划分，北方海航道包含从沿海到高纬多条不同的航线，如图1-2所示。船舶航行中可以根据实际冰情状况选择使用不同的航行路线。然而值得注意的是，俄罗斯2013年制定的新北方海航道管理法律规章中明确了俄罗斯北方海航道水域的管辖范围限于其专属经济区海域以内，这意味着船舶通行高纬航线时很大程度上可以不受俄罗斯北方海航道管理法规的管控。北方海航道由包括卡拉海、拉普捷夫海、东西伯利亚海和楚科奇海在内的一

---

〔1〕 Arctic Council, Arctic Marine Shipping Assessment, 2009, p. 44.
〔2〕 白佳玉、孙妍、张侠："白令海峡治理的合作机制研究"，载《极地研究》2017年第2期。

系列边缘海域组成，北方海航道约有 2200~2900 海里的水域被海冰覆盖，航道东部的冰情通常比西部更加严重，而且东部海区也是航道中大陆架最浅的部分。其中东西伯利亚海的平均深度为 58 米，楚科奇海为 88 米，海峡部分大陆架浅的问题更为严重，最小深度仅为 8 米，这在一定程度上影响了通行船只的大小、体积和吃水量。亚马尔半岛以西海域的大陆架相比东部航段更深，冰情条件也更好。造成这种差异的重要原因是喀拉海被几个群岛包围，这些群岛会阻止北冰洋中部的多年冰从北冰洋进入这些水域。东部地区则缺乏这些群岛的保护，使得来自北冰洋中部地区的多年冰得以顺利流入。

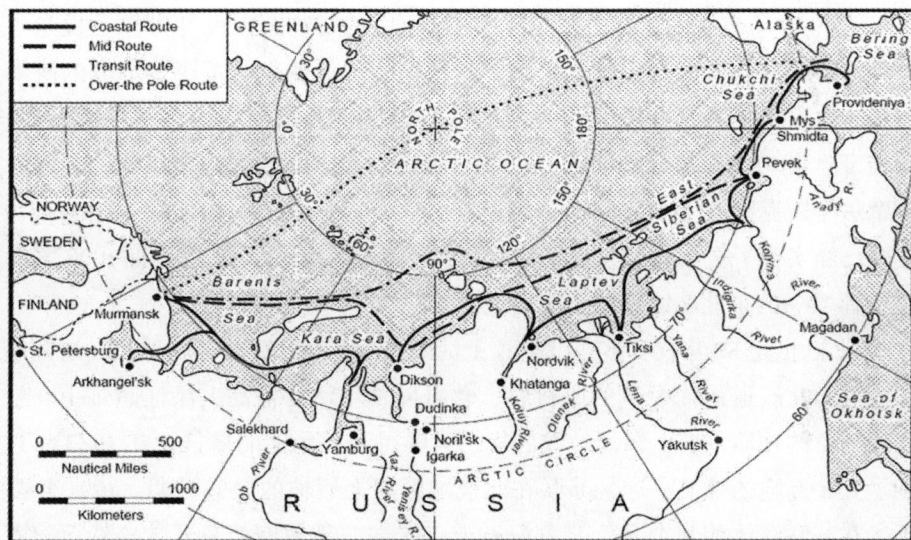

图 1-2　北方海航道的主要航线[1]

　　北方海航道商业利用的历史可以分为四个阶段：探索和定居阶段（1917年~1932 年），组织定期航行并发展舰队和港口阶段（1932 年~20 世纪 50 年代早期），将新开发的北方海航道转变为夏秋季节的常规运输线路阶段（20世纪 50 年代~20 世纪 70 年代后期），努力实现全年航行的阶段（20 世纪 70

---

〔1〕　A Report Commissioned by the Norwegian Mapping Authority, Marine Traffic in the Arctic, 2011, p. 6. See http://www. iho. int/mtg_docs/rhc/ArHC/ArHC2/ARHC2-04C_Marine_Traffic_in_the_Arctic_2011. pdf, 最后访问日期：2018 年 12 月 19 日。

年代末至今)。[1]

1917 年十月革命后，为改善航运环境，苏联当局授权在喀拉海海域进行水文调查，并在多个岛屿建造了地理天文台。这一阶段，北方海航道主要用于当地居民的再补给，此外也零星用于该区域开发利用毛皮、木材、盐、矿、鱼类、鲸鱼等资源的运输活动。

1932 年苏联探险队实现了在同一个夏天无越冬情况下从阿尔汉格斯到白令海峡的航行，北方海航道正式开通。苏联建立了负责管理北方海航道开发的机构 Glavsevmorput，积极推动北方海航道的开发利用。这一时期，航道基础设施得到改善，为夏秋两季的航运提供保障；北方舰队进行了重大扩建，每年使用 40~150 艘船只，运送 10 万~30 万吨的货物；1959 年苏联还发布了世界上首艘核动力水面舰艇，扩展了其在偏远地区的航行范围。苏联的航海技术能力不断提升，并积累了一定的航行经验，北极的交通有了持续发展。1970 年，北方海航道管理局成立，致力于推动北方海航道的全年运输。随着在摩尔曼斯克到杜丁卡之间的定期航行，北方海航道西端航段在 1978~1979 航季已经实现了全年通航，这意味着在摩尔曼斯克和白令海之间有 1000 多海里或者 10% 的东北航线可以全年通航。

到 20 世纪 80 年代，在东北航道上活跃着超过 400 艘的苏联船只，这些船舶通过东北航道运输大量的原材料、燃料以及生活必需品，保证超过 100 个前线哨所的物质供应。东北航线的货物运输得到了稳定的增长，在 1987 年达到了 658 万吨的峰值，这是苏联在北极地区海上运输的全盛时期。1991 年夏天，在苏联解体前几个月，北方海航道正式向非俄罗斯船只开放，然而随着1991 年的苏联解体，东北航道货物运输数量急剧下降，到了 1998 年已经降至150 万吨。近年来随着俄罗斯对东北航道的重新开发，东北航道的货物运输有了较大的发展。1997 年夏，芬兰油轮 "Uikku" 号首次经东北航道到达亚洲，2013 年，全球共有 71 艘商船通过东北航道。[2]

需要单独提及的是北冰洋在北太平洋的唯一出口——白令海峡，作为连接北冰洋和太平洋之间的唯一通道，白令海峡的意义好比南太平洋的马六甲

---

[1] Arctic Council, Arctic Marine Shipping Assessment, 2009, p. 44.

[2] 冯蕾："北极航道：开辟世界航运新格局"，载《光明日报》2014 年第 10 期。

海峡，如同天然的咽喉，利用三条北极航线进出太平洋都必须经过白令海峡。白令海峡地区两侧分属于俄罗斯与美国，最狭窄处只有领海水域。自 2008 年以来，美国海岸警卫队一直追踪通过白令海峡的船舶通行数据，并将这一年度过境数作为北极地区的一般活动指标。目前通行白令海峡的交通数量相对较低，从 2008 年的 220 船次到 2015 年的 540 船次，但总体趋势是增加的。白令海峡的峰值过境数据显示 2012 年和 2015 年增长明显，其主要原因是波弗特海和楚科奇海区域近年来石油和天然气的勘探开发活动有所增加。

二、西北航道的开辟和利用

西北航道是与东北航道相对应的另一条从欧洲经过北冰洋到达太平洋的航路，穿越加拿大北极群岛水域，横跨北美北部海岸。美国阿拉斯加沿岸海岸线平滑，穿行西北航道的主要障碍在于加拿大北极群岛。加拿大大陆北部在北冰洋上分布有 36 563 个岛屿，面积约为 142.45 万平方公里，分属加拿大努纳武特和西北领地。加拿大北极群岛西面与波弗特海相连，东靠格陵兰岛、巴芬湾和戴维斯海峡，南面是哈德逊湾和加拿大大陆，从大陆到哥伦比亚角南北延伸约 1900 公里，从班克斯岛到巴芬岛东西延伸约 2400 公里，群岛上的各个岛屿之间以及各岛与大陆之间被一系列的水道分割开来，是地球上最复杂的地理区域之一。

关于西北航道及其所在水域的性质，在国际社会上尚存争议，在西北航道开发条件逐渐提升、通航可能性增加的趋势下，这一争议很可能会凸显出来。加拿大主张北极群岛水域属于其内水，加拿大享有主权，有权禁止外国船舶未经其允许通行该水域。而美国和欧洲部分国家则认为西北航道属于用于国际航行的海峡，外国船舶享有过境通行权，加拿大政府有权依照国际法颁布捕鱼、环境管制、财政等旨在保障航运安全的法律规章，但无权关闭通道。1969 年，美国油轮"曼哈顿"号穿越加拿大北极群岛水域，1985 年，美国海岸警卫队破冰船"极地海"号通行西北航道，激化了加拿大和美国在西北航道问题上的矛盾，美加两国于 1988 年签署了《美加北极合作协议》，在不改变双方对西北航道法律地位核心立场的前提下，对美国在西北航道水域开展科学研究做了变通安排，然而这一协议并没有实际解决西北航道的法律地位争议。

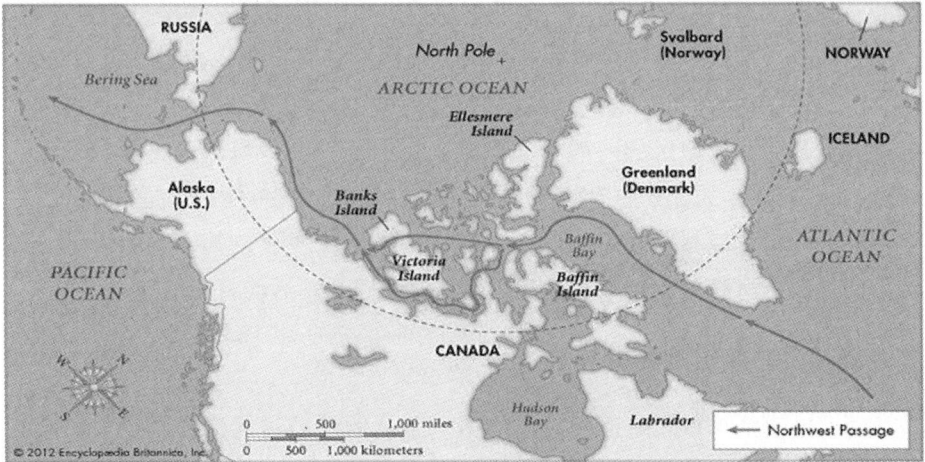

图 1-3　西北航道〔1〕

　　几个世纪以来，欧洲探险家们一直在寻找一条通往亚洲的贸易航道，便利与印度、中国和东南亚国家进行贸易往来，第一次有记录的探索西北航道的尝试是 1497 年，亨利七世派遣约翰·卡伯特（John Cabot）寻找一条直达东方的海上航路，此后进行了多次探险，但进展不大。比较重要的进展是 1778 年，英国人詹姆斯·库克（James Cook）将军首次从西侧确定了西北航道的位置。到 19 世纪上半叶，许多探险队分别探索了西北航道的一部分，著名的海上探险家包括约翰·罗斯（John Ross）、以利莎·肯特·凯恩（Elisha Kent Kane）、威廉·爱德华·帕里（William Edward Parry）和詹姆斯·克拉克·罗斯（James Clark Ross），约翰·富兰克林（John Franklin）、乔治·巴克（George Back）、彼得·沃伦·德斯（Peter Warren Dease）、托马斯·辛普森（Thomas Simpson）和约翰·雷（John Rae）。1826 年，弗雷德里克·威廉·比奇（Frederick William Beechey）探索了阿拉斯加的被害案，发现了巴罗角（Point Barrow）。爱尔兰探险家罗伯特·麦克卢尔（Robert McClure）爵士在 1851 年从班克斯岛眺望麦克卢尔海峡，发现了梅尔维尔岛，但在当时船舶无法通行这个海峡。直到 1854 年，约翰·雷发现了连接兰开斯特海峡入口与多

---

〔1〕　Northwest Passage, https://www.britannica.com/place/Northwest-Passage-trade-route，最后访问日期：2019 年 3 月 2 日。

尔芬和尤宁海峡（Dolphin and Union Strait）的唯一可用通道。[1] 1903~1906年，挪威探险家罗尔德·阿蒙森（Roald Amundsen）首次完成穿越西北航道的航行。1940~1942年，在船长亨利·拉森（Henry Larsen）的指挥下，加拿大圣洛克（St. Roch）船完成了第一次自西向东的西北航道航行，紧接着1944年又完成了自东向西的航行，实现了首次在一个季节内穿行西北航道的创举。

加拿大北极航线的线路较为复杂，如图1-4所示。目前，较为权威的资料显示，西北航道主要包含五条线路[2]，其中，线路1和线路2被认为是深水线路，其他线路因浅滩和岩石分布限制了船舶的吃水深度。五条线路有共同的东部和西部入口：在东侧，船舶经过拉布拉多海、戴维斯海峡和巴芬湾，只有线路5需要从哈德逊海峡过境；在西侧，船舶经过白令海、白令海峡、楚科奇海和波弗特海进入，再选择走哪条线路。航道通航季节通常从7月下旬延续到10月中旬，季节较短，不同年份和线路的通行时间也有所不同。

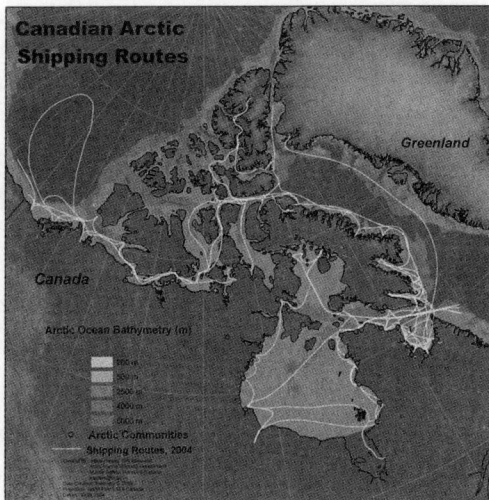

图1-4　加拿大北极航行路线[3]

---

〔1〕　Northwest Passage, Wikipedia, See https://en. wikipedia. org/wiki/Northwest_ Passage，最后访问日期：2019年3月2日。

〔2〕　关于5条航线的具体线路参见 Arctic Council, Arctic Marine Shipping Assessment, 2009, p. 21。

〔3〕　Canadian Arctic Shipping Routes, Transport Canada, http://www. tc. gc. ca/eng/marinesafety/debs-arctic-map-750. htm，最后访问日期：2019年1月17日。

由于沿岸覆盖的海冰较为密集，通航条件恶劣，加之受二战、冷战等特殊国际形势的影响，西北航道开通以后直到 20 世纪 70 年代，通行记录仍十分稀少。1945 年~1969 年期间，国家安全是利用西北航道航行的主要动力。冷战期间，北极地区是北约和华沙两大阵营军事对峙的前沿阵地，美国在从阿拉斯加州至冰岛的北极线上建立了导弹防御系统，部署了相当规模的雷达、核潜艇、导弹和战斗机。美国还联合加拿大建造从阿拉斯加西北海岸到巴芬岛东海岸跨越 3000 英里的远程早期预警线，在两个夏季航行季节内，有超过 300 艘船舶装载超过 30 万吨货物在北极水域航行。这一时期，加拿大利用破冰船提升其北极水域的航行能力，破冰船"拉布拉多"号成为继圣洛克船之后第一个成功完成西北航道穿行的加拿大军用船只。1969 年 8 月，美国"曼哈顿"号是第一艘通行西北航道的商业货船，自"曼哈顿"号油轮通行事件以后到 20 世纪 80 年代末，加拿大重视强化对北极地区的主权主张，并推动北极地区的经济开发，有各种类型船舶完成了超过 30 次的西北航道过境运输，通行船舶大部分是参与波弗特海域大陆架油气资源勘探开发的加拿大船舶，包括装载燃料的油轮以及运送矿石的散装货轮。

进入 21 世纪以来，人口的增长、社区供给需求的增长以及油气资源开发活动的增加，刺激了这一地区航运需求的提升。然而西北航道面临通航时间短、冰情复杂、群岛地貌、吃水限制、缺乏海图、保险和其他成本等因素的制约，近期内开展常规固定时段跨北极航行的可能性不大，但以北极为目的地的运输航行预计将会有所增加。

三、穿极航道的开辟和利用

穿极航道是东北航道、西北航道以外的第三条北极航道，穿极航道长约3900公里，是三条北极航道中最短的一条。与东北航道和西北航道沿大陆沿海分布不同，穿极航道穿越北冰洋中部，主要位于公海海域，又被称为中央航道。由于整个北极盆地的冰层条件呈现高度的季节性变化，穿极航道不会以一个固定的线路存在，而会根据海冰的变化情况容纳一系列航行线路。

穿极航道的一个重要优势是基本避开了北极国家的领海海域，主要穿越北极沿岸国家的专属经济区和国际公海海域，相比之下，围绕西北航道和东北航道的地缘政治更加敏感复杂，关于航道及其海峡的法律地位存在部分法律争议，对于可能利用北极航道的域外国家来说，利用穿极航道能够避免这些难题。

1977年8月17日，苏联的核能破冰船"阿卡蒂卡"号（Arktika）是第一个到达北极点的水面舰艇，该船于8月9日从摩尔曼斯克出发，向东航行穿过维尔基斯基海峡，到达了拉普捷夫海，然后沿东经125度向北航行，于8月17日到达北极点，8月23日返回摩尔曼斯克。1991年8月，苏联核动力破冰船承载游客穿越中央北冰洋。1994年7~8月，加拿大破冰船"路易斯"号（Louis S. St-Laurent）和美国的"极地海"号（Polar Sea）进行的北冰洋科学考察，是第一次由水面舰艇完成的科学考察队穿越；两艘船从白令海出发，航行到北极点，然后穿越格陵兰岛和斯瓦尔巴群岛之间的弗拉姆海峡返回。科考队广泛使用实时卫星图像进行战略导航和科学规划。1996年，俄罗斯核动力破冰船"亚马尔"号（Yamal）承载游客完成了两次穿越北极的航行。2005年夏天，瑞典的破冰船"奥登"号（Oden）和美国的"希利"号（Healy）也成功完成了穿越中央北冰洋的航行。[1]2017年，中国第八次北极科考期间，"雪龙"号首次完成北冰洋中央航道的穿越。

根据北极理事会2009年发布的《北极航运评估报告》统计，从1977年到2008年间，来自六个国家的破冰船曾经77次航行到达地理上的北极点。从国家分布上看，俄罗斯65次、瑞典5次、美国3次、德国2次、加拿大1次和挪威1次；从航行目的上看，77次到达北极点的航行中，有19次是为了开展科学考察，剩下58次是海上旅游；从动力上看，有11次是由柴油驱动的破冰船进行的，其余是核动力船舶推进；从日期上看，76次是在夏季到达北极点，按月份来看，最早一次到达日期是2007年7月2日，最晚一次是2005年9月12日。[2]迄今为止尚没有商船在北冰洋中部完成一次穿越航行。

上述到达北极点以及穿越中央北冰洋的航行历史显示，在21世纪，高性能的破冰船在夏季已经能够进入到北冰洋的所有区域，实现了在夏季通行整个北冰洋。这些成功的航行为未来开展中央航道的穿越积累了重要经验，虽然目前只有重型破冰船才能航行穿极航道，随着北极海冰范围的不断缩减，

---

〔1〕 Arctic Council, Arctic Marine Shipping Assessment, 2009, p. 74.

〔2〕 Arctic Council, Arctic Marine Shipping Assessment, 2009, p. 74.

穿极航道有望逐渐成为一条重要的北极航线。

第二节 气候变化背景下北极航道利用前景

科学研究发现，近几十年以来，全球气候发生了重大变化，北极地区作为全球气候系统运转的巨大冷源之一，其气候也出现了显著增暖的趋势，并将对全球大气和海洋环流产生重要和深远的影响。气候变化所带来的适宜的水温条件和海冰状况为北极航道的开发利用提供了便利，近年来北极航道特别是东北航道的船舶通航量有所增加，未来通航前景乐观。

一、北极气候变化及海冰状况

2013 年联合国政府间气候变化专门委员会（IPCC）发布的气候变化第五次评估报告指出：地表温度在过去三个十年已连续偏暖于 1850 年以来的任何一个十年；全球尺度上，海洋表层温度升幅最大，海洋变暖在气候系统储存能量的增加中占主导地位；过去 20 年以来，格陵兰冰盖和南极冰盖的冰量一直在损失，北极海冰和北半球春季积雪范围在继续缩小；1901~2010 年期间，全球平均海平面上升了 0.19 米，并且上升速率可能不断加快；工业化以来，由于化石燃料的排放和土地利用的变化导致二氧化碳浓度已经增加了 40%，海洋已经吸收了大约 30% 人为排放的二氧化碳，导致了海洋酸化。[1]

海冰覆盖情况是影响北极航道通航的关键因素，近年来北极气候变暖的速度在加快，北极海冰正在经历重大的变化，这对整个北冰洋的通航具有重大影响。2017 年北极理事会发布了关于北极雪、水、冰和冻土变化情况的评估报告，并提出了政策建议，这一评估是对 2004 年发布的北极气候变化影响评估报告的阶段性更新。气候变化在全球地域范围上分布不均，其中北极发生的变化非常显著。2004 年北极理事会发布的北极气候影响评估报告指出，北极地表温度平均每十年上升约 0.09℃，高于北半球的平均增温速度。从 2011 年到 2015 年，北极的温度比自 1900 年开始记录以来的任何时候都要高，

---

〔1〕 气候变化 2013 自然科学基础决策者摘要，政府间气候变化专门委员会第五次评估报告，第一工作组报告，第 2 页。中文版引自 https://www.ipcc.ch/pdf/assessment-report/ar5/wg1/WG1AR5_SPM_brochure_zh.pdf，最后访问日期：2017 年 2 月 10 日。

而且在过去的 50 年里，北极气候变暖的速度是整个世界的两倍。2016 年 1 月北极的温度比 1981~2010 年的平均水平高 5℃，比 2008 年创下的纪录高整整 2℃，2016 年 10~12 月的月平均气温较同期月平均值高 6℃。海水温度也在上升，无论是在地表附近还是在更深的水域。[1]

2004 年北极理事会发布的北极气候变化影响评估报告指出，随着北极气温的升高，北极海冰在继续减少，并且每年都会发生变化。[2]北极气候变暖造成北冰洋海域海冰覆盖面积减少，北极海冰范围在过去五十年间呈现缩减态势，海冰厚度在下降，北冰洋中央的多年冰也在减少。[3]卫星观测数据显示，1979~2006 年间，北冰洋海冰范围年均下降 45 000 平方公里，每年下降 3.7%，其中夏季海冰减少幅度（每十年下降 6.2%）要大于冬季（每十年下降 2.6%）。除西拉普捷夫海域小块区域外俄罗斯北极沿海出现大面积无冰海域，加拿大北极群岛间出现多条无冰通道，北冰洋中央也出现了从未观测到的大片开放水域。[4]

根据美国国家冰雪中心（National Snow & Ice Data center）发布的北极海冰数据，2018 年 7 月北极海冰平均面积为 822 万平方公里（320 万平方英里），比 1981~2010 年的长期平均海冰范围低 125 万平方公里（48.3 万平方英里），比 2012 年 7 月创下的纪录低点高了 55 万平方公里（21.2 万平方英里）。

---

〔1〕　Arctic Council, Snow, water, ice and permafrost in the Arctic（SWIPA）summary for policy-makers, See https://oaarchive. arctic-council. org/handle/11374/1931, 最后访问日期：2019 年 1 月 12 日。

〔2〕　Arctic Council, Arctic Climate Impact Assessment, 2004, section 2.8.

〔3〕　Arctic Council, Arctic Climate Impact Assessment, 2004, section 2.8.

〔4〕　Arctic Council, Arctic Marine Shipping Assessment, 2009.

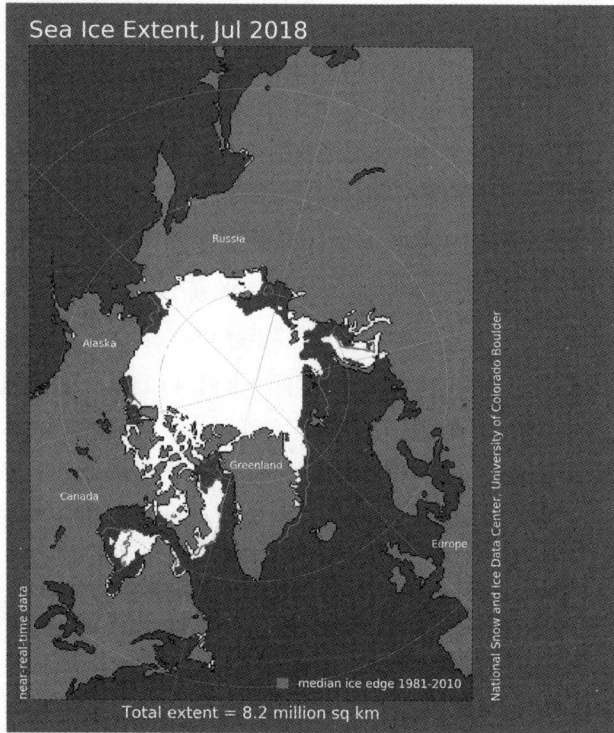

图 1-5　2018 年 7 月北极海冰范围与 1981 年至 2010 年 7 月平均海冰范围对比图

从图 1-5 中可以看到，巴伦支海、喀拉海、拉普特夫海和东格陵兰海的海冰范围超乎寻常的缩小，而波弗特海和东西伯利亚海的冰缘线仍然接近平均水平。到 7 月底，哈德逊湾的冰全部融化，楚科奇海的冰缘线相比较每年同期的平均位置大大向北退缩。这与 2017 年的情况形成了鲜明的对比，2017 年 7 月底，在波弗特海和东西伯利亚海的冰缘线在平时位置以北，而大西洋一侧的海冰范围接近平均水平。[1]尽管在所有卫星纪录中，2018 年 7 月在 7 月平均面积上排名第九低，但在这个月里，冰的损失是非常迅速的。其结果是，截至 7 月 31 日，在卫星记录上的最低每日记录位居第四，仅略低于去年同期的水平，也略高于 2007 年、2011 年和 2012 年的水平，这意味着到气温更高的八月份海冰范围很可能创下历史新低。

---

〔1〕　美国国家冰雪中心，http://nsidc. org/arcticseaicenews/，最后访问日期：2018 年 8 月 5 日。

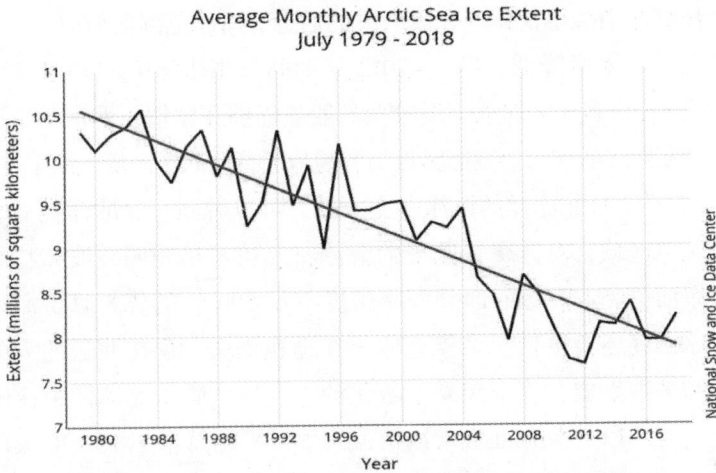

图 1-6　1979~2018 年间 7 月份北极海冰范围折线图

图 1-6 展示了 1979~2018 年间 7 月份的北极海冰面积变化情况，1979~2018 年间，7 月份北冰洋的海冰面积平均每十年减少 7.2%，7 月份海冰面积的线性下降速度为每年 68 700 平方公里（每年 2.7 万平方英里）。[1]

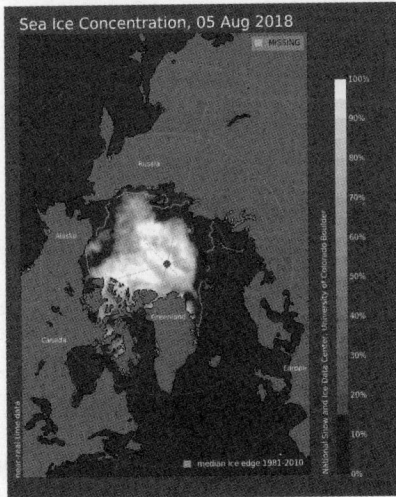

图 1-7　2018 年 8 月 5 日北冰洋海冰密度

[1]　美国国家冰雪中心，http://nsidc.org/arcticseaicenews/，最后访问日期：2018 年 8 月 5 日。

北冰洋海冰消融不仅体现在冰缘线的后退、海冰范围的缩减上，还体现为海冰厚度变薄、密度降低。1975～2012年期间，北冰洋中部海冰厚度降低了65%，这意味着更多冰区加强等级较低的船舶能够在冰情不严重的情况下通行北极航道，高性能的破冰船则能够更加容易地通行北冰洋海域。图1-7〔1〕显示了2018年8月5日北冰洋的海冰密度分布，可以看到，北冰洋在夏季已经出现了大量无冰区域，海冰覆盖区域的海冰密度也不尽相同，波弗特海域和楚科奇海、东西伯利亚海域的部分海冰密度不足50%，随着8月份海冰的继续融化，海冰密度还会更低。多年老冰正在迅速消失，现在北极的大部分海冰属于秋季和冬季生成、春季和夏季融化的一年冰。除了北冰洋最冷的北部地区，在1979～2013年期间北极海冰覆盖天数以平均每十年10～20天的速度减少。随着海冰范围和厚度的减小，海冰的流动性正在变得越来越高，另一方面也增加了与海冰相关的航行危险。

从总体趋势上看，北极地区气候变化在加速，虽然全球温室气体排放量的大幅减少可以减缓某些趋势，但北极正在发生的变化预计至少会持续到21世纪中叶，北极地区气候变暖、气温上升所带来的未来北极航道海冰减少趋势已经是可预期的，海冰持续消融将促进北极航道的通航利用。

二、北极航道的利用前景

海冰覆盖情况是影响北极航道通航的关键因素，近年来北极气候变化的速度在加快，北极海冰正在经历重大的变化，这对整个北冰洋的通航具有重要的影响。海冰消融使得北冰洋地区的航行期变得更长，阻碍航行的多年冰也大面积减少。自20世纪70年代末以来，北冰洋大部分海域的开放水域面积每年增加1～3个月，为海洋运输、商业渔业、旅游业和获取资源创造了更多的机会，近年来北极航道的船舶通航量增长迅速。

（一）东北航道

近年来，东北航道方向过境船舶逐年增加，货物量相应增长。据统计，

---

〔1〕 美国国家冰雪中心，http://nsidc.org/arcticseaicenews/，最后访问日期：2018年8月7日。

2009 年通行船舶只有 2 艘，2010 年增加到 6 艘，[1]2011 年，通过北方海航道的商船增长到 41 艘；2012 年，通过北方海航道的货轮达 46 艘，货运总量约 126 万吨，比 2011 年增加 35%，是 2010 年的近 8 倍；2013 年，通过北方海航道的船舶数量达到 71 艘，货运总量 136 万吨；2014 年通过北方航道的船舶数量达到 53 艘，通航时间跨度由 3 个月延长到 5 个月。[2]通航商船的类型主要有油船、散货船、杂货船、集装箱船、冷藏运输船、邮船、供应船、重货船等，其中，油船占 58%；其次是散货船和杂货船，分别为 16% 和 10%。[3]穿越北方海航道的船舶绝大多数来自俄罗斯，俄罗斯籍船舶占据主导地位，欧洲国家尤其是北欧国家也有一定数量的通航利用。我国商船自 2013 年"永盛"号首次成功试航东北航道以来，自 2015 年起至今，中国远洋海运集团每年都有一定数量的商船运载货物通航东北航道，往返于我国港口与欧洲港口之间，这些航海实践活动为极地航行积累了宝贵的经验，为推进北极航行的规模化运行奠定了基础。2017 年北极东北航道的货运量达到 940 多万吨，与 2016 年相比增长了 40%，2017 年货运量比 2013 年增长了 10 倍多，北极东北航道正在成为西北欧和远东间的海上贸易新干线。

受益于气候变暖引起的海冰消融，东北航道夏季的通航期延长，通航条件改善，相比西北航道和中央航道，东北航道北方海航段开发时间较早，助航设施和服务相对到位，东北航道是目前北极航运通航条件相对成熟的一个航道，也是欧洲和亚洲商船通航北极航道的优先选择。近年来东北航道的利用有所增长，尤其是 2011 年、2012 年增长显著，许多国家的商船都已经陆续试航北极航道，开展商业运输。俄罗斯制定北极政策计划，积极开发北极地区的油气资源和矿产资源，力图将北极地区开发为一个重要的国家战略资源基地，大力开发利用北方海航道作为重要的运输通道，从法律政策到航行保障都做出了改善。尽管目前东北航道的通航量与通行苏伊士运河的南部航线相比依然非常少，然而伴随着海冰情况的改善以及国内投资开发活动的增加，未来东北航道的运输有望继续增长。

---

〔1〕 具体统计数字和情况参见 Willy Ostreng et al., *Shipping in Arctic waters, a comparison of the Northeast, Northwest and Trans-Polar Passages*, 2013, p.185.

〔2〕 孙鲁闽："北极航道现状与发展趋势及对策"，载《海洋工程》2016 年第 3 期。

〔3〕 孙鲁闽："北极航道现状与发展趋势及对策"，载《海洋工程》2016 年第 3 期。

在看到东北航道通航前景的同时，我们也应注意到航道利用面临的风险和不确定性。一方面，全球气候出现变暖趋势，导致北极海冰范围有所缩减，但全球气候以及北极区域性气候受多种因素的影响，并非呈现简单的线性变化，实际上目前难以准确预测每年的海冰情况以及具体的通航窗口时间，船舶在通航极区过程中仍需要应对复杂多变的海冰状况，判断并选择较为安全的航行路线。另一方面，地缘政治因素对东北航道的商业通航也有重要影响。俄罗斯和西方国家的政治外交关系波动会牵连俄罗斯与欧洲、北美的经贸往来，尽管北极航道水域的气象水文条件有所改善，但2015年、2016年通行东北航道的船舶数量明显减少，一个重要原因是乌克兰危机恶化了欧洲与俄罗斯的关系，导致双方经贸往来骤减。当然，东北航道除了承担俄罗斯和欧洲之间的运输外，还可以为俄罗斯向中国等东亚国家运输北极能源资源以及为东亚国家与欧洲之间的海上贸易提供便利的通道，因此尽管俄罗斯和欧洲的关系时有紧张，中欧、中俄经贸关系的稳定发展以及中俄达成共建冰上丝绸之路的共识等积极的国际关系因素仍可以为东北航道的开发利用带来新的动力。

（二）西北航道

气候变化导致北极海冰消退，进入21世纪以来，西北航道和波弗特海沿线的目的地运输也不断增长，2009~2010年间约有430艘船只通行白令海峡，较之前的船舶通行量几乎翻了一番。[1]20世纪80年代平均每年只有4次穿越西北航道的航行，到2009~2013年间平均每年增加到20~30次通行。[2]2000年，两个加拿大船舶利用北冰洋夏季冰层变薄的时机穿行了西北航道，2006年，游轮"MS Bremen"号成功完成了西北航道航行。在2007年和2008年的夏季，群岛内的大部分海域都是几个世纪以来第一次没有结冰，所以加拿大开发商业航运的承诺就被提上了议事议程。2012年，通过西北航道的船只数量达到了创纪录的30艘，2013年，第一艘大型浮冰加固货船"Nordic Orion"

〔1〕 Holthus P, Clarkin C, Lorentzen J, "Emerging Arctic Opportunities: Dramatic increases expected in Arctic shipping, oil and gas exploration, fisheries and tourism", *Coast Guard Journal of Safety and Security at Sea*, vol. 70, 2013.

〔2〕 NWT State of the Environment Report, "7.3 Trends in shipping in the Northwest Passage and the Beaufort Sea", See https://www.enr.gov.nt.ca/en/state - environment/73 - trends - shipping - northwest - passage-and-beaufort-sea, 最后访问日期: 2018年6月21日。

号成功通行了西北航道，2014 年有 17 艘船只通过西北航道，2016 年，游轮
"Crystal Sernity" 号先后搭载 1500 名乘客从温哥华出发穿越西北航道到达纽
约，不久之后它又创造了搭载 1700 名乘客通行西北航道的新纪录。[1]

Type of ships in the Northwest Pessage

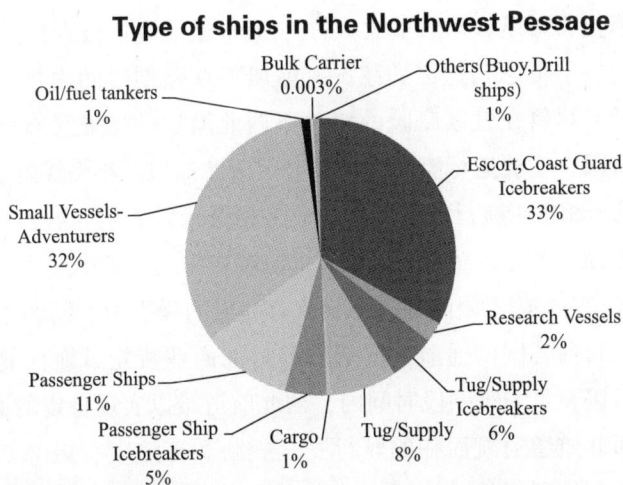

图 1-8 通行西北航道的船舶类型饼状图

加拿大政府提供的研究报告显示，自 20 世纪 80 年代到 2013 年期间，通
行西北航道的船舶主要包括以下几种：执行海岸警卫任务和科学调查任务的
破冰船、开展北极旅游的小型船只或客轮、拖船、补给船和驳船；此外还包
括油轮、钻井船、地震调查船、电缆船和浮标供应船，如图 1-8[2]所示。绝
大多数通过西北航道的船只采用了靠近北极大陆的阿蒙森湾的南部航线，目
前开展北极旅游运输的 4 艘大型游轮中，有两艘破冰船能够沿着班克斯岛东
侧附近相对容易的北部线路通行。

由于西北航道由加拿大北极地区的一系列岛屿和海峡组成，海峡内航道
全程约 800 海里，主要海峡水深 300 多米，航道内水域星罗棋布。如果没有

---

[1] Northwest Passage, wikipedia, https://en. wikipedia. org/wiki/Northwest_ Passag，最后访问日
期：2019 年 3 月 2 日。

[2] NWT State of the Environment Report, "7. 3 Trends in shipping in the Northwest Passage and the
Beaufort Sea", https://www. enr. gov. nt. ca/en/state－environment/73－trends－shipping－northwest－passage－
and－beaufort－sea，最后访问日期：2018 年 6 月 21 日。

良好的航海经验和先进的导航设备，难以在这里找到一条正确的通道。[1]虽然越来越多的证据表明，到目前为止北极海冰仍将持续减少，但对于海冰融化的速度目前尚不能准确预估，加拿大北极群岛内的海冰状况每年甚至在不同的季节都不尽相同，所以基本上是不可预测的，在这种情况下，多年冰即便占比很少但仍将对航运构成重大威胁。《北极航运评估报告》（AMSA）也同意这一点，它提出考虑到这样的冰况，航船想在预期时间内抵达港口是几乎不可能实现的。尽管在气候变暖的背景下西北航道的通航量有所增长，但数量仍然十分有限，主要通行船舶为护航警卫破冰船以及小型探险船，商业货轮通航极为罕见。相较于航行条件、基础设施相对较好的东北航道，西北航道水文气候更为恶劣，冰情更为严峻，通航期较短，加之航道沿线人口稀少、基础设施不足，这些内外因素限制了西北航道对商船的吸引力，制约了西北航道的开发利用。从目前各国的通航状况来看，目前商业货轮试航西北航道的案例屈指可数，可以预见未来一段时间内，西北航道难以实现稳定的商业通航。

考虑到西北航道通航面临的航行安全威胁和环境生态风险，加拿大政府对西北航道的开发利用持谨慎保守的态度，尽管该地区的石油和天然气等资源丰富，现阶段加拿大区段的西北航道每年至少有 8 个月的时间是被"封闭"的，仅限夏天的几个月通航，在夏季结束后，破冰船等护航设施将从该区段内撤出。此外，考虑到西北航道通行量增加会给加拿大在北极地区的安全带来风险，而目前加拿大在北极水域的管控能力有限，加拿大当局对是否将这条航线向国际航运市场大规模开放依旧存疑，虽然人们对西北航线的开发利用持有一定的乐观态度，但在可预见的未来，西北航道的应用将依然停留在较低的水平。

（三）穿极航线

北冰洋中央区域的海冰覆盖范围广、密度大，海冰密集，与东北航道和西北航道相比，船舶通行难度较大，现阶段只有高性能的破冰船才能在夏季完成穿极航道的穿越。近年来北极海冰融化显著，按照这一趋势发展下去，未来中央航道也有望可以实现夏季通航。

---

〔1〕 北极问题研究编写组：《北极问题研究》，海洋出版社 2011 年版，第 212 页。

　　2009 年北极理事会发布的《北极航运评估报告》指出，尽管北极海冰覆盖范围存在显著的年际波动，但北极海冰覆盖范围（程度）自 20 世纪 50 年代起在所有季节都呈下降趋势，中央北冰洋的海冰也变得更加稀薄。根据海冰模型预测，在 21 世纪中叶以前北冰洋夏季可能会出现短暂的无冰期，这意味着多年海冰接近完全消失。[1]通过分析 2010 年以后北极气候和海冰的实际变化情况，北极理事会 2017 年发布的关于北极雪、水、冰和冻土变化情况的最新评估报告更新了早先对北极海冰覆盖情况的预测和判断。该报告指出，自 2011 年以来，北极海冰厚度、面积、陆地冰量、春雪覆盖范围和持续时间均呈下降趋势，近地表永冻层持续升温，北极环境正在变得更加温暖、湿润和多变。北冰洋夏季无冰的状况最早可能出现在 21 世纪 30 年代末。[2]

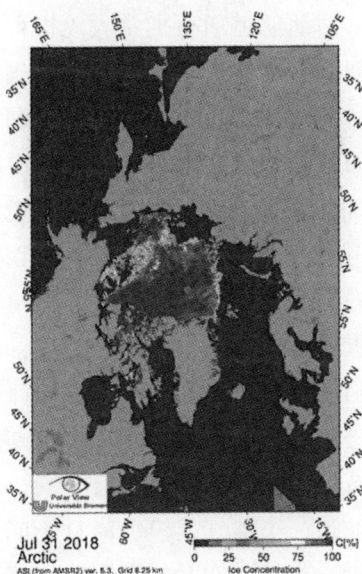

**Arctic Sea Ice Concentration
July 31, 2018**

图 1-9　2018 年 7 月 31 日北冰洋的海冰密度

〔1〕　Arctic Council, Arctic Marine Shipping Assessment, 2009, p. 35.

〔2〕　Arctic Council, Snow, water, ice and permafrost in the Arctic（SWIPA）summary for policy-makers, https://oaarchive. arctic-council. org/handle/11374/1931，最后访问日期：2019 年 1 月 12 日。

图 1-9[1]展示了 2018 年 7 月 31 日北冰洋的海冰密度，可以看到北冰洋中央区域海冰密度较大，但密度最高的区域主要集中在加拿大北极群岛北侧，甚至比北极点区域附近密度更高，而欧洲和俄罗斯沿线出现大片的无冰海域。2017 年 8 月，中国科考船"雪龙"号成功穿越北极中央航道，通过实际航行我们发现，虽然北冰洋公海海域的大片海冰密集度高达九到十成，但受大西洋暖流的影响，存在较多的海冰融池，硬度并不高，并没有对船舶的航行构成太大的威胁。[2]长远看来，随着中央区域的海冰继续消融，通航条件进一步提升，国际海事搜救网络在北极区域的全面覆盖，以及北极中央海域气象、海冰信息的全面、准确监测和预报，中央航道未来有可能成为一条具有通航潜力和商业吸引力的北极海上航道。

气候变化给北极航道的开发利用带来了机遇，海冰消融速度加快，北极航道的通航条件改善，三条北极航线的具体情况存在差异。其中，东北航道的自然条件最好，已经实现一定数量的季节性商业通航，作为连接亚欧交通新干线的雏形已经显现；西北航道通行加拿大北极群岛水域，水文状况较为复杂，给船舶航行的时间和安全性带来了较大的不确定性；中央航道航路开阔，未来利用潜力较大。气温升高、海冰消融还便利了北极地区石油、矿产和其他资源的获取，例如特朗普政府就有计划重新启动北极地区的石油矿产开发，这将在客观上增加北极海上运输、带动北极航道的利用。而且，石油和天然气的开采将导致更多的温室气体排放，加剧北极气温升高和海冰变化，进一步影响北极通航条件。

一方面，我们对北极航道通航前景持乐观态度，另一方面我们也应当看到融冰阶段北极航运面临的各种风险和挑战，全面评估北极航运的多种影响因素，制定科学的、渐进的促进北极航运发展的计划。现有的观测和预测还是相对粗糙的，不同海域的冰情变化情况各有不同，特别是对于海冰范围年际变化差异较大的西北航道，全球气候模型尚且不能适用于这一地区，获取可靠的冰情数据需要长期、细致、实时的观测和研究。尽管北冰洋海冰覆盖

---

〔1〕 University of Bremen, Arctic Sea Ice News & Analysis, http://nsidc. org/arcticseaicenews/，最后访问日期：2018 年 8 月 7 日。

〔2〕 吴琼："中国第八次北极考察队领队徐韧讲述首次成功穿越北冰洋中央航道"，载搜狐网，http://www. sohu. com/a/168032806_ 543943，最后访问日期：2018 年 8 月 7 日。

出现整体缩减的趋势，北冰洋冬季海冰仍会长期存在，融冰期间出现的碎冰也会对船舶航行造成非常大的危险和阻碍，通航的水文条件仍然比较恶劣，在极区航行的船舶需要具有一定的破冰能力。为了实现北极航道的通航利用，还应当在破冰船护航、助航设施、港口建设等方面加大投资，改善当前北极海域的气候、水文等观测还很薄弱、有效信息掌握不足的状况，保障北极的航行安全。北极航道大规模通航依然面临诸多不利因素，需要在规划、开发和利用北极航道时做好充分的应对和准备。

第三节　中国制定北极航线战略的新机遇

当今世界处于大发展、大变革、大调整时期，党中央从我国改革开放和长远发展出发提出共建"一带一路"，推动中国更深参与全球开放合作、改善全球经济治理体系、促进全球共同发展繁荣，并以共建"一带一路"为实践平台推动构建人类命运共同体。"一带一路"合作倡议为北极地区互联互通建设、促进北极经济社会可持续发展带来新的合作机遇。

2013 年中国国家主席习近平首次提出共建丝绸之路经济带和共建 21 世纪海上丝绸之路倡议以来，"一带一路"合作稳步推进，各领域不断签署推进重大项目，建设成果丰硕。2015 年 3 月 28 日，国家发展改革委、外交部、商务部联合发布了《推动共建丝绸之路经济带和 21 世纪海上丝绸之路的愿景与行动》。共建"一带一路"的合作倡议，对外是促进全球和平合作和共同发展的中国方案，对内是我国扩大和深化对外开放、构建开放发展新格局、践行合作共赢理念的重大发展战略。对开发利用北极航线进行战略规划不应孤立进行，而应置于中国当前和未来一段时间的发展战略背景下，与"一带一路"进程配合起来。北极航线的开发利用对中国对外经贸、能源供应和海上通道安全有长远且重要的战略意义，能够对共建"一带一路"的先期规划和建设形成有益的战略补充。

一、"一带一路"合作及互联互通建设

2013 年 9 月和 10 月，国家主席习近平先后在哈萨克斯坦和印度尼西亚提出共建"丝绸之路经济带"和"21 世纪海上丝绸之路"的倡议。2015 年 3

月，国家发改委、商务部和外交部联合发布了《推动共建丝绸之路经济带和21世纪海上丝绸之路的愿景与行动》，提出了共建"一带一路"的顶层设计框架，对共建原则、框架思路、合作重点、合作机制及中国各地方开放态势做出部署。[1]该倡议自提出至今，得到了全球100多个国家和国际组织的积极响应，并取得了初步成果。2017年5月10日，推进"一带一路"建设工作领导小组办公室发布了《共建"一带一路"：理念、实践与中国的贡献》。2017年5月14～15日，"一带一路"国际合作高峰论坛在北京举行，期间举行了圆桌峰会和高级别会议，发布了圆桌峰会联合公报，最后达成了5大类、76大项、270多项具体成果，中国将于2019年举办第二届国际合作高峰论坛。[2]"一带一路"倡议坚持共商共建共享原则，秉持透明开放包容理念，旨在通过对接各国发展战略，开拓新的合作空间，发掘新的合作潜力，实现共同发展和共同繁荣。"一带一路"合作倡议提出以来，迅速得到许多国家的支持和响应。

根据顶层框架设计，共建"一带一路"确定了五大方向：一是从中国西北、东北经中亚、俄罗斯至欧洲、波罗的海；二是从中国西北经中亚、西亚至波斯湾、地中海；三是从中国西南经中南半岛至印度洋；四是从中国沿海港口过南海，经马六甲海峡到印度洋，延伸至欧洲；五是从中国沿海港口过南海，向南太平洋延伸。根据五大方向，中国提出了"六廊六路多国多港"的合作框架，其中新亚欧大陆桥、中蒙俄、中国—中亚—西亚经济走廊将充满经济活力的东亚经济圈与发达的欧洲经济圈联系在一起，也畅通了连接波斯湾、地中海和波罗的海的合作通道。中国—中南半岛、中巴和孟中印缅经济走廊则经过亚洲东部和南部，经济效应辐射南亚、东南亚、印度洋、南太平洋等地区。[3]

"一带一路"战略体现了中国主张的新型合作发展观，通过把中国发展的能动性与外部世界发展的需要连接起来，把各国的国内规划与外部的建设连接起来，把本国资源能力与国际融资支持连接起来，在"一带一路"这个大

---

〔1〕 "推动共建丝绸之路经济带和21世纪海上丝绸之路的愿景与行动"，载中国一带一路网，https://www.yidaiyilu.gov.cn/yw/qwfb/604.htm，最后访问日期：2018年3月4日。

〔2〕 "一带一路"国际合作高峰论坛设立了官方网站，会议期间发表的重要讲话、发布的联合公报以及取得的成果清单都可以在该网站上查阅，详见 http://www.beltandroadforum.org，最后访问日期：2019年1月9日。

〔3〕 "共建'一带一路'：理念、实践与中国的贡献"，载新华网，http://www.xinhuanet.com/politics/2017-05/10/c_1120951928.htm，最后访问日期：2018年12月15日。

平台上实现共谋发展、共同建设和共享红利；这一倡议也体现了中国的"新海洋秩序观"，"21 世纪海上丝绸之路"倡议的核心就是推动沿海国家的开放、合作与发展，是基于保障海上航行自由与安全的合作型海洋秩序建设。[1]共建"一带一路"的合作领域涵盖促进基础设施互联互通、提升经贸合作水平、扩大产能与投资合作、扩展金融合作空间、加强生态环保合作、有序推进海上合作、深化人文社会及其他领域内的交流合作。其中，加强基础设施建设，构建铁路、公路、航运、航空、管道和空间综合信息网络，推动跨国、跨区域互联互通是优先合作方向。截至 2016 年底，中欧班列运行路线达 39 条，开行近 3000 列，覆盖欧洲 9 个国家、14 个城市，中老铁路、匈塞铁路、中俄高铁、印尼雅万高铁、比雷埃夫斯港、汉班托塔港、瓜达尔港等标志性项目建设也已经取得进展。"丝绸之路"经济带和"21 世纪海上丝绸之路"一个依托陆上交通，一个依托海洋运输，两条线路相辅相成，通过基础设施联通带动沿线贸易、经济、社会、文化交流和发展，构建起"一带一路"战略全方位、多层次、复合型互联互通网络。

　　海运与陆运在货物运输上各有优势，目前全世界大约 90% 的货物运输依靠海运，相比陆路运输，海运在大宗货物运输上具有成本低的优势，在当前国际贸易运输中占据绝对优势。然而陆海两条线路相比较，海上通道建设面对的外部环境更加复杂、竞争更加激烈，推进也相对缓慢。马六甲—苏伊士航线作为"21 世纪海上丝绸之路"建设的重点方向之一，从中国沿海港口经过南海到印度洋，进而延伸至欧洲，是全球最重要的能源运输通道之一，是中国、日本等能源进口大国的"海上生命线"，特别是马六甲海峡作为沟通太平洋和印度洋的咽喉，战略地位显著，各种利益诉求复杂交汇。中国保障南部航线通道安全面临美国方面的挑战，美国将军事力量重点转移至包括南海在内的亚洲地区，由印度尼西亚、马来西亚和新加坡三国共管的马六甲海峡通过美国军事基地驻兵被美国实际控制和影响，美国借口"海上航行自由"介入南海问题更强化了我国的马六甲传统航线的困局。

　　不仅马六甲海峡，事实上巴拿马运河、苏伊士运河、直布罗陀海峡、霍

---

〔1〕 彭纯、栗一星："《'一带一路'与中国发展战略》发布会在京举行"，载新华网，http://news. xinhuanet. com/world/2017-04/12/c_ 129530333. htm，最后访问日期：2018 年 12 月 15 日。

尔木兹海峡等六条海峡全部包含在美国欲控制的全球 16 条海上战略通道内，中国利用传统海上通道受到美国势力的限制。我国对外贸易长期依托海上运输，保障海上通道安全畅通对保障经贸至关重要，当前中国积极筹建巴基斯坦瓜达尔港项目以及在南美投资"两洋铁路"等众多举措正是多元化贸易通道、削弱美国对海上通道影响的重要举措。但是，开辟新的陆上通道不足以完全替代海上运输，海运对我国的能源进口、对外经贸仍具有不可或缺作用，随着我国海上力量的不断增强，我国也在加强和扩展对重要海上运输通道的保护。在加强传统航线建设的同时，开辟新的海上通道对我国乃至国际经贸都具有重要意义。

二、北极航线开发与"一带一路"建设

北极地区资源丰富，但人口稀少，基础设施欠发达；近年来受北极地区气候变化的影响，北冰洋海冰消融明显，通航条件逐步改善，北冰洋沿岸的能源和矿产资源也更容易获取和开发。在气候变化和全球化的双重作用下，北极迎来了新的经济社会发展机遇，基础设施建设的需求大幅增长。着眼于未来，北极航线的开拓将会对国际贸易产业格局产生重要影响，我国作为重要的航线使用国也将受益。

俄罗斯是中国共建"一带一路"的重要战略伙伴，双方建立了全面战略协作伙伴关系并保持积极发展势头，两国积极推动"一带一路"建设和欧亚经济联盟对接合作，在加强北极"一带一路"项目合作方面已经取得实质性成果。中俄重大能源合作项目亚马尔液化天然气（LNG）项目是中国提出"一带一路"倡议后实施的首个海外特大型项目，对我国开展海外能源合作、提升我国在世界能源市场话语权具有重要意义。[1]此外，俄罗斯邀请中国共同开发建设滨海国际运输走廊，中国积极回应，双方达成建设"冰上丝绸之路"的合作共识，中国商务部与俄罗斯经济发展部正在牵头探讨建立专项工作机制，统筹推进北极航道开发利用。

考虑到北极航道开发和通航还需要时间，早期收获前景不明朗，短期内难以获得显著合作成效，盲目将其扩展到"一带一路"的现有规划中会产生

---

[1] "中俄亚马尔项目首条 LNG 生产线投产，中国每年将获 400 万吨液化气"，载中国一带一路网，https://www.yidaiyilu.gov.cn/xwzx/gnxw/39093.htm，最后访问日期：2018 年 5 月 9 日。

与北极国家争夺主导权的风险，降低"一带一路"实施效率，分散其政策目标和效果，因此目前"一带一路"的规划中尚没有写入北极航线方向。[1]但在实践层面，我国发布的北极政策白皮书在积极参与北极治理和国际合作部分提出加强共建"一带一路"倡议框架下有关北极领域的国际合作，加强与北极国家发展战略对接、积极推动共建经北冰洋连接欧洲的蓝色经济通道、积极促进北极数字互联互通和逐步构建国际性基础设施网络等。"一带一路"合作正在建构亚欧大陆经济发展与合作新格局，北极航线的开拓将会对"一带一路"合作的规划和建设提供战略补充。

（一）为亚欧大陆经贸合作提供新的海上通道

受全球气候变化影响，东北航道和西北航道通航量有明显增长，夏季穿行中央航道也已经被成功实践。东北航道商业运营已经开始，航行时间跨度已从两三个月延长到五个月（7月中旬到12月上旬）。2009年7月，在没有俄罗斯破冰船开道的情况下，德国布鲁格航运公司两艘非破冰货船"布鲁格友爱"号和"布鲁格远见"号从韩国装货出发，途径东北航道抵达荷兰鹿特丹港；2010年8月25日，俄罗斯油船在破冰船引导下穿越东北航道抵达宁波港；2013年8月，中远集团"永盛"轮试水东北航线，标志着中国商船首次尝试利用北极东北航线到达欧洲。

丝绸之路经济带倡议立足于我国中西部地区的对外开放、经济发展，优先部署铁路、公路项目，通过构建新的亚欧大陆桥实现我国与中亚、欧亚大陆的经济贯通。东北航道途径中国重要的贸易合作伙伴俄罗斯的北方沿海，到达北欧、西欧。东北航线的开发利用能够为联通我国东部沿海和俄罗斯以及欧洲北部提供一条便利的海上通道，与丝绸之路经济带陆上交通布局相配合，丰富丝绸之路经济带的互联互通网络。尤其值得关注的是俄罗斯正在积极推动大陆架地区油气资源的开采及北方海航道的开放使用，挪威也采取了鼓励开发政策，受气候变化的影响，亚欧大陆北冰洋沿岸有望成为新的经济增长点。我国利用东北航道不仅有利于开辟新的油气资源供应基地，而且可以依托航道开发利用带来的沿线基础设施建设激发亚欧大陆北部的经济潜力，

---

〔1〕 张侠、杨惠根、王洛："我国北极航道开拓的战略选择初探"，载《极地研究》2016年第2期。

在地域范围、合作领域及合作深度上扩展丝绸之路经济带亚欧方向的合作。

"21世纪海上丝绸之路"是对古丝绸之路的传承和提升，本质上是当今及未来一段时间我国同沿线国家和地区的经贸关系网，其载体是海上航线，包含两个重点方向：一是从中国沿海港口过南海到印度洋，延伸至欧洲；二是从中国沿海港口过南海到南太平洋。现有海上丝绸之路的布局主要依托传统国际航线，从中国沿海各港口到达印度洋、欧洲和南太平洋，而我国的对外贸易不限于这一范围，逐步通航的两条北极航线可以成为21世纪海上丝绸之路潜在的补充航线。

对于传统南部航线，北极航线可以发挥两个重要作用：一是分担苏伊士运河航线面向欧洲的运输任务；二是起到客观制衡南部航线的作用。重要的战略价值和复杂的地缘政治给南部航线通航带来一定风险和挑战，包括海盗威胁、中东局势动荡、埃及政局不稳、苏伊士运河本身运力有限、商船排队时间长以及通行费提高等。相比之下，东北航线沿线国家政局相对稳定、矛盾冲突较少，能够为联络我国与东亚、俄罗斯、北欧、西欧国家提供一条新的安全、稳定、便捷的海上通道，充当"21世纪海上丝绸之路"的拓展航线，分担苏伊士运河航线的部分运输。另一方面，从战略制衡和安全角度看，开发利用北极航线会给南部航线沿岸国带来竞争压力，刺激海峡和运河管理国加强航线建设、提升航线通航条件和服务质量。同样，南部航线通航条件的提升也会促进北极航线的优化，二者相互补充，对保障我国航线安全、提升我国航道使用方话语权有益。[1]2017年6月20日，国家发改委与国家海洋局联合发布《"一带一路"建设海上合作设想》，北极航道被明确为"一带一路"海上合作的三大通道之一。

（二）完善我国的对外经贸网络

在全球经济复苏缓慢、欧美经济下滑、贸易保护主义回头的国际背景下，我国提出共建"一带一路"的合作倡议，重点推进中国同包括周边国家在内的泛亚和亚欧区域的合作与发展。虽然亚欧大陆是共建"一带一路"的主要地区，但"一带一路"构想是开放性的，中国欢迎世界各国和国际、地区组

---

〔1〕 刘惠荣、李浩梅："北极航线的价值和意义：'一带一路'战略下的解读"，载《中国海商法研究》2015年第2期。

织以不同方式参与合作。推进"一带一路"布局和规划的进程中，开拓北极航线可以最大限度地实现我国经济对外开放新境界，在我国对外经贸布局中，北极航线应是我国对外经贸网络不可或缺的组成部分。北极航线的开发利用能够促进我国与欧洲、北美的经贸合作，带动沿岸地区的经济社会发展，扩大和深化与沿线国家的经济合作领域，为中国加强与俄罗斯、加拿大、美国等国家的关系增添新的纽带，进一步增加中国同北极地区的"相互依存"。

国内长期公开发行的纬向世界地图中高纬度地区变形较大，客观上使北冰洋与我国的联系并不明显。2014 年湖南地图出版社出版了《竖版世界地图》，比较直观地展现了北冰洋在全球军事和交通方面的战略地位，为完善我国在安全、经贸等方面的战略布局提供了便利。从竖版世界地图的视角看，北冰洋位于亚欧大陆和北美大陆之间，是联系三大洲的最短航线，相比传统南部航线，北极航线在连接北美、亚洲和欧洲上具有天然的距离优势。然而我国对外经贸长期依赖南部航线，在北冰洋方向是缺失的，伴随北极海冰的消融，我国对外经贸战略布局不应当忽视北极航线。

北极航线的开发利用将有助于拓展和深化北半球太平洋沿岸与大西洋沿岸之间的联系，对中国来说，东北航线方向会联通我国东部沿海与俄罗斯北方港口以及西北欧，西北航线方向会沟通我国北方沿海与北美北方沿岸港口以及西海岸，北极航线途经世界上重要的发达国家和经济体，且均是中国贸易投资的重要伙伴。欧盟和美国与中国在能源、环保、信息等领域的经贸合作前景广阔，大规模开发利用北极航线能够便利和促进我国同欧洲、美国、加拿大发达经济体以及新兴经济体俄罗斯的经贸合作。北极航线与传统南部航线的辐射和服务区域不同，在我国海上通道、对外贸易网络中的角色不同，北极航线可以配合和补充传统南部航线，为我国开放性经济的发展注入新的动力。北极航线逐步开通利用，将会拓宽沿线国家之间的合作领域，从布局上看将同我国提倡的 21 世纪海上丝绸之路并驾齐驱，一个北线一个南线，共同组成我国新时期全方位的对外经贸网络，使中国的对外贸易通道四通八达，这无疑也是实现海洋强国战略的重要举措。[1]

---

〔1〕 刘惠荣、李浩梅："北极航线的价值和意义：'一带一路'战略下的解读"，载《中国海商法研究》2015 年第 2 期。

第二章

北极航线对中国的战略价值

气候变化使北极地区受到越来越多的关注，使得北极地区环境发生巨大变化，北极冰融加速，北极航道逐渐从冰封走向开放。北极地区因丰富的资源、重要的战略位置以及日益畅通的北极航道受到国际社会的广泛关注，成为大国较量的新舞台。面对北极地区日益凸显的战略地位，尤其是北极航线开发利用的现实性已经展现在眼前，中国是北极事务的重要利益攸关方，有必要研究北极航线对我国的战略价值，研判中国参与北极航线开发利用的战略环境，进而做出系统的航线战略部署，以有效维护和切实拓展我国在北极地区的重要利益。

第一节　北极航线战略价值分析的视阈

一、战略含义的主体定位

"战略"一词，在不同学科中有不同的含义，但其最传统、最主流的含义是指军事战略。军事战略指为了实现国家的政治目标，对军事手段使用的全局性考量。军事手段的展开需要依托于一定的空间。因此，军事战略空间指的是军事战略这种特殊实践的载体和外在形式。[1]虽然古罗马哲学家西塞罗早就指出，"谁控制了海洋，谁就控制了世界"，但真正论及海权并将海洋与军事战略的关系进行系统论述的是美国军事理论家马汉。我们所研究的中国

〔1〕 李明、杨亚伟："军事战略空间构成及其战略哲学思考"，载《兵团党校学报》2018 年第 1 期。

北极航线战略，既不是指军事战略，也不单纯指海洋战略，而是综合了北极航线对我国的政治、经济、军事、安全等多方面战略要素而谋划的全方位的国家战略。战略价值分析对于战略部署具有重要的意义。

中国在制定北极航线战略时，首先须厘清其在北极事务特别是北极航道开发利用中的身份问题。作为"近北极国家"，身份识别须依据国际法以及地缘政治等因素加以判断，身份识别是明晰利益，确定权利、义务和责任的基础。中国已经从多个层面参与到北极航运的治理中。在全球层面，中国是联合国安理会常任理事国，是《联合国海洋法公约》的缔约国，是国际环境保护制度的重要参与者和建设者，是国际海事组织的A级理事国，中国参与这些国际制度，为中国参与北极航运治理提供了重要的平台。在北极地区层面，中国是北极理事会的观察员国，北极理事会近年来在北极地区的治理方面日趋"硬法化"，其中不乏影响航运和商业活动的《北极海空搜救合作协议》以及其他有关北极地区环境保护方面的协议，中国积极参与相关议程讨论。而国际海事组织作为目前世界海运业最具影响力的政府间组织，它通过制定公约和规则并监督成员国的履行，形成了一整套保障航行安全和保护海洋环境的国际性规范，在国际海运业中具有不可替代的重要地位。[1]

《中国的北极政策》白皮书清晰地阐明了中国与北极的关系，其基本定位是"北极事务的重要利益攸关方"。中国在地缘上属于"近北极国家"，是陆上最接近北极圈的国家之一，"北极的自然状况及其变化对中国的气候系统和生态环境有着直接的影响，进而关系到中国在农业、林业、渔业、海洋等领域的经济利益"，因此，我们关切"北极的跨区域和全球性问题"，"特别是北极的气候变化、环境、科研、航道利用、资源勘探与开发、安全、国际治理等问题"。[2]

2008年5月，北极国家联合发布的《伊卢利萨特宣言》明确强调北冰洋沿岸五国对北极绝大部分陆地的主权和管辖权，他们之间的主权和管辖权争议只是在小范围内存在；宣言强调海洋法作为适用于北极的国际法框架，对大陆架外部界限、海洋（包括冰层覆盖区）环境保护、航行自由以及海洋科学研究等与海洋利用有关的问题都做出了规定，沿岸五国将这一体系以及任

---

〔1〕 刘惠荣、黄昱："国际海事组织法律规则探析及其对我国的启示"，载《海洋信息》2011年第2期。

〔2〕 参见《中国的北极政策》第二部分"中国与北极的关系"。

何权利的冲突问题都留待日后解决。在有关北极海域搜救、北冰洋核心区渔业管理等一系列议题讨论中，北极国家都秉持着较为清晰的管辖权界限。但北极国家不可否认的是，根据《联合国海洋法公约》《斯匹次卑尔根群岛条约》等国际条约和一般国际法的规定，在北冰洋公海、国际海底区域等海域和特定区域，域外国家享有科研、航行、飞越、捕鱼、铺设海底电缆和管道、资源勘探与开发的权利，并可以通过合作共赢的方式参与北极事务，分享利益。因此，我们做出北极航线战略价值判断时须立足于国际法和国际社会共同准则，以免使我国陷入"威胁论"之类的指责。

二、战略价值分析的国际视野

北极航道治理在北极治理中始终占据重要位置，北极航线战略的价值判断要具有国际视野，将中国的北极航线战略环境分析纳入北极治理的大环境中。北极航道沿岸国家对航道、港口以及通行船舶的管辖最为直接，对北极航线开发利用有重大影响。从动态发展趋势看，俄罗斯和加拿大两国对海域航行、航道管控、环境保护管理的重视程度、立场态度都有变化。近年来，俄罗斯总统普京为了提高北方海航道与苏伊士运河等航道的国际竞争力，重新修订了其航道管制法（详见本书第五章）。国际海事组织（IMO）大力推动北极地区航行规则一体化，出台专门针对极地水域航行的国际规则，减少航运活动对北极地区环境带来的负面影响。我们在进行航线战略价值分析时应当采用历史研究方法和比较研究方法，从参与北极航线开发、利用和治理的不同层面主体，区分航线沿岸国、北极域内其他国家、域外的欧盟和与我国具有类似航运价值利益的国家，详细研判评估其战略价值。

三、国家利益与战略价值

战略价值分析需要对所谋求的国家利益作认真细致分析。国家利益体现了国家的某种需求和欲求，阿姆斯特茨（Mark R. Amstutz）认为，国家利益通常就是"国家相对其他国家而言的基本的需求（need）和欲求（want）"[1]。在此基础上，王逸舟教授将国家利益界定为"民族国家追求的主要好处、权

---

[1] Mark R. Amstutz, *International Conflict and Cooperation*, Boston：McGraw-Hill, 1999, p. 179.

利或受益点，反映这个国家全体国民及各种利益集团的需求与兴趣"。[1]在当代，任何国家的利益可以说都包括两部分，一部分是自利性利益，另一部分是共享性利益。而国家利益的这种双重性，一方面体现了国家追求目标的不同性质，另一方面也体现了国家追求目标的不同方式。无疑，国家追求这两种利益所导致的结果也是不同的：追求自利往往导致排斥与冲突，而追求共享则有利于实现合作与和谐。[2]国家利益体现国家需求，指导国家行动，是驱动国家间互动的基本要素和解释国家对外政策行为的关键。因此，在国家利益层面做到知己知彼，是国家正确处理与他国关系的基础。[3]

明确战略价值判断的视阈，有助于科学、准确地准确评估北极航线之于中国的战略价值，进而为确定中国北极航线战略的着力点奠定基础。从战略学的角度来看就是北极航线对于中国的战略价值有哪些，这些价值对于作为新兴经济体的日益强大的中国而言是"锦上添花"还是"雪中送炭"。

第二节　北极航线对我国的航运和贸易价值

一、平均海运里程缩短

气候变化在加速，北极海冰持续消融，夏季融化程度屡创新高，以上因素均极大地提高了北极航线的通航可能性，北极航线商业通航的条件逐渐改善。与此同时，与北极航道相关的政策也积极发展。俄罗斯大力推动北方海航道的国际通行，2013年修改了破冰船强制引航及僵化的高额服务费规定，北极国家也共同建立了北冰洋海域的搜救合作和油污预防与反应机制。2014年11月，国际海事组织海事安全委员会第94届会议上通过了具有强制性的《极地水域船舶航行国际准则》（以下简称《极地规则》），2017年1月1日生效。随着北极航线利用的成本优势逐渐显现，北极航线有望成为连接我国与欧洲、北美经济贸易的新通道。

北极航线的突出优势在于，北极航道的通航可大幅缩短中国沿海诸港到

---

〔1〕　王逸舟："国家利益再思考"，载《中国社会科学》2002年第2期。
〔2〕　李少军："论国家利益"，载《世界经济与政治》2003年第1期。
〔3〕　孙凯、王晨光："国家利益视角下的中俄北极合作"，载《东北亚论坛》2014年第6期。

欧洲各港的海运里程，节省航行时间。据估算，相比传统航线，中国沿海港口到俄罗斯摩尔曼斯克港平均缩短 4000~7000 海里，节省航程约 36%~55%；到冰岛雷克雅未克、德国汉堡及波罗的海沿岸港口缩短 1370~4600 海里；北美方向，我国沿海港口到加拿大圣约翰斯缩短航程约 3500 海里，到美国波士顿和纽约缩短约 2000 海里。[1]

目前中国 70% 以上的对外贸易都依赖海上运输，海上运输航线堪称中国的国际贸易生命线，但就现有航线地理布局来看，中国与北美、西北欧之间的贸易航线曲折迂回、绕航现象非常严重，导致运输成本高，产品贸易周期长。[2] 如果北极航线完全开通，将成为新的"太平洋—大西洋轴心航线"，[3] 大大缩短中国的海运贸易周期，每年可为我国节省 533~1274 亿美元的海运成本。[4]

表 2-1　中国沿海诸港最便捷的远洋航线与北极航线海运里程差 [5]

单位：海里

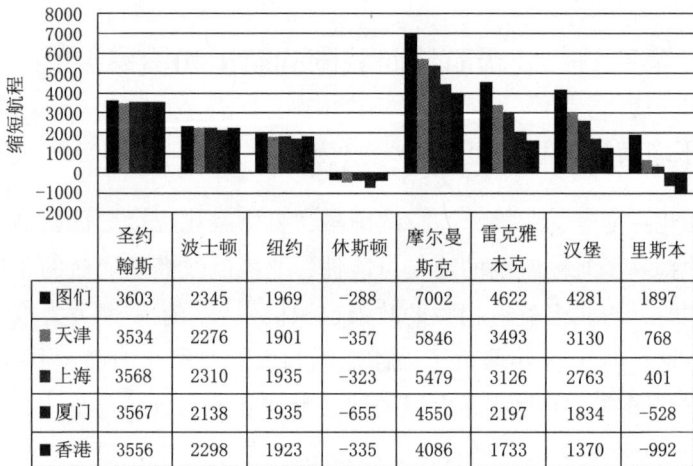

	圣约翰斯	波士顿	纽约	休斯顿	摩尔曼斯克	雷克雅未克	汉堡	里斯本
■图们	3603	2345	1969	−288	7002	4622	4281	1897
■天津	3534	2276	1901	−357	5846	3493	3130	768
■上海	3568	2310	1935	−323	5479	3126	2763	401
■厦门	3567	2138	1935	−655	4550	2197	1834	−528
■香港	3556	2298	1923	−335	4086	1733	1370	−992

〔1〕　张侠、屠景芳、郭培清、孙凯、凌晓良："北极航线的海运经济潜力评估及其对我国经济发展的战略意义"，载《中国软科学》2009 年第 S2 期。

〔2〕　楚鹏："冰融危机下的机遇——探究北极航道对中国海运的潜在价值"，上海师范大学 2014 年硕士学位论文。

〔3〕　肖洋："北冰洋航线开发：中国的机遇与挑战"，载《现代国际关系》2011 年第 6 期。

〔4〕　张侠、屠景芳、郭培清、孙凯、凌晓良："北极航线的海运经济潜力评估及其对我国经济发展的战略意义"，载《中国软科学》2009 年第 S2 期。

〔5〕　张侠、屠景芳、郭培清、孙凯、凌晓良："北极航线的海运经济潜力评估及其对我国经济发展的战略意义"，载《中国软科学》2009 年第 S2 期。

　　北极东北航道的开通，能够大大缩短我国与西北欧的海运里程。据测算，从上海港至汉堡港，穿越北极东北航道的航线比经苏伊士运河的传统航线缩短约 2700 海里；而从摩尔曼斯克走东北航道到上海比传统航线可缩短 40% 的航程，少用 16 天左右的时间，能节省 20% 的燃油。[1]我国商业货轮通过实际走航东北航线，展现了北极航线在缩短航程、节约运输时间、节省燃油费用的优势。初步测算，2013 年 9 月 10 日，中远海运特运"永盛"号货轮抵达荷兰鹿特丹港，成为第一艘经过北极东北航道完成亚欧航线的中国商船。"永盛"轮总载重量超过 1.9 万吨，从太仓出发通过东北航道到达鹿特丹，航程 7 800 多海里，航行 27 天，比经马六甲海峡、苏伊士运河的传统航线短 2800 多海里，航行时间缩短 9 天。[2]2016 年，中远海运特运参与"永盛+"项目的 6 艘次船舶较走传统航线合计共节省航程 32 137 海里，节省航行时间 108 天，节约燃油 4077 吨。其中，"夏之远 6"轮、祥和口轮、祥云口轮 3 艘半潜船节省的航程和航行时间分别为 7550 海里、28.5 天，7455 海里、24 天，7455 海里、24 天，合计占到了节省下来的总航程和总时间的 70% 左右。[3]据初步测算，2017 年中远海运特运派出的 5 艘船舶通行北极东北航道，比经马六甲海峡、苏伊士运河的传统航线共计节省里程约 25 313 海里，节省时间约 80.6 天，节省燃油约 2018 吨，节省苏伊士运河费用至少 50 余万美元。[4]2018 年 8 月 4 日从连云港出发的冰级轮天恩轮，从西太平洋、经白令海峡，穿越北极东北航道前往欧洲，全程 18 520 公里，将比传统航线节约航程 12 天。通行北极东北航道以来，中远海运特运已经节约了 6900 多吨燃油，缩短船期 220 多天，节省 5300 多万人民币。[5]此外，缩短航程和航行时间不仅可以节省船舶燃料费用、过运河费用、保安费用、人员费用和船舶损耗等各类费用，降低

　　〔1〕"'一带一路'倡议五周年 北极东北航道'冰上丝绸之路'"，载新华网，http://www.xinhuanet.com/fortune/2018-08/10/c_ 1123251832.htm，最后访问日期：2018 年 8 月 13 日。

　　〔2〕"中远集团'永盛'号货轮成功首航北极航线"，载中华人民共和国中央人民政府网，http://www.gov.cn/jrzg/2013-09/11/content_ 2486125.htm，最后访问日期：2018 年 8 月 16 日。

　　〔3〕"中远航运 2016'永盛+'项目圆满收官"，载国际船舶网，http://www.eworldship.com/html/2016/ShipOwner_ 1006/120473.html，最后访问日期：2017 年 8 月 9 日。

　　〔4〕"中远海运特运 5 艘船舶全部通过北极东北航道"，中远海运特种运输股份有限公司，http://www.coscol.cn/News/Detail.aspx? ID=11417，最后访问日期：2017 年 10 月 20 日。

　　〔5〕"'一带一路'倡议五周年 北极东北航道'冰上丝绸之路'"，载新华网，http://www.xinhuanet.com/fortune/2018-08/10/c_ 1123251832.htm，最后访问日期：2018 年 8 月 13 日。

企业经营成本，同时也减少了船舶燃油消耗和二氧化碳排放量，能够提高能源效率、减少环境污染，据测算，远洋船舶从中国到欧洲走北极东北航道单航次的能耗下降约为 35%。[1]

二、多方面海运成本节省

应当指出，远洋航线的海运成本不仅包含燃料费，而且还包括港口费用、保险费、日常维护和保养费、船员成本、船舶折旧费用等多种成本。考量北极航运的最终收益，除考虑航线距离缩短带来的燃油费用节省这一有利因素外，在北冰洋海冰尚未完全融化的情况下，还需要考虑北极航线特殊地理环境对提升航行成本的影响。通行北极航道的船舶应按照专门针对极区水域航行的标准建造，造船租船费用比在其他海域航行更高，普通货船还会产生租用破冰船领航和获得海冰冰情监测预报等北冰洋海区特有的服务费用。为灵活地反映东北航线海运成本中的不确定因素，更加准确的评估其作为连接欧亚的替代性航线潜力，有研究分析了三种通行时间、北方海航道服务费及燃油价格的模型，认为破冰费的高低是决定北方海航线能否在经济成本上与苏伊士运河航线竞争的关键因素。[2]综合来看，北极航线的航道价值得益于航程短的优势，在未来服务费降低、冰级船舶租赁费减少、通航期间扩展的情况下，比传统航线更能节省海运成本。

实践中，一个有利的趋势是随着北极航行经验的逐步积累，在东北航道冰情较轻时可以实现无须破冰船护航的独立航行，从而节省大量的破冰费用。例如，我国中远海运特运"永盛"轮在 2015 年试航东北航道过程中，返程没有申请引航员和破冰船护航，而是完成了独立穿越东北航道。到 2017 年，中远海运特运派遣的 5 艘船舶中有 4 艘船舶均是独立航行通过冰区，没有雇请破冰船引航，此项共计节省破冰船费用约 80 万美元。[3]

---

〔1〕 "中远航运 2016 '永盛+'项目圆满收官"，载国际船舶网，http://www.eworldship.com/html/2016/ShipOwner_1006/120473.html，最后访问日期：2017 年 8 月 9 日。

〔2〕 Miaojia Liu, Jacob Kronbak, "The Potential Economic Viability of Using the Northern Sea Route as an Alternative Route between Asia and Europe", *Journal of Transport Geography*, vol. 18, 2010, pp. 434-444.

〔3〕 "中远海运特运 5 艘船舶全部通过北极东北航道"，载中远海运特种运输股份有限公司网，http://www.coscol.cn/News/Detail.aspx? ID=11417，最后访问日期：2017 年 10 月 20 日。

三、航运价值对贸易价值的影响

根据国际贸易实证分析的经典模型——引力模型，两个国家/地区之间的贸易流量与它们的经济规模成正比，与它们之间的距离成反比，北极航线缩短贸易距离将会影响国际贸易的流向、结构和规模。[1]欧洲、北美是中国重要经贸伙伴所在地区，北极航线的开通可以大大缩短我国与西北欧、北美等地区的航程，随着北极航线节省海运成本的优势逐渐显现，利用北极航线可以带动和提升我国与欧洲和北美地区的贸易量，促进沿线地区的经贸往来。

随着商业适航条件的提升，北极航线开通利用后能够促进中国与沿线国家和地区贸易发展，影响区域乃至全球经济贸易的结构，带动各国产业布局的调整，这也将带动我国从沿海到内陆的产业结构调整和经济发展。凭借地理区位优势，中国东部沿海地区由于拥有能够直接连接到世界各大经济区域的海洋通道，具有独特的地缘经济优势。尤其是中国东北部沿海地区离北极航线相对较近，北极航线的开通以及北极海运商业化运营的发展，将进一步加强这一优势地位，促进中国港口经济和国际贸易的发展。从国际海运布局来看，北极航线的开通利用对上海以北的沿海港口城市影响最为明显，如大连港、天津港、青岛港等。未来北极航线的开通利用将提升我国北方港口的区域优势，为北方港口城市及其辐射腹地带来新的发展机遇。

四、航线开通利用对港口和临港产业升级的影响

北极航线开通利用会使中国港口发展重心北移。靠近北极航线的港口，因与其他主要港口的海上运距缩短，航运公司更愿意为这些港口开通北极班轮航线，甚至将其列入新航线上的干线挂靠港，靠近北极航线的这些港口的吞吐量和航班密度将增加，通达能力和辐射范围也将得到增强或扩大。一方面，可以吸引一部分他港货物和大陆桥运输的货物，扩大其陆向腹地的范围；另一方面，海运成本的降低，使得靠近北极航线的港口增加海海中转的辐射

---

[1]　李珍、胡麦秀："'北极航道'潜在经济战略价值的研究综述"，载《海洋经济》2015年第3期。

范围和箱量，从而扩大其海向腹地范围。[1]随着北极航线的商业适航条件不断提升，这些靠近北极航线的中国北方沿海港口的辐射范围将大幅扩大，通达能力将增强，在整个海上运输网络中的干支线地位也会相应提升，有助于其成为东亚地区乃至全球范围内的国际航运中心。

北极航线的开通会推动临港产业的升级发展。[2]中国北方沿海港口作为来自北极地区原材料和能源的上岸地点和第一转运站，未来中国与北极地区原材料和能源贸易增长将对中国港口的布局和分工产生重要影响，比如大型煤码头、油码头和天然气码头等需根据各港口接纳、转运以及原地加工能力而进行重新调整。[3]而且，北极航线与其他传统航线最大的不同在于海面上有浮冰，在未来一段时间内，只有具有一定抗冰能力的船舶才能通过，参与北极航线的开发利用将促进船舶抗冰化、大型化技术的发展，推动中国船舶工业的产业结构的调整升级。造船行业的发展，还会进一步带动船舶维修业、船舶保险业、机械制造业甚至是航海教育业等相关临港行业的发展，增加临港产业的集聚程度。[4]

我国不少北方省份敏锐地把握对接北极航线的机遇，采取了积极行动。在参与"一带一路"建设的相关规划中，吉林已经提出谋划利用途经萨哈林岛、绕过堪察加半岛、穿越白令海峡、沿俄罗斯北部，经北冰洋抵达欧洲荷兰、英国、挪威等国家的新北冰洋航线，将吉林东部地区打造成为海上丝绸之路的战略支点。[5]大连港也将打造北冰洋航线纳入"东北新丝路"方案的组成部分，积极开辟海运新通道，打造国际枢纽港。[6]青岛市政府也发布了《关于促进海运业健康发展的实施意见》，围绕打造现代海运体系、积极发展

〔1〕 王丹、张浩："北极通航对中国北方港口的影响及其应对策略研究"，载《中国软科学》2014年第3期。

〔2〕 楚鹏："冰融危机下的机遇：探究北极航道对中国海运的潜在价值"，上海师范大学2014年硕士学位论文。

〔3〕 肖洋："北冰洋航线开发：中国的机遇与挑战"，载《现代国际关系》2011年第6期。

〔4〕 王丹、张浩："北极通航对中国北方港口的影响及其应对策略研究"，载《中国软科学》2014年第3期。

〔5〕 "吉林谋划新北冰洋航线 借港出海抵达英国等欧洲国家"，载人民政协网，http://www.rmzxb.com.cn/scjb/zx/2015/04/15/483308.shtml，最后访问日期：2017年9月21日。

〔6〕 "大连港制定'东北新丝路'方案"，载新华网，http://news.xinhuanet.com/local/2015-03/21/c_127605428.htm，最后访问日期：2017年5月10日。

现代港航服务业、打造绿色安全港航、营造良好发展环境四大目标提出了十八条具体的提升措施，以打造"一带一路"新亚欧大陆桥经济走廊主要节点和海上合作战略支点，加快建设东北亚国际航运综合枢纽和东北亚国际物流中心。[1]这些港口城市已经注意到未来北极航线开通带来的发展机遇，有意参与北极航线枢纽港口的建设和竞争，为成为新航线上的干线港做准备。

第三节 北极航线的能源和资源价值

一、北极航线开通利用对我国能源资源供给结构的影响

北极地区蕴藏着丰富的油气资源和矿产资源，北极航线的开通能够促进北极地区尤其是沿海大陆架资源、能源的开发和对外运输，我国作为资源能源消费大国将会从航线利用中受益，建立多元化能源供应渠道，提升能源供应安全。

伴随经济快速发展，我国能源和资源需求居高不下，对外依存度高。中国严重依赖波斯湾提供的大量石油，其中约60%的份额必须通过马六甲海峡，但是马六甲海峡较为狭窄，最窄处只有37公里宽，深度25米，且淤塞严重，巨型油轮时有搁浅，已经很难适用于规模较大的船舶。[2]而且中东局势不稳，传统石油运输航线一般要经过政治敏感海域和海盗多发区，能源供应受不确定因素的影响大。加之国际石油价格波动对我国经济产生的影响也越来越大，加快建立稳定多元的能源、资源供应渠道，已成为保障我国能源和经济安全的关键。

二、北极航线开通利用对开发海外能源基地的影响

北极大陆架资源开发已经起步，为我国开辟新的海外能源基地提供了机遇。2008年，美国地质调查局（USGS）在系统评估北极圈内油气资源的基础上，发布了《环北极资源评估：北极圈北部未发现的石油和天然气估算》，指

---

〔1〕 "关于促进海运业健康发展的实施意见"，载青岛政务网，http://www.qingdao.gov.cn/n172/n68422/n68424/n31280899/n31280900/170204135341105044.html，最后访问日期：2017年5月13日。

〔2〕 楚鹏："冰融危机下的机遇：探究北极航道对中国海运的潜在价值"，上海师范大学2014年硕士学位论文。

出北极圈内总体平均未探明的常规油气资源非常丰富，约有石油 900 亿桶，占世界未探明储量的 13%；约有天然气 1669 万亿立方英尺，占世界未探明储量的 30%；约有液化天然气 440 亿桶，约占世界未探明储量的 20%；未探明的石油和天然气约有 84% 分布在不足 500 米水深的近岸。[1] 此外，北极地区还拥有大量的铁、锰、金、镍、铜等矿产资源以及丰富的森林、渔业资源等，这一地区潜在的资源储量和资源的开发利用前景，进一步提升了北极地区在各国能源政治中的战略地位。在挪威、加拿大、俄罗斯、美国的北极地区蕴藏有丰富的煤、铁、钻石、镍等矿藏，加拿大产出的铁矿石纯度高达 70%，现在已经制定了向欧洲出口的计划。北极地区的水产品也非常丰富，寒水区的鱼类具有较高的经济价值。

由于北极冰融速度加快以及能源、资源开采技术的提升，原本位于冰冻和严寒环境中的北极资源更容易被获取，随着开采成本、运输成本的降低，北极资源的市场竞争力提升，北冰洋沿岸国家纷纷加快北极资源的开发。俄罗斯将北极地区作为保障国家社会经济发展的战略资源基地，并将开发北极资源列入《2020 年前俄联邦北极地区发展和国家安全保障战略》的优先任务之一；挪威通过税收优惠及鼓励及时开采的政策加快北极油气资源开发；美国也在积极推进阿拉斯加液化天然气出口项目，北极油气资源正步入实质性开发阶段。我国已经与冰岛、俄罗斯开展了在北极地区的合作，共同开发油气资源。[2] 亚马尔半岛位于俄罗斯西伯利亚平原西北部，最低温度零下 52 度。在当地涅涅茨语里，亚马尔的意思是"天涯尽头"。虽然杳无人烟，但这里是俄罗斯最丰富的天然气储藏区，是全球最大的液化天然气项目——亚马尔 LNG（液化天然气）项目的所在地。依托于亚马尔半岛上的南塔姆别伊斯克凝析气田，亚马尔 LNG 项目预计年产量将达 1650 万吨液化气及 100 万吨凝析油，总价值高达 270 亿美元（约合 1862 亿元人民币）。[3] 作为中俄两国最

---

〔1〕 USGS, Circum-Arctic Resource Appraisal: Estimates of Undiscovered Oil and Gas North of the Arctic Circle, https://pubs.usgs.gov/fs/2008/3049/fs2008-3049.pdf，最后访问日期：2019 年 1 月 14 日。

〔2〕 刘惠荣、李浩梅："北极航线的价值和意义：'一带一路'战略下的解读"，载《中国海商法研究》2015 年第 2 期。

〔3〕 第一财经："亲身实探亚马尔：让中国用上北极气的超级工程"，载搜狐网，http://www.sohu.com/a/124210252_114986，最后访问日期：2018 年 3 月 7 日。

大的经济合作项目，亚马尔 LNG 项目不仅将带动俄罗斯能源产业和边疆地区的发展，中方对这一项目的投资将为我国提供长期稳定的液化天然气能源供应，进而带动北极在未来成为我国新的海外能源基地，这对丰富我国能源供应渠道、保障我国的能源安全具有长远的战略意义。

北极航线将大大改变过去单纯依赖陆上铁路或油气管道输送油气资源的限制，提升油气资源的输出规模与便捷性。[1]北极航线成为我国能源运输的备用航线，可以使船舶通行少受海盗干扰、海峡困境的限制，海运安全更加有保障。依托北极资源的大规模开发，北极航线可能成为我国新的能源供应通道，与 21 世纪海上丝绸之路并驾齐驱，促进能源来源多元化，扩大我国的能源供应市场，更有利于保障我国的能源安全和经济安全。北极航线将北极地区和世界各能源、资源需求国连接起来，实现能源、资源供应与需求的对接。中俄达成共建"冰上丝绸之路"的倡议，将极大地带动中俄两国合作开发北极能源基地，实现互利共赢。

第四节　北极航线的政治与外交价值

一、北极事务治理中的利益博弈

在气候变化视野下，北极生态环境保护、生物资源开发和养护、油气矿产资源的开发利用以及北极航道通航等问题已不仅仅是北极国家的问题，而且关系到北极圈外国家的共同利益。多种国际政治行为体竞相参与，北极地缘政治的发展呈现"准全球化"趋势。[2]然而政治上，北极国家为确保其在北极地缘政治格局中的绝对主导地位，对域外国家仍保持一定的排斥态度，北极国家并不希望圈外国家在北极事务中发挥重要的影响力。例如，2008 年 5 月北冰洋五国通过《伊卢利萨特宣言》，明确反对针对北极建立新的法律框架，北极理事会通过《努克宣言》，发布《观察员手册》，对域外国家申请成为正式观察员设置了较为苛刻的入门条件。纵观近年来北极国家之间的关系，可以发现北极国家相互之间的利益冲突多涉及国家的实质性利益，包括领土、

---

〔1〕　邹志强："北极航道对全球能源贸易格局的影响"，载《南京政治学院学报》2014 年第 1 期。

〔2〕　陆俊元："北极地缘政治竞争的新特点"，载《现代国际关系》2010 年第 2 期。

管辖海域、大陆架范围的划分、资源、军事利用、航道管辖等。

北极区域治理中交织着极其复杂的利益博弈。北极国家是通过北极区域治理行为体"抱团取暖"谋求自身利益还是各自发力,通过双边、多边谈判磋商与域内外国家开展经济合作?近年来,北极治理呈现出从"区域化"向"领域化"发展的态势,航运、气候变化、核污染、渔业问题以及油气资源的绿色开发等"领域化"治理倾向已经初步呈现,未来北极治理的"领域化"可能将比"区域化"更为有效,同时也更有利于国际合作的有效开展。[1]以俄罗斯为例,北极开发在俄罗斯的国家战略中占据重要地位,资源开采与航道开发利用是俄罗斯北极开发战略的两大支柱,然而受乌克兰危机影响,俄罗斯与西方国家的关系短期内难以改善,以美国为首的西方国家对俄经济制裁亦无松动迹象,俄北极经济开发只能寄希望于包括中国、日本、韩国等在内的亚洲国家。[2]在此情形下,俄罗斯总统普京抛开北极理事会等区域治理行为体,单独提出"冰上丝绸之路"倡议,对接中国的"一带一路"倡议,可以说是双边经贸合作的典范。事实上,伴随着北极冰融加速促使航道、资源开发条件改善的形势,在不影响其国家实质性利益的前提下,通过不断开放与合作的途径仍然可以实现其利益最大化,符合北极国家的普遍期待。经济合作也是中国等非北极国家加强与北极国家合作、参与北极事务的有效方式。

二、北极航线利用与区域命运共同体

北极航线利用是北极经济活动的集中体现,开发利用北极航线的价值不仅限于增加一条经济、安全的贸易运输及能源运输通道,航线的开发利用还将带动环北极经济圈的形成。北极商业航道的开通以及油气资源的开发利用将改变世界贸易格局,推动形成以俄罗斯、北美、欧洲为主体的环北极经济圈,从而影响整个世界的经济和地缘政治格局。[3]促进北极地区经济社会发

---

〔1〕 上海国际问题研究院杨剑研究员在其《北极治理新论》一书中,将航运、气候变化、核污染、渔业问题以及油气资源的绿色开发等问题作为领域化治理的案例进行了详细研究;中国海洋大学郭培清教授认为北极治理呈现出从"区域化"向"领域化"发展的态势,并且认为未来北极治理的"领域化"将比"区域化"更为有效,同时也更利于国际合作的有效开展,厦门大学董利民博士生亦持此论。

〔2〕 董利民:"北极理事会改革困境及领域化治理方案",载《中国海洋法学评论》2017年第2期。

〔3〕 杨剑:"北极航运与中国北极政策定位",载《国际观察》2014年第1期。

展是多个北极国家北极政策的战略目标和重要内容，而北极资源开发和与之相关的北极航道建设是实现该目标的主要手段，为更好地利用资金、技术和人员，俄罗斯、加拿大、挪威、冰岛等国希望加强与利益相关方的合作，实现北极地区的可持续发展，油气资源和北极航线成为北极国家寻求实现其最大经济利益和最大地缘政治利益的工具。[1]

我国作为能源消费大国和北极航线潜在使用方，与北极国家有广泛的利益汇合点。参与航线开发建设和北极油气资源开发，不仅能促进我国与欧洲、北美的经贸合作，扩大我国的能源供应市场，也能带动沿岸地区的经济社会发展，扩大和深化与沿线国家的经济合作领域。北极航道的开通能够促进北极地区成为新的能源和资源产地，中国作为北极资源的出口目标国将进一步融入到北极地区的"经济一体化"进程中。北极航线作为中国与北极国家能源、资源的战略运输渠道，为中国加强与俄罗斯、加拿大、美国等北极国家关系增添了新的纽带，将进一步增强中国同北极地区"相互依存"的关系，构建区域命运共同体。

积极利用北极变化带来的发展机遇，应对北极地区面临的环境、安全、经济社会风险和挑战，推动北极地区可持续发展，这是当前北极治理的主题和任务。中国积极参与北极航线的开发利用，通过投资基础设施建设、增加经贸往来、加强科技以及产业等领域的合作，参与到北极地区经济社会发展进程中，助力北极地区的可持续发展，有助于获得北极沿线国家的信任和支持，增强在北极治理中的话语权以及实际影响力。

第五节 北极航线的军事和安全价值

一、"冷战"前后的北极航线军事战略价值

北极在整个世界地理格局中具有重要的战略地位，但传统纬向世界地图（包括亚太版和欧美版）主要展示东西半球的地理关系，北冰洋被置于边缘地

---

〔1〕 徐海燕："俄罗斯'东向'能源出口战略与中俄油气合作——基于地缘政治经济学的分析"，载《复旦学报（社会科学版）》2004 年第 5 期。

带。在北半球版的竖版地图〔1〕中我们可以清晰地看到，北冰洋被北美洲和亚洲环绕，是俯瞰北半球的战略制高点，也是连接美国、俄罗斯、中国等全球大国距离最短的线路。这一地缘位置对军事部署意义重大：从空中看，北极是距离亚洲、欧洲、北美洲腹地空中路线最短的空域，是北半球军事大国战略轰炸机、洲际导弹飞行的最佳空域；从海上看，北冰洋是联通亚、欧、美三大洲和太平洋、大西洋、北冰洋的战略通道；曾经常年冰封的北极海域海底更为军事大国战略核潜艇活动提供了天然绝佳区域。〔2〕

北极的军事战略价值在"冷战"时期得到了充分体现，苏联在北极地区部署了大量核潜艇和核导弹，美国在从阿拉斯加州至冰岛的北极线上建立了导弹防御系统，部署了相当规模的雷达、核潜艇、导弹和战斗机，还联合加拿大成立了北美防空司令部，北极地区成为美苏两大阵营军事对峙的前沿阵地。冷战结束后，北极国家加强北极多领域事务合作，在环境保护、应对气候变化、经济贸易、科学研究等领域建立了区域合作机制，但北极因其独特的战略地位仍被美国、俄罗斯等军事大国视为战略要地，依然是俄罗斯与美国主导的北约集团抗衡的主要阵地之一。

北极地区对于美国和加拿大的空防和导弹防御至关重要，美国在阿拉斯加设立了两个大型空军基地，分别位于费尔班克斯和安克雷奇，配备战斗机和补给飞机。2016 年，美国和冰岛达成谅解备忘录，美军计划重返凯夫拉维克（Keflavík）空军基地。海军力量方面，美国约有 51 艘核攻击潜艇能从冰层下穿越北冰洋在北极地区开展行动，美国太平洋舰队有专门的北极潜艇实验室，负责维护和发展潜艇在北极的行动能力。〔3〕俄罗斯近年来也不断强化在北极的军事力量，2014 年 12 月，俄罗斯在北方舰队的基础上组建了北极战略司令部，负责管辖俄罗斯在北极地区部署的所有部队，2017 年底，俄罗斯国防部宣布已经完成北极地区大规模军事基础设施建设工作，俄罗斯还计划全

---

〔1〕 程远州："郝晓光和他的竖版世界地图：让世界'竖'起来"，载环球视野网，http://www.globalview.cn/html/societies/info_ 11021. html，最后访问日期：2018 年 7 月 12 日。

〔2〕 贺鉴、刘磊："总体国家安全观视角中的北极航道安全"，载《国际安全研究》2015 年第 6 期。

〔3〕 刘惠荣主编：《北极地区发展报告（2016）》，社会科学文献出版社 2017 年版，第 158~180 页。

部恢复苏联在北极地区遗留的 13 个航空基地。[1]

二、北极航线对中国的军事安全价值

中国是陆上最接近北极圈的国家之一，横穿北冰洋是中国与美国之间最近的线路，美国、俄罗斯等在北极地区部署的海陆空军事力量对我国的领土安全具有重大影响，我国的军事防御布局必须重视北冰洋方向的战略需求。然而由于北极地区是美国等北约国家以及俄罗斯等国的重点防御地区，且美国和俄罗斯扼守着白令海峡，中国海军力量直接进入北冰洋会引起现有北极国家的怀疑和猜测。在不宜直接以军事力量介入的情况下，可以优先推动商业利用。北极航线的开通利用有利于我国积累船舶冰区航行和操作经验，获取有关北冰洋航线沿线的水文、气象信息等，在商业通航较多以后，还可以在需要时派遣具有破冰能力的海事和海军力量为中国商船提供海上搜索救援服务，这些冰区操作经验也有助于提升我国海军在寒冷、冰封等极端环境下行进和活动的技术和能力。

机遇与风险总是并存的，国家安全的内涵丰富，不仅涉及军事安全，还涉及经济安全、资源安全、核安全等非传统安全领域。中国作为海运大国，海运安全对我国的经济发展和大国地位至关重要。但是目前国际海运环境还受到许多传统及非传统安全威胁的影响，给我国商船航行带来了安全隐患，海上通道的畅通与安全直接牵动着我国的经济和能源安全。北极航道的开通将在现有的国际海运格局基础上，充当传统四大贸易航线的补充航线，有效分散我国在海上通道上面临的风险，提升我国的海上通道安全。

当前我国经济的对外贸易依存度已高达 60%，对外贸易运输量的 90% 是通过海上运输完成的，世界航运市场有 19% 的大宗货物都是运往我国的，22% 的出口集装箱来自中国。[2] 我国传统海上运输航线一般要经过马六甲海峡、印度洋、索马里海域、亚丁湾、苏伊士运河等全球战略要地和和海盗多发区，海盗滋扰、袭击对中国海运业、远洋渔业造成的影响越来越明显。历

---

〔1〕 "俄罗斯宣布完成北极军事基础设施建设"，载新浪网，http://news.sina.com.cn/o/2017-12-26/doc-ifypwzxq6895994.shtml，最后访问日期：2018 年 1 月 15 日。

〔2〕 "中国政府首提一带一路海上合作设想新添北冰洋方案"，载新浪财经新闻，http://finance.sina.com.cn/china/gncj/2017-06-21/doc-ifyhfhrt5015862.shtml，最后访问日期：2017 年 8 月 7 日。

史上五大海盗多发区东南亚、孟加拉湾、红海与亚丁湾、索马里沿岸和几内亚湾中的四个几乎完全被"海上丝绸之路"所覆盖。因此，海盗犯罪严重影响"海上丝绸之路"沿线的航运和贸易安全。2017年，美国牵头组建的151联盟特遣部队、欧盟亚特兰大行动、中国海军、印度海军、俄罗斯海军等在亚丁湾执行护航共计花费1.997亿美元，包括海上、空中行动任务支持以及管理费用。[1]海盗袭击使远洋运输雇佣私人武装安保公司成为一种新趋势，私人武装安保人员使用比例为25.1%，在2015年私人武装安保人员的使用比例达到了38%，费用大约为2.92亿美元。[2]据估计，海盗保险费通常为船舶总价格的0.125%~0.2%，[3]导致船舶海运成本飙升。此外，中国四大传统贸易航线分别经过日本、东南亚、印度洋等地区的海域，这些地区对于中国来说均属于不同程度上的政治敏感区域，沿线海域和港口受制于人，一旦我国与相关国家出现国际关系上的紧张，就会影响海洋运输以及贸易安全，我国船舶可能会受到罚款、扣留等不公平的待遇，而航行人员甚至会面临生命财产安全的威胁。[4]航道沿线国家和地区不稳定的政治局面大大降低了航线安全系数。

虽然中国目前是海运大国，却还不是海运强国，海上力量还较为薄弱，加之与邻国在南海海域存在划界和领土争端，中国在全球海洋运输方面存在着巨大的"安全赤字"。[5]北极航线不仅可以绕开马六甲海峡、苏伊士运河等海盗高发的风险海区，而且尤为适合大载重吨位的船舶通行。因此，在索马里海盗猖獗、海运成本不断上涨的情况下，北极航线的开通将使中国在现有的国际海运格局基础上增加两条更为便捷的通往北美洲和欧洲的航线，从而提高海上运输的安全性和可靠性。[6]

〔1〕 The State of Maritime Piracy 2017, Piracy and Armed Robbery against Ships in East Africa 2017, See http://oceansbeyondpiracy.org/reports/sop/east-africa，最后访问日期：2018年9月1日。

〔2〕 The State of Maritime Piracy 2017, Piracy and Armed Robbery against Ships in East Africa 2017, See http://oceansbeyondpiracy.org/reports/sop/east-africa，最后访问日期：2018年9月1日。

〔3〕 钱作勤、徐立、严新平、程君林、张凌杰、姚志敏："北极东北航道通航策略及经济性研究"，载《极地研究》2015年第2期。

〔4〕 楚鹏："冰融危机下的机遇：探究北极航道对中国海运的潜在价值"，上海师范大学2014年硕士学位论文。

〔5〕 张胜军、李形："中国能源安全与中国北极战略定位"，载《国际观察》2010年第4期。

〔6〕 肖洋："北冰洋航线开发：中国的机遇与挑战"，载《现代国际关系》2011年第6期。

第二编

北极航运的法律秩序及其走向

第三章

北极海域沿海国管辖权与其他国家的航行权

气候变化造成北极海冰消融，激发了人们对北极航线商业通航的预期，[1]北极航运活动的增加促使国际社会、地区和相关国家关注北极航行的安全风险及其环境影响，推动了北极航运法律规制进程。为了应对北极航运可能带来的风险和挑战，保障海上人命安全和保护北极生态环境，国际海事组织陆续出台了针对极地水域航行的政策、规则和标准，以加拿大和俄罗斯为代表的北极航道沿岸国也对国内法规作了重要修订和更新，北极航运规则处于变化发展的过程之中。

利用北极航线需要遵守基于国际法的北极航运规则，北极航运法律规则的发展和变化对北极航线的开通利用具有重要影响。北极航运的法律规则是多层次的，国际海洋法为沿海国管辖权与其他国家的航行权提供了基本框架，国际海事组织作为主管国际组织，在海洋环境保护、航行安全及船员安全方面制定国际规则，北极航道沿岸国则根据国际法制定实施国内法律法规，对通行其管辖海域的北极航运活动实施管控。本章将全面梳理和分析有关北极航运的法律规则，把握北极航线的法律秩序及其走向，从而为评估北极航线通航的法律环境奠定基础。

---

〔1〕 讨论西北航线和东北航线通航商业性的论文参见 Nong Hong, "The melting Arctic and its impact on China's maritime transport", *Research in Transportation Economics*, vol. 35, 2012, pp. 50–57. Lasserre F, Pelletier S, "Polar super seaways? Maritime transport in the Arctic: an analysis of shipowners' intentions", *Journal of Transport Geography*, vol. 19, 2011, pp. 1465–1473. Miaojia Liu, Jacob Kronbak, "The Potential Economic Viability of Using the Northern Sea Route as an Alternative Route between Asia and Europe", *Journal of Transport Geography*, vol. 18, 2010, pp. 434–444.

第一节　海洋法上的海域制度及航行权

现代国际海洋法的核心是 1982 年《联合国海洋法公约》，经过第三次国际海洋法会议的谈判，国际社会达成了这部被誉为"海洋宪章"的一揽子协议。根据《联合国海洋法公约》，海洋被划分为内水、领海、专属经济区、公海、群岛国水域等不同性质的海域，在不同性质的海域内，沿海国享有不同的主权、主权权利和管辖权，其他国家也享有不同的海洋权利和自由。沿岸国管辖权与其他国家的海洋自由相互制约，在国际航行领域，外国船舶行使航行权要遵守沿海国基于国际法的管制，同样的，沿海国的管辖权也受到其他国家航行权不同程度的制约。

一、内水中的航行权

领海基线向陆一侧的水域构成一国内水的一部分，[1]内水具有与陆地领土完全相同的法律地位。沿海国对内水享有完全的主权和管辖权，外国船舶进入一国内水必须获得明确批准。

沿海国在内水中的管辖权受到两点限制：第一点体现在沿海国的环境管辖权的行使要求方面，根据公约防止船源污染条款的规定，"各国如制定关于保护海洋环境的特别规定作为外国船只进入其港口或内水或在其岸外设施停靠的条件，应将这种规定妥为公布，并通知主管国际组织"。[2]第二点体现在外国船舶通行权方面，即在采用直线基线方法划定领海基线从而出现原来不是内水的区域被包围成为内水时，在新形成的内水内，外国船舶仍享有无害通过权。[3]与此条款相关，还有学者提出对于用于国际航行的海峡，上述新

---

〔1〕《联合国海洋法公约》第 8 条第 1 款。除特别说明，海洋法公约的条文均参照了联合国网站上的中文译文，参见 http://www.un.org/zh/law/sea/los/index.shtml。英文文本参见 http://www.un.org/Depts/los/convention_ agreements/texts/unclos/closindx.htm，最后访问时间：2019 年 3 月 11 日。

〔2〕《联合国海洋法公约》第 211 条第 3 款。

〔3〕《联合国海洋法公约》第 8 条第 2 款，延续了 1958 年《领海和毗连区公约》第 5 条的规定。

形成的内水内，过境通行制度依然适用。[1]

　　港口是国际航线中的重要枢纽，而港口通常位于一国领土范围内，受国家领土主权管辖。港口国[2]执行是沿海国在内水中实施国际航行管控的主要方式，习惯国际法承认港口国对其港口拥有广泛的管辖权，《联合国海洋法公约》和国际海事组织文件中也明确肯定了港口国的剩余管辖权。港口国可以禁止特定类型的船舶进入其水域，或者对进入其港口的船舶施加高于一般接受的国际规则和标准的条件。国际法院在尼加拉瓜案中明确指出，"沿海国可依其主权对其港口进行管理"。《联合国海洋法公约》第 25 条第 2 款、第 211条第 3 款和第 255 条规定了港口国可以依据习惯国际法对其港口行使广泛的管辖权，并通过第 218 条赋予港口国对本国海区之外（即公海和其他国家的海区）的非法排放进行管辖；这种所谓的"剩余"管辖权也在国际海事组织的若干文书中得到承认，并在实践中得到广泛的行使。港口国对其港口和内水中的外国船舶还承担相关国际责任，例如《联合国海洋法公约》第 219 条就有关于不适航船舶的规定。

　　区域港口国控制安排旨在通过协调一致的检查和纠正性执法行动（如拘留），增强对国际商船管理标准的遵守。这些国际商船管理标准包含所有现行有效的国际海事组织文书在内的相关国际文书。区域港口国控制安排的参与方不是主权国家而是一国的海事主管机关，因此这些海事主管机关不仅要遵守一般有法律约束力的国际法规定，还要遵守这些区域港口国控制的安排。但是这些区域港口国的控制安排并没有法律约束力，并且多含有保留条款，以确保这些安排不会影响港口国的"剩余"管辖权。例如，港口国控制的区域性安排通常包含不具有法律拘束力的检查和跟踪检查的承诺。

　　目前涉及北极海域的区域港口国控制安排主要有两个——巴黎谅解备忘

---

　　〔1〕《联合国海洋法公约》第 35 条（a）项规定，"本部分的规定不影响：（a）海峡内任何内水区域，但按照第七条所规定的方法确定直线基线的效果使原来并未认为是内水的区域被包含在内成为内水的情况除外"。尽管该条款未说明第三部分国际海峡的规定将如何影响新形成的内水，但却暗示参考第 8 条第 2 款，后者保护了在这些水域中已形成的无害通过权，此处意图保障的则是国际海峡这一特殊制度下的过境通行和无害通过权。参见 Bingbing Jia, "The Northwest Passage: An Artificial Waterway Subject to a Bilateral Treaty Regime?", *Ocean Development & International Law*, vol. 44, 2013, p. 125.

　　〔2〕根据《联合国海洋法公约》第 91 条第 1 款，船旗国（flag state）是指船舶注册和/或悬挂其国旗的国家，但是沿海国（coastal state）、港口国（port sate）目前尚无普遍接受的定义。

录（Paris MOU）和东京谅解备忘录（Tokyo MOU）。随着巴黎谅解备忘录的扩容和另外八个区域港口国控制安排的新建，区域港口国控制安排几乎实现了全球海域覆盖，但北冰洋区域目前尚无专门的区域港口国控制安排。

巴黎谅解备忘录作为港口国控制的协调制度，旨在消除不合格船舶，其成员每年登临外国船舶的检查共达 18 000 余次，以确保这些船舶符合国际安全、安保、环境标准和船员充分的生活和工作条件。该备忘录目前由 27 个国家的海事主管机关组成，覆盖欧洲沿海和跨北大西洋海域盆地水域。[1]这 27 个国家为：加拿大、俄罗斯联邦、芬兰、瑞典、挪威、冰岛、丹麦（含格陵兰）、比利时、保加利亚、克罗地亚、塞浦路斯、爱沙尼亚、法国、德国、希腊、爱尔兰、意大利、拉脱维亚、立陶宛、马耳他、荷兰、波兰、葡萄牙、罗马尼亚、斯洛文尼亚、西班牙和英国。尽管该谅解备忘录所覆水域并未完全覆盖北冰洋，但这有助于所有北极国家的海洋主管机关参与区域港口国控制合作。

东京谅解备忘录覆盖亚太水域，成员包括俄罗斯联邦、加拿大、中国、日本、韩国、澳大利亚等 20 个国家的海事主管机关。[2]其中加拿大和俄罗斯联邦的海事主管机关同时参加了巴黎和东京谅解备忘录，俄罗斯联邦的海事主管机关还参加了黑海谅解备忘录，因此需要明确这些北极国家的港口具体受哪个备忘录安排管辖。2009 年，加拿大决定将其太平洋港口纳入巴黎谅解备忘录管辖，俄罗斯联邦的太平洋港口目前仍受东京谅解备忘录的约束，尽管巴黎谅解备忘录要求相关港口官员的培训适用于整个俄罗斯联邦。美国海岸警卫队分别是巴黎和东京谅解备忘录的观察员，并参加这两个备忘录的系列会议和合作。

二、领海中的无害通过权

领海是毗邻一国海岸一定宽度的水域，领海同领陆、领空一样是一国领土的一部分，沿海国享有完全主权。然而领海又不同于陆地领土，为了维持

---

〔1〕 巴黎谅解备忘录（Paris MOU），https://www.parismou.org/，最后访问日期：2018 年 12 月 28 日。

〔2〕 东京谅解备忘录（Tokyo MOU），http://www.tokyo-mou.org/，最后访问日期：2018 年 12 月 28 日。

国际社会的海上航行自由，外国船舶在一国领海内享有无害通过的权利，这是一项习惯国际法原则，在科孚海峡案中得到确认，该案还提及无害通过的判断标准。无害通过权被编纂于1958年《领海与毗连区公约》中，并被1982年《联合国海洋法公约》继承和发展。根据 UNCLOS 规定，通过领海不得损害沿海国的和平、良好秩序或安全，并且明确列举了不属于无害通过的行为，包括武器操练、搜集情报、发射军事装置等。[1]外国船舶行使无害通过不需要沿海国的事前批准，但须遵守沿海国关于无害通过的法律规章以及关于防止海上碰撞的国际规章。[2]

沿海国可以对广泛的事项制定法律规章，规范外国船舶的无害通过，公约特别提到了航行安全与海上交通管理，防止减少和控制环境污染等事项。[3]但考虑到航运活动的国际性及对规则统一性的要求，公约要求沿海国制定法规时要将所有规章妥为公布，更重要的是，公约要求针对外国船舶的设计、构造、人员配备或装备，沿海国的管理法规应限于执行一般接受的国际规则或标准，[4]即国际海事组织通过的国际规则和标准，这意味着公约排除了沿海国在此议题上采取单边行动的权利及其合法性。

为了航行安全的目的，必要时沿海国可以指定海道和规定分道通航制度，但是应当综合考虑多种因素，包括主管国际组织的建议，习惯上用于国际航行的水道，特定船舶和水道的特殊性质以及船舶来往频繁程度，在指定海道和规定分道通航制度以后，还应将清晰标出海道的海图妥为公布。[5]沿海国还可为外国船舶提供特定服务并收取报酬，但不得仅以外国船舶通过领海为理由征收费用，且不应有任何歧视。[6]

沿海国在法定情形下可对外国商船和用于商业目的的外国政府船舶行使

---

〔1〕《联合国海洋法公约》第19条第2款。

〔2〕《联合国海洋法公约》第21条第4款。

〔3〕《联合国海洋法公约》第21条第1款。具体包括以下事项：航行安全及海上交通管理；保护助航设备和设施以及其他设施或设备；保护电缆和管道；养护海洋生物资源；防止违反沿海国的渔业法律和规章；保全沿海国的环境，并防止减少和控制该环境受污染；海洋科学研究和水文测量；防止违反沿海国的海关、财政、移民或卫生的法律和规章。

〔4〕《联合国海洋法公约》第21条第2款。

〔5〕《联合国海洋法公约》第22条。

〔6〕《联合国海洋法公约》第26条。

刑事和民事管辖权。[1]军舰和用于非商业目的的政府船舶也应当遵守沿海国关于通过领海的法律规章，否则可能会被沿海国要求立即离开其领海；因不遵守沿海国法规或相关国际法规则使沿海国遭受损害的，船旗国应负国际责任。[2]在执法权方面，沿海国可在其领海内采取必要步骤阻止非无害的通过，可为保护国家安全（包括武器演习）的目的，在其认为必要时暂停特定区域内外国船舶的无害通过，但应不加任何歧视，并应提前正式公布后才生效。[3]在有明显根据认为在领海内航行的船只违反防污法规或国际规则时，可对船舶进行实际检查，在有充分证据时可提起司法程序。[4]

尽管沿海国可以管控外国船舶的无害通过，但公约明确维护和保障这种无害通过权，要求沿海国领海主权的行使不得妨碍外国船舶的无害通过，不能对外国船舶强加要求，以致实际后果等于否定或损害无害通过的权利，也不得有形式上或事实上的歧视。[5]在控制船源污染的国际规则和国内立法条款中，公约也再次强调法律和规章不应阻碍外国船只的无害通过。[6]

三、国际海峡过境通行权

20世纪50～60年代起，许多国家将领海宽度从3海里增加到12海里，导致许多国际海峡内的公海走廊被划入一国领海范围内，这意味着在这些海峡上空飞行器没有无限制飞越的权利，航行通过这些海峡的自由被遵守沿海国家规章的无害通过所取代，军舰不经同意而通过海峡的权利也变得有争议。[7]美国、苏联等海上强国认为其在全球范围内的航行利益受到威胁，为了保障通行那些对国际贸易航线有重要意义的国际海峡的权利，过境通行制度作为对领海宽度扩张的制衡而成为《联合国海洋法公约》一揽子协议的重要组成部分。

早在1949年的科孚海峡案中，国际法院就确定了两项关于通过用于国际航行海峡的重要原则：一是沿海国无权在和平时期禁止其他国家无害通过这

---

〔1〕《联合国海洋法公约》第27和28条。
〔2〕《联合国海洋法公约》第30条、第31条、第32条。
〔3〕《联合国海洋法公约》第25条。
〔4〕《联合国海洋法公约》第220第2款。
〔5〕《联合国海洋法公约》第24条第1款。
〔6〕《联合国海洋法公约》第211条第4款。
〔7〕［澳］普雷斯科特：《海洋政治地理》，王铁崖、邵津译，商务印书馆1978年版，第89页。

类海峡；二是对功能标准做了原则性陈述。[1]在领海宽度扩大的背景下，仅仅维持不可停止的无害通过制度不足以保护用于国际航行海峡的航行和飞越自由，在此背景下，过境通行制度被创设。根据《联合国海洋法公约》规定，在连接公海或专属经济区的一部分与公海或专属经济区的另一部分之间的用于国际航行的海峡，适用过境通行制度；对连接公海或专属经济区的一个部分与外国领海之间的海峡，或者海峡由沿岸国一个岛屿和该国大陆形成，而且该岛屿向海一面有航行和水文特征同样方便的一条公海航道或专属经济区航道，并不适用过境通行，对于这两种情形的海峡，适用不能停止的无害通过制度。[2]尽管《联合国海洋法公约》确立了用于国际航行海峡的法律制度，但公约本身并没有对这类海峡做出明确定义，科孚海峡案的司法判决作为习惯国际法的渊源具有一定的指导意义，但其判断国际海峡的标准仍然存在争议，给西北航道法律地位的判定带来了困难。

过境通行权相比无害通过的权利范围更大，具体体现在以下几个方面：（1）过境通行包含航行和飞越自由，无害通过仅限于船舶航行；（2）过境通行制度下，船舶和飞机可按照其通常方式通行，无害通过则要求潜艇和其他潜水器在海面上航行并展示旗帜；（3）国际海峡沿岸国不能停止过境通行，沿海国在领海内却可为保护沿海国国家安全的目的暂时停止外国船舶的无害通过。

国际海峡制度的核心在于其独特的通行制度，但公约也规定其通行制度不在其他方面影响构成国际海峡水域的法律地位，不影响沿岸国相应主权或管辖权的行使。[3]沿岸国可以对外国船舶的过境通行制定有关下列事项的法律规章：航行安全和海上交通管理；执行有关排放油类、油污废物和其他有毒物质的国际规章；防止捕鱼；违反海关、财政、移民或卫生的法规。除应妥善公布外，此种法律和规章不得在形式上或事实上有所歧视，也不得有否定、妨碍或损害过境通行权的实际后果。[4]

---

〔1〕［斐济］南丹、［以色列］罗森主编：《1982 年〈联合国海洋法公约〉评注》第二卷，吕文正、毛彬译，海洋出版社 2014 年版，第 250 页。

〔2〕《联合国海洋法公约》第 37 条、第 38 条、第 45 条。

〔3〕《联合国海洋法公约》第 34 条。

〔4〕《联合国海洋法公约》第 42 条。

对于国际海峡的认定，地理特征的要求明确也容易判定，存在争议的是功能标准的认定。如"用于国际航行"是指实际利用还是包括潜在利用，通行海峡的航运量的标准为多大，是否区分地区性通行与国际性通行，是否区分军舰潜艇通行与商业通行，公约和国际司法判例并未做出明确规定，学界和国家实践对此仍有争论。[1]

四、专属经济区内的航行自由

在一国专属经济区内其他国家享有航行和飞越自由，但应遵守沿海国按照国际法制定的法律和规章，顾及沿海国的权利与义务。[2]沿海国有权对专属经济区制定防止船舶污染的法律和规章，但应当符合并执行一般接受的国际规则和标准。[3]针对专属经济区内特殊生态或交通状况，沿海国可以依照法定程序，在主管国际组织审查和批准的基础上，适用更严格的环境标准。[4]在环境执行权上，在有明显依据认为一国船舶在专属经济区内违反上述规章或国际标准时，沿海国可要求船舶提供必要情报；有明显根据认为航行船舶有公约规定的违法违规行为并导致大量排放，还可依情况对船舶进行实际检查或提起司法程序。[5]

除直接管控航行船舶的法律规章外，外国船舶通行一国专属经济区还要尊重沿海国的主权权利和管辖权。沿海国在专属经济区内享有针对自然资源和从事经济性开发和勘探活动的主权权利，以及对特定事项的管辖权，包括人工岛屿、设施和结构的建造和使用、海洋科学研究以及海洋环境的保护和保全。[6]具体来说，自然资源的养护和管理方面，沿海国有权制定生物资源的养护和管理的法律规章，其他国家捕捞生物资源须经沿海国的准许；对大陆架上的自然资源，沿海国享有专属勘探开发的权利，其他人未经沿海国明

〔1〕 不同观点参见 Donat Pharand and Leonard H. Legault, *The Northwest Passage: Arctic Straits*, Dordrecht: Martinus Nijhoff Publishers, 1984. James Kraska, "the Law of the Sea Convention and the Northwest Passage", *the International Journal of Marine and Coastal Law*, vol. 22, 2007.
〔2〕 《联合国海洋法公约》第 58 条。
〔3〕 《联合国海洋法公约》第 211 条第 5 款。
〔4〕 《联合国海洋法公约》第 211 条第 6 款。
〔5〕 《联合国海洋法公约》第 220 条。
〔6〕 《联合国海洋法公约》第 56 条。

示同意，不得从事这种活动。[1]此外，沿海国有专属权利建造并授权和管理建造、操作和使用人工岛屿、设施和结构，包括制定有关海关、财政、卫生、安全和移民的法律规章的专属管辖权；并可对其设置安全地带，一切船舶均要尊重。[2]沿海国有权规定、准许和进行相应的海洋科学研究，但相比领海中的专属管辖权，沿海国在专属经济区内的管辖权受到更多的限制，如是否批准的标准更加明晰，并且建立了默示同意规则。[3]

与沿海国在领海内的管辖权相比，专属经济区内的管辖权具有功能性、经济性和特定性，管辖权的行使受到国际规则、标准和主管国际组织权威的制约，其限制要高于领海管辖权中"不应妨碍无害通过"的要求。

五、公海航行自由

公海对所有国家开放，任何国家在公海内都享有航行、飞越、捕鱼等海洋自由，但应遵守国际法并适当顾及其他国家行使公海自由的利益。[4]航行方面，每个国家应对悬挂该国旗帜的船舶行使有效的管辖和控制，应采取保证海上安全所必要的措施，在船舶适航条件、船员配备、信号和通信等方面遵守一般接受的国际规则，并保证这些规则得到遵守。保护海洋环境方面，各国应制定法律规章，以防止、减少和控制本国船只对海洋环境的污染，且国内法规定应当不低于一般接受的国际规则和标准的要求。[5]

第二节 冰封区域的特殊航行规则

便利国际交通是海洋法的核心原则之一，保障航行自由贯穿于《联合国海洋法公约》始终。在国际海洋法的发展进程中，沿海国的管辖海域范围扩张，相应的国际公域急剧收缩，并且基于国际社会特定公共利益的需要，传统公海自由受到越来越多的规制，如航行自由不断受到环境保护和生物资源

---

〔1〕《联合国海洋法公约》第 62 条、第 77 条。
〔2〕《联合国海洋法公约》第 60 条。
〔3〕《联合国海洋法公约》第 246 条、第 252 条。
〔4〕《联合国海洋法公约》第 87 条。
〔5〕《联合国海洋法公约》第 211 条第 2 款。

养护等要求的限制。这种制约在海冰覆盖的北极海域表现得尤为突出，在北极沿海国的积极主张下，《联合国海洋法公约》在磋商制定过程中认可了对北极海域脆弱的生态环境给予特殊保护，赋予冰封水域沿海国对船舶航行更大的管辖权。

一、冰封区域条款的制定

在《联合国海洋法公约》"海洋环境的保护与保全"一章，第 234 条冰封区域条款（Ice-covered areas）是专门针对冰封区域制定的条款，赋予冰封区域沿海国制定防止船舶污染法规的特殊权利，对北极航行产生直接的影响。这一条款赋予沿海国不经相关国际组织介入、单方制定和执行超越国际标准的环境规则和标准的权利，是加拿大和俄罗斯制定和实施北极航运管制法规的重要依据。因条款制定当初主要针对北极地区海冰覆盖水域，因此又被称为"北极例外"条款。

冰封区域条款的出台与加拿大早先制定的《防止北极水域污染法》（Arctic Waters Pollution Prevention Act）直接相关。20 世纪 50 年代到 60 年代中期，加拿大对北极群岛水域的主权意识逐渐提升，然而顾及到美国等军事盟友国家的反对，长期以来加拿大对北极水域的主权主张并不强烈和鲜明。1969 年美国"曼哈顿"号油轮穿行西北航道的事件增强了加拿大国内对北极水域主权和安全的关注，迫使加拿大政府通过法律手段强化对北极水域的管辖。为了避免直接提出激进的内水化主张而招致国际上的普遍反对，加拿大这一时期主要以保护北极脆弱的海洋环境为依据实施对北极水域的管控。加拿大1970 年出台了《防止北极水域污染法》，对自陆地起向海 100 海里、北纬 60度以北的广阔水域实行航行管辖，禁止任何污染物排放，并规定高于一般接受的船舶设计、建造和人员配备的国际标准。在当时的国际法背景下，领海之外就是公海，加拿大在大面积公海海域推行国内法管控，且超越一般接受的国际法标准，这种单边管辖的主张因缺乏国际法依据，一出台便遭到美国和其他一些国家的反对。[1]为获得国际上的认同，加拿大在法案出台前后积

---

〔1〕 Micheal Byers, *Who Owns The Arctic: Understanding the Sovereignty Disputes in The North*, Vancouver: Douglas & McIntyre, 2009, pp. 46-47.

极开展双边和多边外交活动〔1〕，在斯德哥尔摩会议、政府间海事协商组织上的提案均未被采纳的情况下，加拿大在 1973 年开启的联合国海洋法磋商会议中再次寻求国际上对此种特殊管辖权的认可。

1974 年在海洋法磋商会议加拉加斯会议期间，加拿大延续了此前在其他国际会议中"特别脆弱区域"和"特别措施"的建议，将"冰覆区域"列为可采取特别措施的典型实例，却未在第三委员会的讨论中取得实际进展。与此同时，加拿大积极开展与美国、俄罗斯的非正式双边协商，是否需要国际组织的参与问题成为主要分歧点。除此之外，在挪威大使埃文森的协助下组织的有美国等海上强国参与的多边磋商中，加拿大关于脆弱区域的特别措施立场同样遭到反对。〔2〕连连受挫的加拿大，在后面的谈判中将"特别措施"条款分离为冰封区域沿海国制定单边国内标准和其他脆弱海域沿海国制定特别标准两种情形，分别开展磋商，有效分流了关注脆弱海域环境的相关利益国家，使冰封区域条款成为少数几个国家磋商的议题。当将北极水域情况单独列为"冰封水域"条款讨论时，一揽子协议的磋商模式使得当时对北极水域并未有直接利害关系的国家选择将条款的磋商留给利益相关国，而将注意力放在其他与自己切身利益相关的议题上，实际上使得这一条款主要由加拿大、美国和俄罗斯商定。

经过艰苦的磋商和妥协，单边国内标准被限制在冰封区域，作为利益交换的筹码，加拿大也同意默认美国关于国际海峡过境通行的立场。达成合意后，单独的"冰封区域"条款成功加入到 1976 年修订版的单独协商文本（RSNT）中，对早先的"特别措施"条款在适用范围、措施及审查程序上做了严格限定，并延续至最后的公约中。

尽管关于冰封区域的环境管辖权条款最终写进了公约，但有关加拿大北极水域的法律性质以及西北航道是否适用于国际航行的海峡并未在磋商中解决，公约在条文拟定时也刻意回避了这一具有争议的问题，将冰封区域放置于海洋环境保护一部分而未在国际海峡一部分中提及，没有明确定义用于国

---

〔1〕　郭培清、刘江萍："曼哈顿号事件与加拿大西北航道主权权利的扩张"，载《中国海洋大学学报（社会科学版）》2009 年第 5 期。

〔2〕　有关条款的协商过程参考 D. M. Mcrae, "The Negotiation of Article 234," in Franklin Griffiths ed, *Politics of the Northwest Passage*, McGill-Queen's University Press, 1987, pp. 107-110.

际航行海峡的构成条件，也没有澄清冰封区域与用于国际航行海峡的关系问题。

二、冰封区域条款的解释与适用

《联合国海洋法公约》第234条对冰封区域的规定：沿海国有权制定和执行非歧视性的法律和规章，以防止、减少和控制船只在专属经济区范围内冰封区域对海洋的污染，这种区域内的特别严寒气候和一年中大部分时候冰封的情形对航行造成障碍或特别危险，而且海洋环境污染可能对生态平衡造成重大的损害或无可挽救的扰乱。这种法律和规章应适当顾及航行和以现有最可靠的科学证据为基础对海洋环境的保护和保全。

该条款针对冰封区域特殊的航行危险和环境风险，赋予冰封区域沿海国在专属经济区范围内特殊的环境立法和执法权，其法律规章可以不受一般接受的国际规则和标准的限制。这是沿海国环境管辖权一般规则的例外条款，在适用时需要厘清此种特殊授权的适用海域范围和管辖权限。

冰封区域条款适用的地域范围为"专属经济区内的冰封区域"。学界对这一范围和界限存在争议，多数学者认为这一管辖权的地理范围应仅限于领海之外的专属经济区。这种观点符合条文文意的通常和善意理解，并与该条款一直被置于专属经济区海域中进行磋商的谈判历史相契合。[1]与之相应的，冰封区域沿海国被赋予的管辖权高于其在专属经济区内的管辖权，但不超过沿海国在其领海内的管辖权，亦即领海内的限制性规则对该条款也同样适用。但加拿大学者法兰德（Donat Pharand）援引当时谈判代表的发言指出，从立法者意图来看，这一条款的适用范围包含了领海和专属经济区范围。[2]这种观点有明显的维护加拿大利益的色彩，理由过于牵强。此外，对于哪些区域可以满足冰封区域的条件，该条文的规定也有不清晰之处，在具体判断时存在自由裁量的空间。例如，气候特别严寒应达到何种程度，海水被冰覆盖的

---

〔1〕 D. M. McRae, & D. J. Goundrey, "Environmental jurisdiction in Arctic waters: The extent of article 234", *University of British Columbia Law Review*, vol. 16, 1982. R. D. Brubaker, *The Russian Arctic Straits*, Leiden: Martinus Nijhoff, 2005, pp. 58-60.

〔2〕 Donat Pharand, "The Arctic waters and the Northwest Passage: A final revisit", *Ocean Development and International Law*, vol. 38, 2007.

时间长短和海冰情况是否有要求，《联合国海洋法公约》没有给出具体标准，需要综合考虑气象、水文状况、航行安全和环境风险加以评估。北冰洋海域不同海区的水文条件和海冰覆盖情况差异较大，现阶段全球变暖导致海冰不同程度的消融及漂流，因此对北极水域冰封区域的认定不可一概而论，要根据具体海域的实际状况更新和调整。

管辖权限度是冰封区域条款的核心。这一条款设定多项条件限制管辖权的行使，以达到北极沿海国管辖权和其他国家航行权之间的制约和平衡。结合条款本身的规定以及上下文其他规则看，《联合国海洋法公约》对冰封区域沿海国行使这一管辖权的要求包括：为防止、减少和控制船只对海洋的污染，非歧视，主权豁免，以最可靠的科学证据为依据和适当顾及航行。

（1）防控污染的目的。从冰封区域条款规定看，沿海国行使单边立法和执法权的目的应该是防控船只对冰封区域海洋的污染，这种管辖权有明确的功能性特征，不是全面的管辖权。北极冰封区域的自然环境和生态系统的特殊性使得航行危险与生态风险常常牵连在一起，在界定适用区域的特征时，该条款也将航行危险及海洋环境污染与水文气候条件联系在一起。船舶在冰封区域航行的安全问题常与防控海洋污染相关联，尽管如此，仍不能不加区分地认可所有航行管控措施都满足该条款的立法目的，而应该仔细辨析哪些行为属于该条款的合理使用。在实践中，不宜过度扩张这一管辖权的目的，需要对主要目的不是防控污染的航行管控措施加以辨析，保证采取的管控措施对保护海洋环境目的的实现是"必要的"而不仅仅是"有用的"[1]。

（2）非歧视。有关特殊管辖权的法律规章不得有歧视，非歧视原则在国际法上包括国民待遇和最惠国待遇两种。前者以沿海国船舶享有的待遇为标准，后者以其他外国船舶中最优惠的待遇为标准，在实践中两个标准会有较大的差距。对比公约中其他"不得歧视"的规定看，英文文本通过"among"和"against"对非歧视的要求做了区分，但第234条冰封区域条款中并未使用类似的介词。有学者认为"among"通常用于暂时停止无害通过的情形，"against"往往与强调所有船舶的通行权有关，而第234条加强了与环境条款

---

〔1〕 Myron H. Nordquist, John Norton Moore, Alfred H. A. Soons and Hak-So Kim eds., *The law of the sea convention: US accession and globalization*, Martinus Nijhoff Publishers, 2012, pp. 419-420.

有关的正常通行权，因此其含义更类似使用"against"的情形，应当理解为在制定和执行环保法规时，对包括沿海国船舶及外国船舶的所有船舶均不得有所歧视。[1]按照这种观点，此处的非歧视应当满足国民待遇要求，沿海国制定的环保法规不得在本国船舶和外国船舶之间有歧视性规定。

（3）主权豁免。[2]第236条将军事船舶和国家拥有或经营且用于非商业目的船舶或飞机排除在公约关于保护和保全海洋环境的规定之外，也包括了冰封区域条款。因此冰封区域的管控法规对军舰、海军辅助船、为国家所有或经营并在当时只供政府非商业性服务之用的船只或飞机不适用，这些公务船舶或飞机的船旗国只要采取适当措施，确保其活动方式在合理可行的范围内符合《联合国海洋法公约》即可。基于此，北极沿海国依据冰封区域条款制定的高于国际标准的单边立法应当对外国军事、科研等公务船舶做出豁免和例外规定。

（4）以最可靠的科学证据为基础。冰封区域的范围以及目的手段之间的关系均需要依赖科学依据加以确定，沿海国对冰封区域的航行管控应当建立在对北极海域环境有较好的认识基础上，通过科学依据论证和支持其管控措施是保护海洋环境所需要的，且这种科学知识应当达到国际认可的标准而非沿海国主观的科学标准。科学证据要求的实际功能在于为沿海国实施特定管辖权设定说明其科学合理性和正当性的义务，尽管在制定管控法规时冰封区域沿海国无须经过国际组织的批准或认可，但科学证据的要求却在一定程度上将沿海国的单方措施置于国际（尽管是科学平台）监督之下。特别是对比同样提到最可靠科学证据要求的第61条生物资源养护的相关规定时，该标准的特殊性就体现出来了。第61条要求"参照其可得到的最可靠的科学证据"，按照沿海国得到的最可靠的证据即可，而此处的要求现有最可靠的证据，标准更高，不是以沿海国主观认可为标准，而要达到一般为国际认可的最可靠证据。[3]

（5）适当顾及航行。冰封区域中并无特殊航行制度，如果冰封区域条款

---

〔1〕 R. D. Brubaker, *The Russian Arctic Straits*, Leiden: Martinus Nijhoff, 2005, pp. 55-56.

〔2〕《联合国海洋法公约》第236条。

〔3〕 Kristin Bartenstein, "The 'Arctic Exception' in the Law of the Sea Convention: A Contribution to Safer Navigation in the Northwest Passage", *Ocean Development and International Law*, vol. 42, 2011.

的适用范围仅限于专属经济区，则外国船舶享有相应的航行和飞越自由，沿海国的特殊管辖权要适当照顾到这种自由；如果其适用范围不仅包括专属经济区还包括领海，则意味着"适当顾及"包含了对无害通过、航行自由乃至过境通行多种航行权的保障。至于顾及到何种程度，对比领海中"不应阻碍外国船只的无害通过"的要求，以及国际航行海峡中"不应阻碍、妨碍或损害过境通行权"的明确要求，此处并未给出实际可参考的标准。这是该条款中最模糊的要求，且不论冰封区域内的航行制度为何，相比领海制度中对无害通过权的保障以及用于国际航行的海峡制度中对过境通行权的保障规定，此处的规定略显单薄，缺乏硬性的标准和要求。考虑到条款磋商时美国和加拿大在用于国际航行的海峡通行权问题及沿海国管辖权问题上的不同利益需求，这里的模糊规定回避了用于国际航行的海峡和冰封区域二者的关系问题，也避免了严格的航行保障规定可能过度限制和削弱沿海国的实际管辖权。

　　因为西北航道的法律性质存在争议，冰封区域条款常与国际航行海峡的通行制度相联系，如果西北航道或俄罗斯某些北极海域内的海峡被认为是国际航行海峡，冰封区域条款的管辖权还能否适用？第234条冰封区域条款本身并未澄清二者之间的关系，但作为保障办法一节中的第233条"对于国际航行的海峡的保障"明确规定第五节、第六节和第七节的任何规定不影响用于国际航行的海峡的法律制度，而这种对其特殊航行制度的保障规定并未将作为第八节的冰封区域条款列入在内。这或许意味着第234条不受国际航行海峡制度的限制，[1]或者更准确地说，"第234条没有为国际海峡制度提供保障，因此存在沿海国制定的规则在某些情形下阻碍过境通行的风险，因为这

---

〔1〕　法兰德教授的解读模棱两可，有时表述为"第234条的适用没有排除于国际海峡之外"，有时表述为"国际海峡不适用于冰封区域"，而这两种表述的意义并不相同。前者表示第234条管辖权同样适用于国际海峡制度，沿海国管辖权与其他国家的过境通行权都被认可，可以依据"适当顾及"的要求来协调二者的冲突。后者否认了国际海峡制度特别是其特殊的通行制度在冰封区域的适用，将冰封区域条款与国际海峡制度隔离开来。本文不支持第二种观点，冰封区域条款仅仅提供了冰封区域条件下的特殊环境管辖权，这一特定领域的授权在没有公约明确规定的情况下难以认定为完全独立于系统的国际海峡制度。观点参见 Donat Pharand, "The Arctic waters and the Northwest Passage: A final revisit", *Ocean Development & International Law*, Vol. 38, 2007.

些规则并不需要符合国际标准"〔1〕。

北极沿海国行使冰封区域条款的特殊授权需要符合《联合国海洋法公约》的限制条件，过度扩张解释该条款的适用范围和管辖权限度有违这一条款意图维持的管辖权与航行权之间的平衡。尽管沿海国在制定针对船舶航行的法律规章时无须接受主管国际组织的批准和监督，但须依赖最可靠的科学证据作为其合法性的基础，而且在实施管控措施时要顾及航行。

第三节　北极航道的法律地位争议

三条北极航道所处水域性质不同，导致船舶通航的法律环境存在较大差异。西北航道部分航段经过加拿大的内水和领海，其通航受加拿大的国内法管辖。东北航道方面，穿过俄罗斯管辖海域的部分被称为北方海航道，受俄罗斯国内法的航行管理。西北航道和俄罗斯北方海航道部分航段的法律性质存在争议。穿极航道主要穿越沿海国专属经济区和公海海域，通航的自由度最大。〔2〕国家管辖范围之外的国际水域内，各国船舶均享有公海航行自由，不受沿海国国内法管控，主要依赖船旗国执行有关船舶航行安全、环境保护等国际公约的规定。

一、加拿大内水主张与西北航道争议

加拿大主张北极群岛水域是其历史性内水，通行群岛水域应当获得加拿大的事前批准，美国反对加拿大的内水主张，认为西北航道属于用于国际航行的海峡，各国船舶均享有过境通行权。

加拿大基于历史基础主张对北极水域的主权，根据国际习惯法，主张历史性水域需满足正式的主张、长期有效行使管辖权、其他国家默认以及至关重要的利益等构成要件。〔3〕加拿大从英国继承了北极群岛的主权后，对其北极群岛及相关水域实施了一定的管辖。例如，1906 年加拿大修订渔业法将哈

---

〔1〕　Bing Bing Jia, *The Regime of Straits in International Law*, Oxford University Press, 1998, p. 163.

〔2〕　Willy Ostreng et al, *Shipping in Arctic waters*, *a comparison of the Northeast*, *Northwest and Trans-Polar Passages*, 2013, pp. 30~31.

〔3〕　王泽林：《北极航道法律地位研究》，上海交通大学出版社 2014 年版，第 158~173 页。

德逊湾列为历史性水域，要求在此捕鲸须获得事前许可；1922 年组建了北极东部巡逻队，时常延伸至北极水域西侧；在 1957 年开始的远程早期预警系统建设期间，加拿大对通行北极水域的美国船舶实施了一定程度的控制。然而史料考据表明，英国早期探险活动以及加拿大 20 世纪初的远征活动中，正式的占领行为限于陆地和岛屿，并不包含北极水域。[1]

加拿大主张北极水域主权的第一项立法措施是 1970 年修订的《领海与渔区法案》[2]，将领海宽度从 3 海里扩展到 12 海里，其影响是将巴罗海峡、威尔士王子海峡等纳入到其领海范围，海峡内的公海航行通道消失。尽管加拿大已于 1967 年通过法令在东海岸拉布拉多和纽芬兰区域建立了直线领海基线，1969 年在新斯科舍、西海岸温哥华岛以及夏洛特皇后群岛周围建立了直线领海基线，[3]但对北极群岛水域尚未划定直线基线，因此这段期间巴罗海峡以及威尔士王子海峡仍然属于领海海峡，适用无害通过制度。

加拿大对北极群岛水域的内水主张最早体现在 1973 年法律事务部针对历史性海湾和水域的信件中："基于历史依据，加拿大主张北极群岛水域为加拿大的内水，尽管并未在条约或其他立法中声明。"1975 年也出现过类似的言论。[4]但加拿大最为正式、公开、明确的内水主张是通过 1985 年 9 月 10 日的法令体现的，该法令在北极群岛外围建立了直线基线，宣示加拿大将北极群岛作为其历史性内水。

〔1〕　Donat Phrand, "The Arctic waters and the Northwest Passage: A final revisit", *Ocean Development and International Law*, Vol. 38, 2007.

〔2〕　Territorial Sea and Fishing Zones Act, 1964.

〔3〕　海上主张参考手册（Maritime Claims Reference Manual）汇编了大多数沿海国有关海洋区域划定的法规，包含了详细的经纬度。电子版获取地址 http://www.dtic.mil/whs/directives/corres/20051m_062305，加拿大法规汇编来源参见 http://www.dtic.mil/whs/directives/corres/20051m_062305/canada.doc。

〔4〕　Donat Pharand, "The Arctic waters and the Northwest Passage: A final revisit", *Ocean Development & International Law*, Vol. 38, 2007.

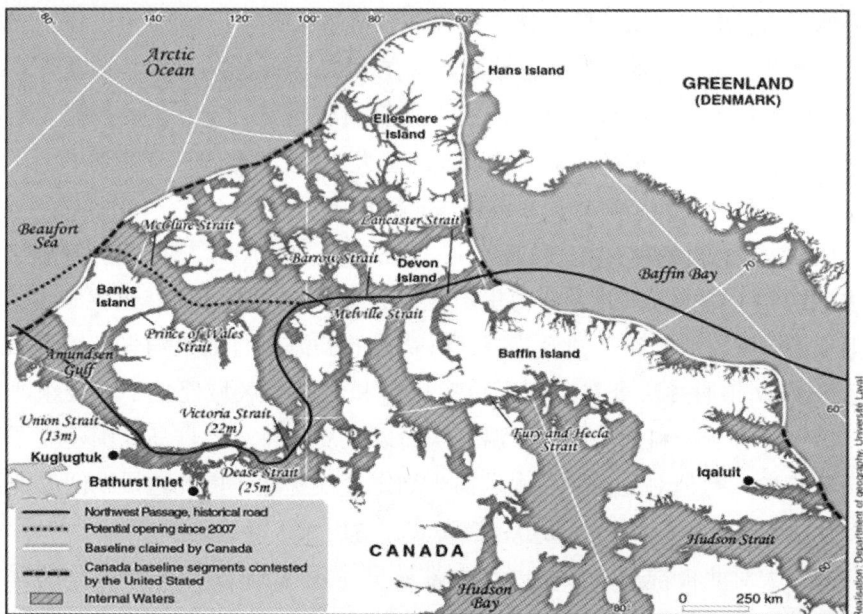

图 3-1　加拿大北极群岛水域与西北航道[1]

北极群岛水域是否属于加拿大的内水对西北航道的航行权制度有深刻影响，因为北极航道须穿越加拿大北极群岛水域多个海峡，如果北极群岛水域被划定为内水，且不属于通过划定的直线基线使原来并未被认为是内水的区域成为内水的情况，外国船舶通航就须经过加拿大的事前许可，即使位于北极群岛水域内的众多海峡属于用于国际航行的海峡，也无法适用过境通行制度，这将无法实现利用西北航道进行过境通行。鉴于加拿大北极群岛水域内水化主张存在疑点，美国和欧洲共同体成员国先后发出对该直线基线及历史性内水主张的抗议。

针对加拿大建立直线基点的法令，美国提出"测算海岸一般方向的海岸线不能超过 60 海里，且直线基线长度不能超过 24 海里"的要求，但这种观点尚未得到沿海国实践的广泛支持。[2]与之相对的，加拿大主张公约和习惯

---

[1]　Lalonde S, Lasserre F, "The Position of the United States on the Northwest Passage: Is the Fear of Creating a Precedent Warranted?", *Ocean Development and International Law*, vol. 44, 2013.

[2]　刘惠荣、董跃:《海洋法视角下的北极法律问题研究》，中国政法大学出版社 2012 年版，第 48~50 页。

法并未对直线基线的长度提出要求，加拿大划定的基线内海域与陆地的面积比小于挪威群岛的面积比，加之当地居民因纽特人长期控制该领域因而享有诸多经济利益，其北极群岛基线符合国际法。除竭力论证直线基线满足国际法规定的要求外，加拿大学者还强调加拿大对北极群岛水域实施管辖、强化和巩固主权的措施，以论证北极群岛水域的内水主张。[1]

与北极群岛水域法律性质争议密切相关的是西北航道的法律地位问题，美国主张西北航道属于国际海峡，各国船舶享有过境通行权。针对 20 世纪 70 年代起加拿大强化北极群岛水域管辖权的主张和举措，美国抗议加拿大对北极群岛水域的内水化主张，不承认加拿大基于环境保护的理由对部分北极公海海域的管辖权。"冷战"时期，为了防备苏联攻击，加拿大与美国签署了一系列安全协议，建立远程早期预警线和北美防空司令部，美国武器和军事人员在北极群岛地区大量存在，西北航道一直是美国核潜艇巡航的重要通道。[2]1969 年美国亨堡石油公司派遣"曼哈顿"号油轮进行穿越西北航道的试航，1985 年美国海岸警卫队派遣"极地海"号重型破冰船横穿西北航，美国方面虽然与加拿大方面提前作了沟通，然而美方明确宣称其并不承认加拿大对北极群岛水域的内水要求，邀请加拿大方面参与通行并非寻求加拿大政府的许可和批准。

围绕美国和加拿大对于西北航道法律地位的不同立场，国际法学界针对判定西北航道是否属于国际海峡进而适用过境通行制度也存在对立的观点。一种观点认为，根据习惯国际法，国际海峡应当符合地理和功能两个标准，其中功能标准要求有一定程度的国际航行，只有那些对国际海上贸易具有特别重要影响的海峡才能取得国际海峡的特殊地位，而且在评估海峡对国际贸易重要性时起决定性作用的是航道的实际使用情况，而非潜在的使用。由于西北航道没有形成用作国际航运线路的历史，因而不满足构成国际海峡的功能标准。[3]另一种观点认为用于国际航行海峡的专门航行制度并没有将实际利

---

〔1〕　Donat Pharand, *Canada's Arctic waters in international law*, Cambridge：Cambridge University Press, 1988, pp. 168-173.

〔2〕　郭培清等：《北极航道的国际问题研究》，海洋出版社 2009 年版，第 10 页。

〔3〕　参见 Donat Pharand and Leonard H. Legault, *The Northwest Passage：Arctic Straits*, Dordrecht：Martinus Nijhoff Publishers, 1984. Donat Pharand, "The Arctic waters and the Northwest Passage：A final revisit", *Ocean Development & International Law* vol. 38, 2007.

用作为必要条件，未来具有国际通航利用的潜力就可以成为国际海峡。基于此，美国主张西北航道是用于国际通行的海峡，适用过境通行制度。更为极端的观点主张用于国际航行的海峡只需要满足连接公海或专属经济区的一部分和公海或专属经济区的另一部分（公约第 37 条）这一地理要求即可，不需要达到一定通行量的功能标准规则。[1]这很大程度上代表了美国海军部的立场。

为了和平处理两国在西北航道问题上的分歧，1988 年美加双方签订了《北极合作协议》，对双方破冰船通行西北航道水域进行了特殊安排，协议约定美国和加拿大为对方破冰船在其北极水域内的航行提供便利，并规定合作程序，加拿大和美国同意通过其破冰船航行来发展和分享相关研究信息，以提升对该区域海洋环境的了解，并且，美国保证其破冰船在加拿大声称为其内水水域的航行将在加拿大政府同意的情况下进行。[2]由于双方从各自国家利益出发很难妥协自己的立场，协议声明相关国家实践不影响美加双方对这一海域或其他海域的海洋法方面的主张，或者它们在第三方问题上的立场，因此西北航道的法律地位争议依然悬而未决。虽然受西北航道通行条件恶劣的制约，当前加拿大对其北极海域的管辖并未受到实质性挑战，但随着未来航行活动的增加，船旗国享有何种航行权，沿海国享有何种管辖权，将成为航道利用国与航道沿岸国之间必须面对的议题。在搁置航道争议的情况下，加拿大依据《联合国海洋法公约》第 234 条冰封区域条款的特殊授权继续强化对其北极管辖海域的管辖，强制要求过境船舶向交通管理部门提供全面的航行报告。

西北航道的法律地位争议在国际法上尚未有定论，内水和国际海峡的观点都存在弱点，面对此种僵局以及北极气候变化、北极水域通航量逐渐增长的形势，很多学者重新评估西北航道争议的前景，并提出相应的解决建议和方案。有学者建议西北航道可以借鉴马六甲海峡的多边模式，采用这种模式

---

〔1〕 James Kraska, "the Law of the Sea Convention and the Northwest Passage", *the International Journal of Marine and Coastal Law*, vol. 22, 2007.

〔2〕 Canada and United States of America Agreement on arctic cooperation, 11 January 1988, https://treaties. un. org/doc/publication/unts/volume%201852/volume-1852-i-31529-english. pdf, 最后访问日期：2018 年 11 月 7 日。

加拿大依然可以实现其环境权益和适当的管辖权，同时也有助于加拿大获得更多的国际支持。[1]类似观点认为解决西北航道争议困境的出路是借鉴马六甲海峡模式多边合作机制的经验，采取综合管理方法保护脆弱的海洋资源。[2]有学者提出可以将西北航道的一条航线确定为用于国际航行的人工水道，通过美加双边条约的形式建立类似巴拿马运河或苏伊士运河的制度，对航道法律性质、过境通行权等做出针对西北航道具体情况的安排。[3]我们认为为了充分顾及包括国际社会利益在内的多方利益且有利于北极水域环境保护，国际社会可以参考斯匹茨卑尔根群岛模式解决西北航道争议。[4]

二、北方海航道及部分海峡的法律地位争议

北方海航道及其部分海峡的法律地位也存在争议，具体来说，有关北方海航道的法律争议主要体现为两方面：一是俄罗斯北极海峡的法律性质争议；二是整个北方海航道的法律地位及相应的通行制度争议。此外，俄罗斯对于北极航道的重要出入口——白令海峡法律地位的主张尚不明确，如果俄罗斯未来对白令海峡俄罗斯一侧的航道实行领海通航制度管制，则可能会与美国主张白令海峡是用于国际航行海峡的主张产生冲突。

第一个争议是俄罗斯北极海峡的法律性质，俄罗斯（含苏联时期）主张北方海航道中的部分海峡为其历史性内水水域，外国船舶进出这些领域须经过管理当局许可批准，并遵守俄方国内法的管制。1926 年，苏联发布一项名为"宣布北冰洋北部的陆地和岛屿为苏联领土"的法令，在确定领土范围时法令使用了扇形规则，尽管有些俄罗斯学者将扇形领土主张扩张解释为包含冰区以及海域，但从法令规定上看领土范围并未纳入海域，且苏联政府也没

---

〔1〕　James Kraska, "the Law of the Sea Convention and the Northwest Passage", *the International Journal of Marine and Coastal Law*, vol. 22, 2007.

〔2〕　韩逸畴："论西北航道争端之困境与出路"，载《武大国际法评论》2011 年第 1 期。

〔3〕　Bing Bing Jia, "The Northwest Passage: An Artificial Waterway Subject to a Bilateral Treaty Regime?", *Ocean Development & International Law*, vol. 44, 2013.

〔4〕　刘惠荣、刘秀："西北航道的法律地位研究"，载《中国海洋大学学报（社会科学版）》2009 年第 5 期。

有依据扇形理论出台过官方立场。[1]到 20 世纪 40 年代，苏联开始把西伯利亚群岛周围的水域视为苏联内水，1957 年苏联通过立法正式宣布大彼得湾为其历史性海湾，1960 年《苏联国家边界保护法》第 4 条定义了历史性水域为历史上归属于苏联的海湾、入海口、河口、海洋及海峡的水域，属于苏联内水的一部分。尽管该法没有具体列举历史性水域的名字，但却为后续主张其他历史性水域奠定了基础。

1962~1967 年间美国海军和海岸警卫队派遣船只进入苏联北极附近海域进行科学调查，尝试进入苏联主张为其主权水域的海域，名义上是为了在争议海域进行海洋科学研究，目的则是表明美国政府反对苏联在该水域的内水主张。此举遭到苏联的强烈抗议，引发了美苏关于北方海航道中的海峡法律地位及通航制度的争议。1964 年，"伯顿"号破冰船试图通过拉普捷夫海峡，但在苏联军舰的抗议和恐吓下不得已放弃；苏联向美国提交备忘录，宣称依据历史性权利，拉普捷夫海峡和桑尼科夫海峡属于苏联内水，这些海峡禁止无害通过。根据《苏联国家边界保护法》和关于来访外国军事舰只途经苏联内水和领海规定的相关法律，通过苏联领海和内水的外国军事船只必须得到苏联政府的事前许可才能通行。[2]1965 年，美国"北风"号曾尝试穿越维利基茨基海峡，但遭到了苏联护卫舰的坚决反对，1967 年，另外两艘破冰船的通航计划也因苏联强烈的军事反对而被迫后退。

受 1965 年美国海岸警卫队破冰船"北风"号通行事件的刺激，苏联迅速制定通过了一系列法规，以加强对北极水域航行活动的管制。1965 年苏联以历史性水域为由主张西伯利亚群岛水域为其内水，颁布在通行北极海峡的航行规则，要求船舶在维利基茨基海峡、绍卡利斯基海峡、拉普捷夫海峡、桑尼科夫海峡四个海峡航行时必须接受强制性领航和破冰服务。1971 年苏联通过法令成立北方海航道管理局，通过北方海航道的船只须按照规定将航行信息报告给管理局，管理局官员有权登船检查，同时根据需要提供破冰船领航等服务。[3]

---

〔1〕 有关苏联对北极海域的主张和实践参考 Leonid Timtchenko, "The legal status of the Northern Sea Route", *Polar Record*, vol. 30, 1994.

〔2〕 北极问题研究编写组：《北极问题研究》，海洋出版社 2011 年版，第 256 页。

〔3〕 北极问题研究编写组：《北极问题研究》，海洋出版社 2011 年版，第 257~258 页。

1982 年《联合国海洋法公约》制定以后，苏联建立起领海基线，全面划定管辖海域的性质和范围，强化了对北极海峡的主权要求。1984 年 4604 法令公布了太平洋大陆海岸及岛屿、日本海、鄂霍茨克海和白令海的直线基线，1985 年 4450 法令确定了北冰洋、波罗的海和黑海领海基点的地理坐标，北极沿岸一系列海峡被纳入到内水水域中，其中包括维利基茨基海峡、绍卡利斯基海峡、拉普捷夫海峡、桑尼科夫海峡等。4450 法令在确定领海基点的同时还明确列举了北极地区历史性水域的名单：白海、巴伦支海的 Cheshskaya 湾、喀拉海的 Bayadaratskaya 湾。苏联解体以后，俄罗斯依照生效后的《联合国海洋法公约》的规定，1998 年通过两个法案明确了俄罗斯内水、领海、毗连区、专属经济区的法律地位和宽度，以及俄罗斯和其他国家在这些水域中的权利义务。[1]在新的领海基点公布之前俄罗斯仍延续使用苏联 80 年代建立的直线基线。

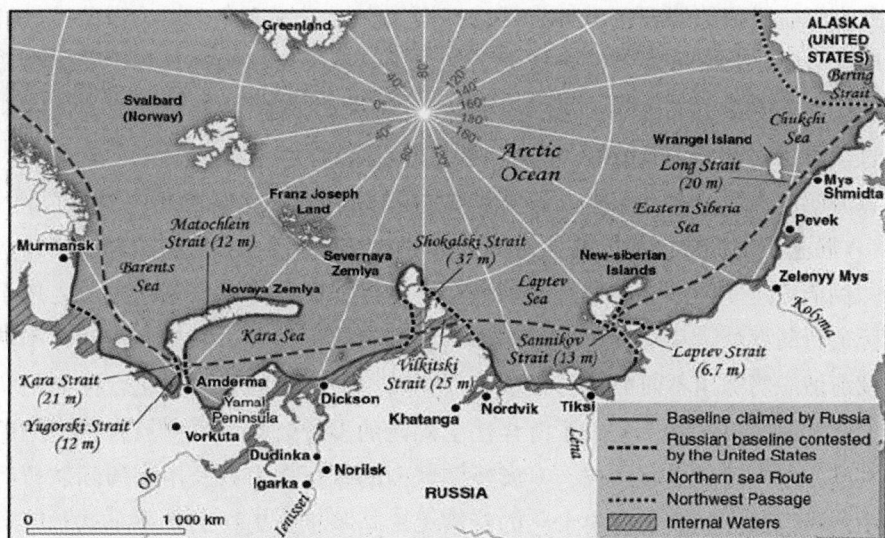

图 3-2　北方海航道与俄罗斯北极海峡[2]

---

[1]　俄罗斯海洋法规汇总见联合国网站，http://www.un.org/Depts/los/LEGISLATIONANDTREATIES/STATEFILES/RUS.htm。

[2]　Lalonde S, Lasserre F, "The Position of the United States on the Northwest Passage: Is the Fear of Creating a Precedent Warranted?", *Ocean Development and International Law*, vol. 44, 2013.

　　美国不承认苏联基于历史性权利主张的内水海峡，除了多次派出破冰船通行苏联主张的内水水域和海峡以挑战俄罗斯的权利外，还在 1982 年、1984 年、1986 年对苏联在北极水域几处重要海峡入口处的直线基线多次提出抗议，参见图 3-2。苏联与美国多次通过外交渠道就北方海航道问题进行双边磋商，美国认为北部海峡应当适用国际海峡航行制度，外国船只享有过境通行权或无害通过权，而苏联坚持四大海峡为其内水，不断强化对北方海航道海峡的管理和控制。

　　第二个争议涉及北方海航道的法律性质及通行制度。俄罗斯一方面坚持部分北极海峡为其历史性内水，另一方面制定严格的国内法规对整个北方海航道实行内水化管理，要求通行船舶提交通航申请。苏联在给美国提交的外交备忘录中就曾强调，北方海航道毗邻苏联北极沿海，不是国际航道，而是一条重要的苏联国内交通运输通道。1990 年北方海航道的管理法规定义中也重申了北方海航道作为苏联国家交通干线的独特地位，2013 年俄罗斯新修订的北方海航道相关管理法规依然延续着国家交通干线这一立场。因此，尽管苏联并未主张对喀拉海、拉普捷夫海、东西伯利亚海和楚科奇海这些边缘海的主权，其内水主张仅限于个别历史性海湾以及北极沿线海峡，然而俄罗斯通过国内法划定了北方海航道水域的海域范围，延续和强化始于苏联时期对北方海航道水域的航行管制，实际上建立了对整个北方海航道的内水化管制。

　　《联合国海洋法公约》将海域划分为不同性质的区域，从一国领海基线向海一侧依次建立领海、专属经济区和公海制度，向内为内水制度，加之用于国际通行的海峡适用特殊通行制度，多种航行制度并存。依据海洋法，不同管辖海域应当适用不同的航行制度，俄罗斯不加区别的将内水化管控措施实施于北方海航道水域，突破了海洋法上确定的多种航行制度，损害了外国船舶在其领海内的无害通过权、专属经济区内的航行自由以及用于国际航行海峡中的过境通行权。这种内水化的管辖无论是基于历史性因素还是冰封区域的环境保护目的，在国际法上都缺乏充分的法理依据。

　　第三个争议涉及白令海峡。白令海峡是连接太平洋和北冰洋的唯一通道，无论利用哪条北极航线进行跨境运输都要经过白令海峡，其战略地位重大，俄罗斯对白令海峡法律性质的态度和主张也值得关注。

　　白令海峡位于北极圈的南部、白令海北部边缘，连接楚科奇海和白令海，连接俄罗斯迭日涅夫角与美国阿拉斯加州威尔士王子角，宽约 35~86 千米（约 18.9~46.3 海里），水深约 30~50 米。靠近海峡中央为大代奥米德岛（俄）与小代奥米德岛（美），海峡两侧分属于俄罗斯与美国，两国的海洋边界[1]从两个岛屿中穿过，海峡最窄处为 18.9 海里，位于俄罗斯与美国的领海，属于领海海峡。

白令海峡连接白令海和楚科奇海，从地理要素上看，海峡两端连接专属经济区和公海，并不存在航行和水文特征同样方便的一条穿越公海或专属经济区的航道，作为北冰洋在北太平洋方向的唯一出入口，白令海峡的战略位置决定了其在国际航行中发挥着重要功能，随着北冰洋通航条件的改善和北极航道的开发利用提上日程，未来白令海峡通航量有望逐步提升。美国认为白令海峡属于国际法上用于国际航行的海峡，船舶通航适用过境通行制度。俄罗斯没有对白令海峡的法律地位做正式表态，但其对北方海航道的管控已经涉及白令海峡。在界定北方海航道水域的范围时，1990 年北方海航道管理规定和 2013 年修订的北方海航道相关法规中对北方海海域东部界限的确定都涉及白令海峡，但具体覆盖白令海峡多大的范围难以精确认定。俄罗斯国内法语境下对白令海峡以西位置的法律地位解读比较微妙。[2]如果俄罗斯对北方海航道实施的内水化管制适用于白令海峡俄罗斯一侧水道，则俄罗斯对白令海峡的管理将与美方立场发生冲突，给白令海峡能否被认定为国际航行海峡带来不确定性。

---

〔1〕　Agreement between the United States of America and the Union of Soviet Socialist Republics on the maritime boundary, 1 June 1990, http://www. marineregions. org/documents/USA-RUS1990MB. pdf, 最后访问日期：2018 年 6 月 11 日。

〔2〕　白佳玉、孙妍、张侠："白令海峡治理的合作机制研究"，载《极地研究》2017 年第 2 期。

第四章

北极航行的国际海事规则及其发展

　　国际海事组织（International Maritime Organization，IMO）是联合国框架下负责制定有关航行安全和防止船舶污染国际规则的专门组织，是各国协商制定国际航行规则的最主要平台，在国际航行法律体系中居于主导地位。国际海事组织制定了多部关于国际航行安全与防止船舶污染的国际公约，为全球海域内的国际航行提供了最低限度的国际标准，对北冰洋同样适用。

　　北极地区特殊的气候条件、海冰覆盖状况给船舶航行带来更大的障碍和危险，对航行安全提出了更高的要求，适用一般海域航行的规则和标准不足以保证船舶在北极海域的正常航行，不足以保护北极海域脆弱的环境免受船源污染。[1]1989 年发生在阿拉斯加海域的埃克森瓦尔迪兹号油轮事故促使国际社会开始关注北极海域的环境保护，为了防范北极特殊水文气象条件引发的航行危险和环境风险，IMO 陆续出台了许多关于冰区船舶航行的建议性准则、指南等文件，以保障船舶在北极冰区的海事安全。近年来，国际海事组织在引领北极航运规则制定方面发挥了重要作用，尤其是 2017 年初开始生效的《国际极地水域操作船舶规则》（International Code for Ships Operating in Polar Waters，以下简称《极地规则》），在北极地区航运治理中具有极为重要的地位。

---

　　[1]　许多学者指出北极环境保护机制的不足，认为其需要一个保护北极环境的多边法律框架。参见 Donald Rothwell，"International Law and the Protection of the Arctic Environment"，*International and Comparative Law Quarterly*，vol. 44，1995.

第一节　适用于北极水域的一般性国际海事规则

国际航运活动受到国际海事规则的管理和约束，具体体现在船舶航行安全规则、防止船舶造成海洋污染标准、船员培训和能力要求以及商业航运民事责任等方面。北极水域航行也要遵循一般性的国际海事规则法律框架，同时，国际社会还针对北极的特殊环境出台了专门性的航行文件。这一部分重点介绍《极地规则》生效前国际海事组织的北极航行规范。

一、海上航行安全规则

《国际海上人命安全公约》（以下简称 SOLAS 公约）是有关海上航行安全最重要的公约，该公约于 1974 年制定、1980 年生效，先后通过了多个修正案。北极八国均批准了该公约及公约下的规则和办法。SOLAS 公约对船舶操作、设计、配备做出了最低标准的规定，公约规定涵盖船舶检验、船舶证书、船舶构造、消防和救生设备、航行安全、无线电设备、货物运输和危险货物运输等方面。根据公约规定：船旗国只有确保申请注册的船舶满足了 SOLAS 公约的规定才可签发证书；港口国也可基于 SOLAS 公约的规定对自愿靠港的船舶进行检查；要求缔约国政府采取措施确保气象服务、冰区巡逻服务、船舶定向和搜救服务的提供；危险货物、液化天然气的运输应当遵循特殊的规定。在公约框架下，国际海事组织第十八届大会通过《国际船舶安全营运和防止污染管理规则》（以下简称 ISM 规则），对船舶防污的安全管理和操作确定了国际标准，要求船公司建立船基和岸基的安全与环境保护系统。该系统应符合强制性规则、行业标准的要求，并受制于船旗国和港口国海事行政主管部门有关发证和确认的规定。ISM 规则也适用于北极航道水域，尽管该规则的条款并非专门针对北极航行中会遇到的特殊情况，但是，随着北极地区航运活动的增加，对在冰面航行的安全管理规则应予以重视。有关航行安全的规则对北极航运有重要影响，SOLAS 公约第五章中仅有几处略微提及冰区航行的问题，如水文信息和危险提醒中包括冰情数据，冰季通行冰川地区的船只应当由冰区巡逻队护航，船长应当将遇到危险冰情的航行危险信息进行通报。[1]国际海事公约主要依赖船旗国采取措施保障悬挂其船旗的船舶，船旗国在国际海事公约的履约过程中居主导地位。

此外，SOLAS 公约也规定了一些沿海国对其管辖水域可采取的保障海上安全的措施，如建立船舶报告系统的规定。SOLAS 公约第五章第 11 条规定，船舶报告系统有助于保障海上人命安全、航行安全和效率及海洋环境保护，一旦船舶报告系统根据国际海事组织制定的相关指南和标准[2]被采纳并实施，其适用范围内的船舶应当遵守该系统的管理规则。缔约国政府应将采用船舶报告系统的建议提交国际海事组织，由国际海事组织将相关材料分发给缔约国政府。建立后的船舶报告制度应按照国际海事组织的相关指南和标准运行，缔约国政府必须采取一切必要措施公布有效使用该系统所需的信息，具有交互沟通的能力和必要时提供信息协助船舶的能力。IMO 已经通过了在多个海域建立的强制性船舶报告系统，如英国在多佛海峡建立了船舶报告系统。

针对北冰洋海域，国际海事组织海上安全委员会 2012 年 11 月在第 91 届会议上通过了在巴伦支海地区建立强制性船舶报告制度的提案，该提议由挪威和俄罗斯联合提出，这一船舶航行报告制度已于 2013 年 6 月 1 日生效。通过该区域或从巴伦支海地区的港口和锚地进入该区域的船舶须向指定的挪威 Vardø 船舶交通服务中心或摩尔曼斯克中心进行报告。该报告制度适用于以下船舶：所有总吨位为 5000 及以上的船舶；所有油轮；所有运载危险品的船只；拖曳长度超过 200 米的船只；以及任何不受操控、操纵能力受限或航行辅助设备有缺陷的船舶。

1972 年《国际海上避碰规则》（以下简称《避碰规则》）规定了船舶在公海以及其他可航水域（包括海湾、海峡、领海和专属经济区）航行中有关船舶驾驶技术等方面的问题。《避碰规则》也适用于船舶利用北极航道航行的情况，其中无专门针对船舶在冰封海域航行的规定，但涉及船舶因其尺寸、

---

〔1〕　SOLAS Chapter V safety of navigation, regulation 5, 6, 31, 32.

〔2〕　相关指南和标准包括：海上安全委员会 MSC.43（64）决议，经 MSC.111（73）决议修订，以及 IMO 大会 A.851（20）号关于船舶报告系统和船舶报告要求的一般原则。

设计或其他原因（如遇到冰面时）应如何操作的内容。[1]1979年《国际海上搜寻救助公约》（以下简称 SAR 公约）规定了救助协作中心的建立、船舶定位报告系统以及救助设施迅速进入他国领海等方面的规定。公约缔约国必须确保作出安排，在其沿海水域提供适当的搜救服务。国际海事组织已在全球建立了13 处主要的搜救区域，区域附近的沿海国被指定为搜寻和救助地区。[2]

　　建立有效的早期预警系统对提升船舶操作安全、减少环境损害有着重要作用。国际海事组织采用了全球海上遇险和安全系统（GMDSS），所有超过300 吨位的船只和客船都必须配备该系统下的通信和警报系统。20 世纪 70 年代，国际海事组织协同国际海道测量组织（International Hydrographic Organization）建立了世界航行预警系统（World-Wide Navigational Warning System），将全球海洋划分为 16 个航行预警区（NAVAREAs），每个区域指定一个国家负责发布航行信息，不久之后又建立了气象服务区（METAREAs），与航行预警区的范围保持一致。随着北极水域通航条件渐渐提升，国际海事组织意识到有必要将这一预警服务扩展至北极水域。在国际海事组织、国际海道测量组织和世界气象组织协作下，2008 年国际海事组织无线电通信搜救分委会（COMSAR）同意在北极地区运行一个通用海洋安全广播系统，在北极海域建立了五个航行预警区/气象服务区的测试，由加拿大、挪威和俄罗斯担任航行协调和服务提供国，2011 年已经达到全面运行状态。[3]

二、海洋环境保护领域

　　1973 年《防止船舶污染国际公约》及其 1978 年议定书（以下简称MARPOL 73/78）为防止船舶污染建立了国际标准。MARPOL73/78 的六个附件分别规定了防止和控制船舶溢油（Ⅰ）、有毒液态物质（Ⅱ）、包装有害物质（Ⅲ）、阴沟淤泥（Ⅳ）、垃圾（Ⅴ）和气体排放（Ⅵ）。MARPOL73/78

---

〔1〕　白佳玉："北极航道利用的国际法问题探究"，载《中国海洋大学学报（社会科学版）》2012 年第 6 期。

〔2〕　International Convention on Maritime Search and Rescue, IMO, http://www.imo.org/en/About/Conventions/ListOfConventions/Pages/International-Convention-on-Maritime-Search-and-Rescue-（SAR）.aspx.

〔3〕　"Expansion of World-Wide Navigational Warning System into Arctic waters marked by IMO, WMO and IHO chiefs", http://www.imo.org/en/MediaCentre/PressBriefings/Pages/11-arctic.aspx#.WRwUKBhY7q0, 最后访问日期：2018 年 8 月 17 日。

并未包含所有可能的船舶排放废物污染海洋环境的情形。附件 I 可以在预防含油压载水和舱底水排放方面适用；附件 IV 制定的阴沟淤泥管理规则适用于 400 总吨及以上船舶，或者载运超过 15 人的船只；附件 V 在禁止船舶将塑料制品废弃入海的同时，允许船舶将一些正常操作中产生的垃圾倾倒入海，这也取决于船舶到岸的距离；附件 VI 允许缔约国宣布特殊硫化物排放控制区域，船舶燃油所含硫化物应低于特定指标。

如果附件 I、附件 II 和附件 V 不足以保护海洋环境中的敏感区域，国际海事组织可以基于海洋学、生态学和航运状况来指定特殊区域对特定海域进行保护。除特殊区域外，国际海事组织也可通过指定特别敏感区（PSSAs）来保护特殊海域。国际海事组织制定了《特别敏感区鉴定及指定导则》，要求指定特别敏感区需满足三方面条件，包括：（1）该区域必须具备导则中所规定的特征；（2）国际航运会带来海域环境某种程度的脆弱；（3）可运用国际海事组织指定的方法来解决特定的敏感问题。[1]如果不指定特别敏感区，也可通过 SOLAS 公约选择适当的保护措施。值得注意的是，南极地区已经被指定为附件 I、II 和附件 V 中的特殊区域，禁止在南极地区排放油或油类混合物、有毒液体物质或含有此类物质的混合物、塑料及其他垃圾，2011 年起又禁止在南极地区使用和运输重油。然而，类似零排放的高标准尚未在北极海域建立。

为了有效控制和降低船舶有害防污底系统对海洋环境的影响，国际海事组织于 2001 年 10 月正式通过《控制船舶有害防污底系统国际公约》（以下简称 AFS 公约），禁止国际航行船舶施涂、重涂、安装或使用有害防污底系统，2008 年 9 月 17 日生效。中国已经批准加入该公约，自公约 2011 年 6 月 7 日对中国生效起，任何中国籍国际航行船舶不得在船壳上、外部构件或表面上涂有有机锡化合物的防污漆；对于已涂有有机锡化合物的防污漆，可以用一个封闭涂层覆盖不符合防污底要求的防污底系统，以防止有机锡化合物的渗出。国家海事局发布海船舶〔2011〕277 号文件实施该公约：要求从事国际航行的 400 总吨及以上的中国籍船舶须持有《国际防污底系统证书》；从事国

---

〔1〕 白佳玉："北极航道利用的国际法问题探究"，载《中国海洋大学学报（社会科学版）》2012 年第 6 期。

际航行的船长为 24 米及以上但总吨位小于 400 总吨的中国籍船舶，须持有一份船东或船东代理签署的《防污底系统声明》，该声明须附有适当的凭证（如油漆收据或合同发票）或适当的签字。

在国际船舶运输过程中，加装压载水对保证空载时船舶的平衡稳定性非常重要，然而压载水中会携带包括细菌等微生物在内的各种水生物，导致全球海域内的海洋生物入侵，成为海洋的四大危害之一。2004 年国际海事组织制定了《船舶压载水和沉积物控制和管理公约》，随着芬兰加入公约，该公约已于 2017 年 9 月 8 日正式生效。公约旨在减少或最大限度地避免有害水生外来物种随船舶压载水引入到非原生地的海洋生态系统中，其内容主要涉及控制和管理船舶压载水及沉积物可采取的技术标准。

三、船员配备与培训

国际海事组织制定了 1978 年《海员培训、发证和值班标准国际公约》（以下简称 STCW 公约），首次在国际层面为船员培训、发证和值班制定了基本标准，而此前均由各国自行制定，标准差异大。公约为有关船员培训、发证和值班制定了最低标准，各缔约国有义务制定和执行不低于公约要求的规则。该公约主要用于控制船员职业技术素质和值班行为，公约的实施对提高各缔约国海员素质，在全球范围内保障海上人命安全、财产安全和保护海洋环境，有效地控制人为因素对海难事故的影响起到积极的作用。该公约于 1984 年生效，并在 2005 年和 2010 年先后通过两次大的修订，八个北极国家均是缔约国。在 1995 年的修订中，增设了配合公约和附则技术性要求的更为具体的《海员培训、发证和值班规则》（以下简称 STCW 规则），要求缔约国向 IMO 报告为保证遵守而采取的管理措施。北极恶劣的气候条件给在极区操作的海员提出严峻挑战。2010 年 6 月 25 日，马尼拉修正案通过，2012 年 1 月 1 日生效，针对新出现以及未来一段时间将出现的新问题作出了规定，目的是使STCW 公约和规则能够满足现实发展的需要。例如，规定了预防吸毒和酗酒的新要求，更新了海员营养健康标准，提出了与电子海图和信息系统等现代技术培训有关的要求，有关海洋环境保护意识的培训要求以及领导和团队合作的要求，保证海员在面对海盗攻击时能够有效应对等方面的安全培训要求，引入现代培训方法等。[1]

极区水域地理位置偏远，水文、海洋、气象、冰河现象独特，在搜救、援助和疏散人员和处理环境污染问题时会遇到严重的操作和后勤保障困难，所以在极区操作的船舶，船长和高级船员需要特殊的培训、经验和相关资格。为此，国际海事组织新近通过的强制性的极地水域航行规则要求在冰区航行时要配备冰区驾驶员，冰区驾驶员应具有能表明其合格地完成了冰区航行培训课程的书面证明。该培训课程需要提供在极地冰覆盖水域航行所需的知识和技能，涉及对冰的形成和特点、冰的运动等问题的认知，冰区分布图和电报码、冰况预报等的使用，冰区护航作业，浮冰造成的船体应力，浮冰堆积对船舶稳性的影响以及破冰作业等方面的知识。STCW 公约还对冰区航行和航线设计提出强制培训要求，同时批准使用认可的训练模拟器来达到训练的要求和标准，此外，还要求对相关船员进行规章制度的培训，特别是环北极地区国家的一些特殊规定。对于冰区驾驶员要求具有在航行船舶或破冰船舶甲板上 30 天的值班经历以及 20 天的极地航行经历。俄罗斯 2013 年修订的《北方海航道水域航行规则》对船长在北极冰区航行经历由原来的 15 天增加到了3 个月。为满足 STCW 公约马尼拉修正案的新要求，并与国内履约法规相协调，我国交通运输部 2013 年修订《船员培训管理规则》时并未针对极地航行设立特殊培训项目。

此外，自 1920 年开始，国际劳工组织就制定了超过 70 个国际公约和建议来解决海上劳动条件标准和生活标准问题，涉及休息和工作的时间、住宿、职业安全和健康、工资、食物和医疗服务等方面。国际劳工组织在综合和修订这些早期建议的基础上出台了 2006 年《海事劳工公约》[2]，该公约于2013 年 8 月 20 日生效，截至 2015 年 3 月，已有占世界船舶总吨位超过 80%、共 66 个国家批准加入。[3]公约的两个基本目标是保证世界范围内对海员权利的全面保护，致力于为海员提供体面工作和生活条件的国家和船东建立一个

---

〔1〕 International Convention on Standards of Training, Certification and Watchkeeping for Seafarers (STCW), http://www.imo.org/en/About/Conventions/ListOfConventions/Pages/International - Convention - on-Standards-of-Training, -Certification-and-Watchkeeping-for-Seafarers- (STCW) .aspx.

〔2〕 Maritime Labor Convention, 2006, Fourth edition, 2015.

〔3〕 Maritime Labor Convention, 2006, Fourth edition, 2015.

公平的竞争环境，使船员免受不公正的竞争。

四、商航民事责任领域

北极航道能够有潜力形成较大规模海运的货物主要是液化天然气和集装箱。从 2009 年欧盟 27 国对中国进出口主要商品的构成来看，中欧间贸易货物多为适箱货，运营船舶也以集装箱船为主。另外，北极拥有非常丰富的自然资源。据美国地质调查局 2008 年发表的报告称，在全世界尚未发现的矿藏量中，20%的石油和30%的天然气埋藏在北极圈。而且，随着邮轮旅游业的迅猛发展，北极将会成为人们旅游的热衷地。当船舶在北极发生航海事故导致人身伤亡和财产损害，特别是油污损害时，船舶所有人可能承担的赔偿责任的额度是值得利用北极航线开展商业航运的企业关注的问题。

目前，国际海事组织有关船舶油污损害赔偿的国际公约有 1992 年《国际油污损害民事责任公约》及其 2000 年议定书、1992 年《设立国际油污损害赔偿基金国际公约》及其 2000 年议定书和 2003 年补偿基金议定书、2001 年《船舶燃油污染损害民事责任公约》以及尚未生效的 1996 年《国际海上运输有毒有害物质损害责任和赔偿公约》及其 2010 年议定书。

除美国以外，其他七个北极国家都加入了 1992 年《国际油污损害民事责任公约》和 1992 年《设立国际油污损害赔偿基金国际公约》，俄罗斯还加入了基金公约 2000 年议定书，加拿大和北欧五国加入了 2003 年补偿基金议定书。这些公约构成了船舶所有人民事赔偿责任的有效机制，对受害方提供了双重甚至三重的保护机制。相比之下，由于我国未加入基金公约，受损方不能得到更为充分的补偿，而船东要独自承担民事赔偿责任，这无论是对我国受害方还是船方都极为不利。在散装油类货物污染的损害赔偿方面，我国仅加入了《国际油污损害民事责任公约》和《设立国际油污损害赔偿基金国际公约》，但后者仅在香港地区适用。

在燃油污染责任方面，北极八国中除了美国适用其国内法《美国责任限制法》，其他国家都适用《1976 年海事赔偿责任限制公约》1996 年议定书所规定的责任限额，该限额远远高于我国《海商法》规定的额度。而且，根据《1976 年海事赔偿责任限制公约》1996 年议定书的要求，船东应投保强制责任保险或者提供相应的财务担保，否则，船舶不被允许进入北极沿海国港口。

这会加重我国船舶所有人的经济负担。

在与海上旅客运输有关的人身伤亡和行李损害赔偿方面，俄罗斯与我国都加入了《1974年海上旅客及其行李运输雅典公约》。加拿大虽然未加入相关国际公约或其议定书，但通过其国内法《加拿大海事责任法》使得《1974年海上旅客及其行李运输雅典公约》及其1990年议定书在国内生效。美国有关海上邮轮旅游人身伤亡的准据法是《美国海事法》。北欧五国中，除挪威加入《1974年海上旅客及其行李运输雅典公约》2002年议定书外，瑞典、芬兰、丹麦和冰岛都统一适用欧盟有关海上旅客人身伤亡和财产损害的法律，即《欧洲议会和欧盟理事会关于海上事故发生时承运人责任2009年第392号条例》，但实际效果是一样的。我国加入的公约在责任限额上比其他国家要低，且无强制责任保险的要求，这同样会使得我国船舶所有人面临因未提供保险证书或财务担保而被禁止进入北极沿海国港口的风险，影响我国船舶的顺利航行。

在海商法方面，美国属于北极国家中比较特殊的国家。美国政府在Exxon Valaez油轮事故后，颁布了《1990年美国油污法》，对在美国区域内发生的油污损害规定了船东、经营人和光船承租人的严格责任制，同时对油轮和其他各类船舶做出了严格要求。美国没有加入上述任何有关民事责任的国际公约，美国国内有关海上邮轮旅游人身伤亡的准据法是《美国海事法》，有关的油污立法主要有《1990年美国油污染法》，建立了国内船舶油污损害赔偿机制，成为世界上船东责任限制最高、基金补充最多的国家。而在海事赔偿责任限制方面适用《美国船东责任限制法》，该法明确规定：所有船主均可依据本法提起责任限制之诉，不考虑船主的国籍、航程出发地、目的地以及损害的发生地；从事往返美国和其他国家间运输的船主，不得以任何形式的协议和任何人约定有关海事损害赔偿责任的免除、责任限制的金额、损害的衡量等事项，所有有关责任限制的约定和协定都被视为无效的并且违反美国的公共政策。[1]

第二节　有关冰区航行的专门性文件

随着北极海冰消融和北极地区经济开发活动的增长，极地水域船舶交通

---

〔1〕　邢娜："美国海事责任限制的法律适用"，载《武汉大学学报（哲学社会科学版）》2009年第5期。

量有逐渐增长的趋势，引发北极国家对极地海上航行安全问题的重视。为了弥补一般性国际海事公约在防范北极航行特殊风险上存在的不足，国际海事组织先后出台了一些针对冰区航行的专门规则。

一、《北极冰覆水域船舶操作指南》

德国最早提议以 SOLAS 修正案的方式制定专门的北极航行规则，自 1993 年在 IMO 框架内便开始了制定极地水域船舶航行安全规则的工作。经过多年的努力，到 2002 年，国际海事组织海洋环境保护委员会及海上安全委员会先后通过了《北极冰覆水域船舶操作指南》（Guidelines for Ships Operating in Arctic Ice-covered Waters，以下简称《北极指南》）[1]，作为对已有一般性国际航行标准的补充。[2]该指南适用于在北极冰覆水域航行的船舶，其范围为北纬 60 度以北、海冰密集度在十分之一以上并给船舶带来结构性风险的水域，如图 4-1 所示。该指南在适用的船舶方面沿用了 SOLAS 的范围，适用于客船以及 500 总吨及以上的用于冰上国际运输的货船，排除了载重小于 500 吨的渔船、游艇、木船、货船等的适用。

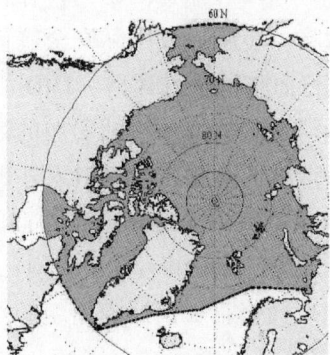

图 4-1　《北极冰覆水域船舶操作指南》的最大适用范围[3]

---

〔1〕　IMO MSC/Circ. 1056-MEPC/Circ. 399, Guidelines for Ships Operating in Arctic Ice-covered Waters.

〔2〕　指南的制定背景及历史参见 Øystein Jensen, "The IMO Guidelines for Ships Operating in Arctic Ice-covered Waters: From Voluntary to Mandatory Tool for Navigation Safety and Environmental Protection", FRIDTJOF NANSENS INSTITUTE Report, 2007.

〔3〕　IMO MSC/Circ. 1056-MEPC/Circ. 399, Guidelines for Ships Operating in Arctic Ice-covered Waters.

指南分为四部分，针对船舶建造、装备、操作以及环境保护和损害控制作出了细致的规定。A 部分规定了新造北极运输船舶在恶劣自然条件下的建造和稳性的内容，要求船舶应能抵御因船壳被北极冰川刺穿而引发的海水涌入，船舶在装备和操作实践中应将对环境的损害降至最低。B 部分是关于防火安全、火情探测和熄灭系统、救生装备和救生安排以及航运设施的规定，要求所有极地船舶备有自动鉴别系统，船上携带全封闭救生船。C 部分是关于船舶操作、船员培训和应急措施的内容。相关要求例如，船上应备有操作日志和在冰封区域有关操作训练的手册，应当对船员进行冰封区域航行的专门训练，并且所有在北极冰封海域航行的船舶都应具备至少有一位经验丰富的引航员。尽管该指南没有对船员培训的问题做出全面规定，但已经强调了冰封海域航行前进行特殊培训的必要性。D 部分是关于北极冰封海域航行中保护环境和控制危险的规定。根据要求，所有在北极冰封海域航行的船舶应装备充分，并且船员要经过相关培训，能够对船壳的损害做出有效和及时的反应，在发生船舶污染时对污染进行有效控制。

尽管该指南没有强制约束力，但 IMO 鼓励各国通过将该指南纳入国内法使其得到适用。这一指南为后续制定具有法律拘束力的极地航行规则奠定了基础。南极海域的航行安全和环境保护问题同样存在，且因南极主权冻结缺乏沿海国和港口国执法保障，违反一般国际安全航行标准的事件常得不到有效制止。针对南极海域航行面临的特殊风险，IMO 海洋环境保护委员会先后讨论了多项有关南极航行议题的提案，包括船舶的冰区加强标准，禁止重原油、油类、废水、废物的排放，通过压舱水引入外来物种问题，建立船舶交通监测和信息系统等。2004 年第 27 次南极条约协商国会议也邀请了国际海事组织考虑修订当时只适用于北极海域的《北极指南》，使其适用范围覆盖到南极条约冰封水域。[1]经过磋商修订，国际海事组织于 2009 年在第 26 次大会上决议通过了《极地水域船舶操作指南》（Guidelines for ships operating in polar waters），实际上已经对《北极指南》进行了彻底修订。新的指南将适用范围扩展至南极和北极的全部水域，而不限于北极海域的冰覆水域。这些规定是

―――――――

〔1〕 A. Blanco-Bazán, "Specific Regulations for Shipping and Environmental Protection in the Arctic: The Work of the International Maritime Organization", *The International Journal of Marine and Coastal Law*, vol. 24, 2009.

考虑极地水域特殊气候条件及航行安全和防止污染的适当标准而制定的，是超越了现有国际海事公约要求的额外必要标准，然而指南是建议性质的，依赖船旗国、船方的自愿遵守，没有强制约束力，也不妨碍有关国家航行管控的国内法制度。

二、《远离搜救设施区域营运客船加强应急计划指南》

2006 年 3 月 6~10 日，国际海事组织无线电通讯和搜索救援委员会在其举行的第十次会议上提出了《远离搜救设施区域营运客船加强应急计划指南》（Enhanced contingency planning guidance for passenger ships operating in areas remote from SAR facilities）[1]的相关内容。2006 年 5 月 10~19 日，国际海事组织海上安全委员会在其第 81 届会议上批准通过该指南，并希望成员国政府和国际组织向相关人员进行推介。该指南主要包括三部分：一是依据 SOLAS 公约、SAR 公约和 ISM 规则相关规定，客船的应急计划应在远离搜救设施的区域开展；二是搜救区域合作计划应当加强远离搜救设施区域的船舶操作；三是远程区域作业的风险应进行评估和计划。该指南同时对上述三部分内容涉及的相关因素、条件、方法等作出了细则规定。

三、《冷水生存指南》

同样在第 81 次会议上，国际海事组织海上安全委员会通过了《冷水生存指南》（Guide for Cold Water Survival 2006）[2]。该指南针对船员、乘客和救援者等因暴露于寒冷之中而可能危及生命的各种危险，提供如何预防和减少这些危险的建议措施，旨在为在寒冷水域营运的客船开展自救和他救活动提供实用性的指导。IMO 鼓励成员国政府和国际组织向有关航运主体发布和宣传，海上安全委员会在 2012 年 11 月召开的第 91 次会议上通过了针对《冷水生存指南》的修正案[3]，吸收了最新的医疗和科学观点，制定了有效预防和减少相关危险的措施。指南介绍了暴露于冷水中的危害及其影响，在弃船前

---

〔1〕 MSC. 1/Circ. 1184, Enhanced contingency planning guidance for passenger ships operating in areas remote from SAR facilities.

〔2〕 MSC. 1/Circ. 1185, Guide for Code Water Survival.

〔3〕 MSC. 1/Circ. 1185/Rev. 1, 30 November 2012.

可以采取的提升生存机会的措施，在生还期间应当采取哪些措施维持生命，在救援期间搜救人员如何对从冷水中或救生艇中获救的人员进行救助等。

四、《偏远区域营运客船的航行计划指南》

2008 年 1 月 3 日，国际海事组织在第 25 届会议上颁布实施了《偏远区域营运客船的航行计划指南》（Guidelines on voyage planning for passenger ships operating in remote areas）[1]。随着远洋邮轮旅游的日益普及，越来越多的客船开始航行于偏远地区，其航行计划需要特别考虑到偏远地区的环境特点、有限的资源和导航信息，需要在早先通过的《航行计划指南》[2]的基础上，针对在偏远地区营运的客船制定专门的航行计划指南。根据该指南的要求，详细的客船航行计划应包含水文数据信息、海事安全信息和搜救资源的局限、航行协助及避难场所具体信息；计划在北极或南极水域航行的船只还应当额外评估一些特殊因素，包括关于如何在冰环境下航行的相关知识，关于预期路线附近冰和冰山范围、类型的最新信息，关于前几年海冰状况的统计资料，冰覆水域的操作限制，以及冰区导航员的可利用状况。在规划阶段，详细的航行计划应包括安全区域和禁区、经调查的海洋通道以及紧急情况应急计划；计划在北极或南极水域航行的船舶还应在此基础上考量其他因素，例如由于黑暗、雾天等导致船只驶入海冰区域不安全的状况，与冰山的安全距离，海冰和冰山的存在和驶向海冰区域的安全速度等。在航行计划的执行方面，客船方面应当按要求向管理当局及时汇报先前航行计划的变动，此外，在北极或南极水域航行的船只还应当考虑现有的海冰情况以及驶入海冰区域可能要采取的措施（弃船演习和特种设备的准备）等因素。

第三节　强制性的极地航行规则

为了克服针对极地水域的航行指南缺乏强制约束力的不足，各国在国际海事组织框架内又着手制定了有关极地水域航行的强制性规则，经过近五年

---

〔1〕 IMO Resolution A. 999（25），Guidelines on voyage planning for passenger ships operating in remote areas.

〔2〕 IMO Resolution A. 893（21），Guidelines for voyage planning.

的磋商，国际海事组织通过了《极地水域船舶操作国际规则》（International Code for Ships Operating in Polar Waters，简称《极地规则》）[1]，该规则已于 2017 年 1 月 1 日起生效。这是第一部专门适用于极地海域航行的国际规则，具有广泛的适用性，是保障北极航行安全和环境保护的重要举措，其影响已经逐步显现。

一、《极地规则》的适用范围

《极地规则》的适用范围包括北极水域和南极水域，其中南极水域指南纬 60 度以南的海域，北极水域范围的确定借鉴了《北极指南》的做法，在地理标准基础上增加了海冰覆盖情况的考量，将冰岛和挪威沿岸部分水域排除在适用范围之外，穿越北冰洋航行的船舶以及停靠美国、加拿大和俄罗斯北极地区港口的船舶将会受到《极地规则》的约束。

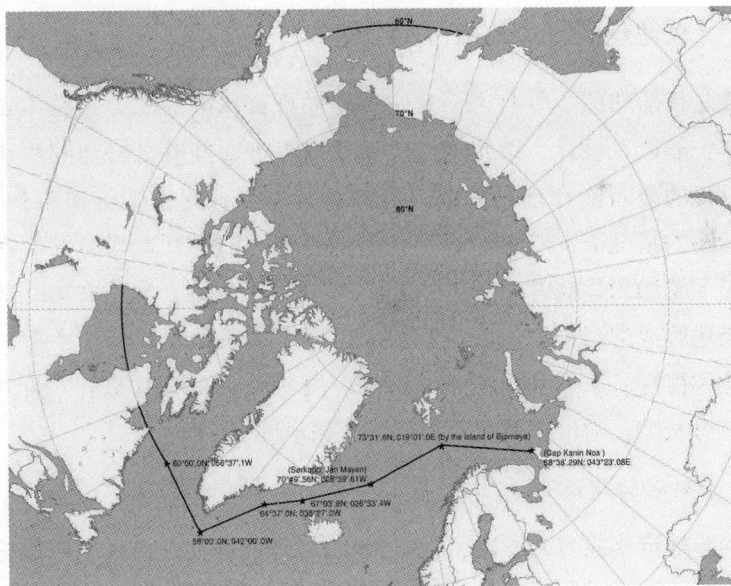

图 4-2 北极水域最大适用范围[2]

---

〔1〕 IMO Resolution MEPC. 264（68），International Code for Ships Operating in Polar Waters.
〔2〕 IMO Resolution MEPC. 264（68），International Code for Ships Operating in Polar Waters.

由于《极地规则》涉及适用范围不同的两个公约，《极地规则》文本本身没有对船舶的适用范围作出统一的规定，而是在修正案中分别针对相关的国际公约的适用范围作了进一步的说明。SOLAS 公约在总则中排除了军用舰艇和运兵船、小于 500 总吨的货船、非机动船、制造简陋的木船、非营业的游艇和渔船。因此关于《极地规则》的 SOLAS 公约修正案第 2 条规定，《极地规则》安全措施适用于在极地水域操作的、根据公约第 1 章发证的船舶，不适用于由缔约国政府所有或运营，且当时只用于政府非商业性服务的船舶。MARPOL 公约一般性地排除适用于军舰、海军辅助船舶或其他国有或国营且用于政府非商业性服务船舶，其中关于油类污染和船舶生活污水污染的两个附则还有特殊规定，MARPOL 公约修正案规定《极地规则》的环保内容适用于所有极地水域操作的船舶。因此，目前《极地规则》的适用对象不包括公务船舶以及仅用于国内航行的船舶，但是鼓励缔约国公务船舶在合理和可行的范围内与该规则的要求保持一致。

二、《极地规则》中的航行安全措施

适航是指船舶的一种状态，意味着船舶抵御风险的能力，具体表现为船舶的船体、船机在设计、结构、性能和状态等方面能够抵御合同约定的航次中通常出现的或者能合理预见的风险，而且应妥善配备船员和装备船舶等。在货物运输的情况下，船舶的适航时间是开航之前和开航当时，而在旅客运输的情况下船舶的适航时间则是整个航程。《极地规则》在正文第一部分全面规定了极地航运应当采取的安全措施，内容涵盖极地水域操作手册、船体结构、分舱和稳性、水密和风雨密完整性、机器设备、消防安全、救生设备和装置、航行安全、通信、航次计划、船员和培训。

（一）船舶的建造

根据船舶抗冰能力的不同，《极地规则》将能够在极地水域操作的船舶划分为三种类型：A 类为可在有当年中冰（可能包括陈年夹冰）的极地水域操作的船舶；B 类为 A 类船舶外，可在有当年薄冰（可能包括陈年夹冰）的极地水域操作的船舶；C 类为旨在开阔水域或在冰况低于 A、B 类程度的极地水域操作的船舶。

由于各船级社实施不同的船舶分类、设计和建造标准，为了统一关于极地水域航行船舶的建造标准，国际船级社协会（IACS）制定了《极地船级统一要求》[1]，2008 年 3 月生效，最近一次修订是在 2016 年 4 月。IACS 目前有 12 个成员船级社，中国船级社也在其中，世界货物运载吨位的 90% 以上受船级社协会成员制定的分类设计、建造和履行规则规范。经成员船级社的管理机构批准后，统一规则就会被纳入到成员船级社的标准和实践中，而且统一规则是最低标准，成员船级社可以制定更加严格的标准。IACS 在成立之初就获得了政府间海事协商组织（IMO 前身）的咨询地位，IMO 认可 IACS 对极地船舶的统一要求，《极地规则》中多处提及参照"本组织接受的标准"，例如要求在主管机关核准 A 类船和 B 类船的造船材料和外部消防系统的材料时应参考 IACS 关于极地船级的统一标准。

《极地船级统一要求》将能够在极地水域航行的船舶分为 7 个级别，从 PC7 到 PC1，船舶在冰覆水域的操作能力逐渐增强。IACS 关于极地船舶的统一要求对船体本身规定了船壳、设计冰荷载、峰值压力系数、壳板要求、结构稳定性、纵向强度、附属物、焊接等方面的特殊要求，此外极地船舶的推进装置、舵机、紧急和辅助系统机械也应满足额外的标准。

表 4-1　船舶极地级别描述

极地级别	冰况描述
PC 1	在所有冰覆水域航行
PC 2	在中等厚度的多年冰状况下航行
PC 3	在第二年冰（可能包含多年夹冰）的状况下航行
PC 4	在当年厚冰（可能包含旧夹冰）的状况下航行
PC 5	在中等厚度的当年冰（可能包含旧夹冰）的状况下航行
PC 6	在薄到中等厚度的当年冰（可能包含旧夹冰）的状况下航行
PC 7	在薄的当年冰（可能包含旧夹冰）的状况下航行

---

[1] International Association of Classification Societies, Requirements concerning Polar Class, http://www.iacs.org.uk/document/public/Publications/Unified_ requirements/PDF/UR_ I_ pdf410.pdf.

根据《极地规则》的规定，计划在南北极水域从事船舶营运必须申领并配备有效的极地船舶证书（Polar Ship Certificate），极地船舶证书只有经初次检验或换证检验符合本规则相关要求后才能签发。只有持有《极地规则》要求的极地船舶证书才能进入极地水域操作。极地船舶证书应根据附录中的模版制定，并附上极地船舶证书设备记录。极地船舶证书应提供船舶船籍港、IMO 编号、级别、类型等信息，并证明船舶经检验符合规则的各项要求。同时，所有极地船舶都应随船携带极地水域操作手册（Polar Water Operation Manual，PWOM），极地水域操作手册的功能是给船舶所有人、经营人、船长和船员提供有关船舶操作能力和限制的充分信息，以支持其科学决策，手册的内容应包括操作能力和限制、船舶操作、风险管理以及联合操作等内容。以附则中提供的 PWOM 模版〔1〕为例，船舶操作能力和限制可以从冰区操作、低气温下的操作、在高纬度的通信和导航能力以及航次持续时间若干角度进行评估；船舶操作可以包括战略计划、接受环境条件预报安排、水文、气象和航行信息的核查、专用设备的操作、维护设备和系统功能的程序；风险管理包括有限环境条件下的风险减轻、应急响应、与应急响应服务的协调、在冰区长时间受困时维持生命补给和保持船舶完整性的程序；联合操作应包含要求或提供破冰护航服务的沿岸国制定的规则和程序。

极地航行船舶应具有结构的完整性，足以应对以下风险：一是船体与海冰碰撞引起的可预期的载荷，如船舶破冰载荷；二是船体可能遇到的意外的冰载荷，如大块坚硬浮冰的冲击、冰块在压载舱内坠落等；三是船体材料的低温脆裂。分舱和稳性方面，在有可能发生积冰的地区和时段作业的船舶，在完整条件下应具备足够的稳性，且应提供用以消除或防止舱口和门周围积冰和积雪的方法。2017 年 1 月 1 日以后建造的 A 类和 B 类船应当具备足够的稳性以承受与冰相关的破损。

（二）船舶的装备

针对极地水域海冰、积冰、低温等航行条件，在极地水域航行的船舶应保证机器设备、消防安全、救生设备和装置以及通信设备足以适应这些影响

---

〔1〕《极地规则》的中译文参考上海海事局和上海海事大学共同组织编译：《极地水域船舶作业国际规则（极地规则）》，上海浦江教育出版社 2015 年版。

航行安全的自然状况。[1]

具体来说，机器设备及相关设施应得到保护，以防止积冰、积雪或吸入冰雪带来的不利影响，对预定在低气温下操作的船舶，应保证暴露在外部环境中的机电设施和设备能在极地服务温度下运行。为了确保消防安全系统和设施的有效性和可操作性以及脱险通道可用，应对露天位置的消防系统和设施加以保护使其免遭冻结、积雪和积冰破坏，保证无线电通信设备在极地服务温度下可用，现场设备和机械控制装置应安放在不结冰的舱室。

在安全逃生方面，采取防止和去除结冰和积雪的措施，保持逃生线路、集合站、登乘区域、救生艇筏及其降落设备和通往救生艇筏通道的通畅和安全，露天逃生路线应布置成不至于阻碍穿着极地服装人员通行的路线。为了实现安全救生，客船应为每个船上人员提供一套大小合适的保暖救生服和保温用具，预定在黑暗中长时间操作的船舶，还应为每艘救生艇提供便于识别冰的可连续使用的探照灯。船舶应提供个人救生设备和集体救生设备，其中救生艇应当部分或全部封闭，能够保护船上人员提供防风抗寒和保暖功能。

考虑到船舶通信系统在高纬度和低温环境下的限制，船舶的通信设备应具备船对船和船对岸的通信能力，所有救生艇应配备发射报警、定位信号、发射和接收现场通信的设备。此外，船舶应当有接收和显示目前操作海区航海冰情信息的方法，配备两台回声探测仪和两套用来确定和显示其船首向的非磁性装置，对航行纬度超过 80 度的船舶应至少配备一套 GNSS 罗经或者等效设备。

（三）船员的配备

北极水域被大片海冰覆盖，水文、气象条件恶劣，北极地区位置偏远，现有海图、助航设备等都存在严重不足，当地的搜救和能力有限，这些都给在北极航行的船舶带来了严重挑战，给航行安全增加了巨大的风险。对于在极区操作的船舶，其船长和高级船员需要特殊的培训、经验和相关资格，能够熟悉和应对极地航行的特殊风险。为此，《极地规则》第 I-A 船舶航行安全第 12 章，专门针对极地航行的船长、大副及驾驶员等规定了培训要求，当船

---

[1]　《极地规则》第 6~10 章。

舶在极地水域航行时，船长、大副和驾驶员应满足经修订的 STCW 公约和 STCW 规则关于强制性极地水域操作船舶的船员资格和培训标准[1]。其中，在开阔水域航行的液货船和客船，其船长、大副和驾驶员应取得极地水域操作船舶基本培训证书，在开阔水域以外冰覆水域航行的各类船舶，船长和大副应取得相应的高级培训证书。

表 4-2　不同种类极地船舶配员的适任要求[2]

冰况	液货船	客船	其他船舶
无冰	不适用	不适用	不适用
开阔水域	船长、大副和驾驶员基本培训	船长、大副和驾驶员基本培训	不适用
其他水域	船长和大副高级培训；驾驶员基本培训	船长和大副高级培训；驾驶员基本培训	船长和大副高级培训；驾驶员基本培训

根据 STCW 公约有关《极地规则》修正案的规定，每个申请极地水域操作船舶基本培训证书的申请人，应完成认可的基本培训，并达到 STCW 规则规定的适任标准。申请极地水域操作船舶高级培训证书的申请人应满足以下条件：（1）符合极地水域船舶基本培训发证要求；（2）具有至少 2 个月极地水域内在甲板担任管理职务或履行操作及航行值班职责的海上服务资历，或其他等效认可的海上服务资历；（3）完成基地水域操作船舶高级培训，达到 STCW 规则的适任标准。STCW 规则针对极地水域船员的培训专门做了修订，培训合格证包括基本培训合格证和高级培训合格证两个层次，分别制定了极地水域船舶操作基本培训和高级培训的最低适任标准，具体列举和说明了适任的能力，应当具备和掌握的知识和能力，并提供了表明适任的方法和评价适任的标准。以基本培训为例，培训包含对航行区域及其冰的特点、冰区和低气温状况下船舶的性能、冰区操作和操作船舶的知识和能力、法规方面的基础知识、船员准备、工作条件和安全方面的基础知识以及环境因素和法规

---

[1]　包括 STCW 公约附则（V/4），STCW 规则 A 部分（A-V/4）和 B 部分（B-V/4）修正案。

[2]　《极地规则》第 12 章：配员和培训。

的基础知识等内容。[1]为了持续在极地水域操作船舶上从事海上服务，持证人还需每五年重新检验，以保持相应的专业适任能力。

三、《极地规则》中的船舶排污标准

《极地规则》部分规定了极地水域船舶航行应当采取的防污措施，在MARPOL附则的基础上对防止油类污染、散装有毒液体物质污染、船舶生活污水和船舶垃圾污染提出了更高的要求。[2]由于南极地区已经被指定为附件Ⅰ、Ⅱ和附件Ⅴ中的特殊区域，在污染物排放方面适用了严格的标准，《极地规则》防止污染这部分措施重在弥补北极海域要求不足的情况。

规则禁止任何船舶在北极水域排放油或油类混合物，船舶结构层面，要求2017年1月1日及以后建造的燃油总量低于600立方米的A类船和B类船，所有的燃油舱、所有的残油（油泥）舱和含油舱底水储存舱均应被分隔距外船壳不少于0.76米的距离。对5000载重吨以下的A类船和B类油船，整个货舱总长应遵循MARPOL公约附则Ⅰ第19.6.1的要求受双层底舱的保护，边舱应按照MARPOL公约附则Ⅰ第19.3.1的规则布置并符合19.3.2的距离要求。

规则还禁止在北极海域排放任何有毒液体物质或含有此类物质的混合物，要求2017年1月1日及以后建造的A类船和B类船在装运《散装运输危险化学品船舶构造和设备国际规则》（International Code for the Construction and E-quipment of Ships Carring Dangerous Chemicals in Bulk）确定的有毒液体物质时应当经主管机关批准。

《极地规则》还对在极地水域排放生活污水有严格的要求，对于经粉碎和消毒的生活污水，船舶应在距最近冰架或固定冰3海里以外并尽可能远离冰密集度超过十分之一的区域排放，对于未经粉碎和消毒的生活污水，船舶应在距最近冰架或固定冰12海里以外并尽可能远离冰密集度超过十分之一的区域排放。

---

〔1〕《海员培训、发证和值班规则》（STCW规则）第A部分的修正案，表A-V/4-1极地水域船舶操作基本培训最低适任标准。

〔2〕《极地规则》第Ⅱ-A部分：防止污染措施。

在北极水域，食品废弃物入海应在距最近冰架或固定冰 12 海里以外并尽可能远离冰密集度超过十分之一的区域，不能排放到冰上。食品废弃物不应被其他种类垃圾污染，且应经粉碎或磨碎，保证能通过筛眼不大于 25 毫米的粗筛。

四、《极地规则》的进一步发展

作为国际海事组织众多成员国以及不同航运利益集团之间谈判、协商的结果，最终达成的《极地规则》文本在环保组织看来仍有缺陷。例如，《极地规则》适用的船舶范围受限于 SOLAS、MARPOL 等公约的适用范围，渔船、游艇和小型探险船并不受其规制。《极地规则》没有禁止船舶在北极海域使用重燃油（燃料）或者将重燃油作为货物运载，由于燃烧重燃油（heavy feul oil）会产生黑碳，当其落在冰雪上时会加速冰雪融化，生态学家对此表示不满。还有观点主张《极地规则》应当完全禁止排放未经处理的污水，而目前规则并没有严禁来自水槽、淋浴、衣物洗涤的非污水废液的排放。[1]

随着环保要求的提高以及科学知识和技术水平的提升，提出新的规制要求和措施可能会被提上议程，从而推动《极地规则》的修订、补充和完善。芬兰、德国、冰岛、荷兰、新西兰、挪威、瑞典和美国已经共同发起提议，禁止在北极水域使用重燃油。IMO 海洋环境保护委员会第 72 次会议决定，指定一个分委员会在评估禁令影响以及在适当的时间尺度上，制定一项关于北极航运中不得使用或运载重燃油的禁令。[2]非政府组织的呼吁和推动发挥了重要作用，由 18 个非政府组织组成的"清洁北极联盟"（Clean Arctic Alliance）致力于终止在北极水域航行中使用重燃油作为船舶燃料，呼吁 IMO 成员国在 2021 年之前迅速采纳并执行一项禁令，从而保护北极社区和生态系统免受石油泄漏和黑碳排放影响。

---

〔1〕 "Environmental Groups Push for Stronger Polar Code"，See https://www. newsdeeply. com/arctic/articles/2016/06/03/environmental-groups-push-for-stronger-polar-code，最后访问日期：2018 年 7 月 16 日。

〔2〕 "IMO Moves to ban HFO from Arctic Shipping"，See https://worldmaritimenews. com/archives/249552/imo-moves-to-ban-hfo-from-arctic-shipping/，最后访问日期：2018 年 10 月 13 日。

第五章

北极航道沿海国航行管制及其协调

《联合国海洋法公约》第234条"冰封区域"条款赋予北冰洋沿岸国家比一般沿海国更大的海域环保管辖权,因此,全面系统地研究北极航道沿岸国有关北极海域航行管制的国内法规则就显得尤为重要。本章分别介绍加拿大、俄罗斯、美国、丹麦、冰岛和挪威六个北极国家的航运管理国内法。其中,加拿大和俄罗斯在北极航道沿线有漫长的海岸线,其国内法管制对北极航线的开发利用有重要的影响。而且,从目前的国家实践看,只有这两个北极国家的国内法超越了一般认可的国际航运规则和标准,其合法性值得推敲。

第一节 加拿大

加拿大强调北极海域生态环境保护的重要性,主张对北极海域制定特殊的航行管控规则,加拿大早在第三次国际海洋法会议前就已经单方面制定了高于当时国际排污标准的法律法规。在《联合国海洋法公约》出台以后,加拿大援引冰封区域条款为国际法依据制定了一系列法律规章,对通行其北极水域的国内外船舶采取了独具特色的单边航行管制措施。海洋环境保护是加拿大北极水域管辖的核心,加拿大制定了一系列防止污染和有关船舶航行安全的法律法规,其中影响最大且至今仍在发挥重要作用的是1970年《加拿大防止北极水域污染法》,此外还包括《加拿大航运法》《加拿大海事责任法》《加拿大海上交通安全法》《加拿大沿海贸易法》和《加拿大劳动法》等,旨在保障船舶航行安全,保护人员生命、健康、财产安全,保护海洋环境,船东和运营者有责任确保他们遵守所有应适用的法律法规。[1]

一、防止北极水域污染措施

(一)《防止北极水域污染法》及管辖范围

受美国"曼哈顿"号油轮穿行事件的刺激,1970年加拿大以北极水域环境脆弱亟需特殊保护为由通过了《加拿大防止北极水域污染法》(Arctic Waters Pollution Prevention Act),该法案经历了几次修订,至今仍然是加拿大防控北极水域污染最重要的法律,继AWPPA出台后,加拿大以其为依据陆续制定了大量具体规章和标准,对进入北极水域航行的船舶提出了具体的制造标准、操舵器械、设备、海图等出版物、无线电通讯、航行期间和区域等要求。[2]其中,两个重要的执行性法规是《防止北极航行污染规定》(Arctic Shipping Pollution Prevention Regulations)和《防止北极水域污染规定》(Arctic Waters Pollution Prevention Regulations)[3]。

1970年这一法案的适用范围为"北极水域",被界定为北纬60度、西经141度以内、从加拿大北极大陆和岛屿向海延伸100海里范围内的水域,事实上将环境管辖权从当时3海里的领海范围单方面扩展至领海基线起100海里的海域范围。加拿大于2009年修订了《加拿大防止北极水域污染法》,将"北极水域"重新界定为北纬60度、西经141度以及专属经济区外部界限围成的区域内的水域,包括加拿大内水、领海及专属经济区的水域。修订前后的地理范围有两点差异:一是空间范围大大扩大。北极水域在外部界限上向海扩展了100海里,达到了专属经济区外部界限,即沿海国管辖海域(此处不包含外大陆架)和冰封区域条款适用范围的最大外部界限。二是水域法律性质得到明确。这种变化是对《联合国海洋法公约》确立的海域制度的回应,也是在配合和重申加拿大领海基线及管辖海域的主张。值得注意的是,尽管法案强调北极水域包含了加拿大内水、领海和专属经济区三种不同性质的水

---

[1] 关于北极航行的加拿大法律法规的一般性列举参见加拿大交通部网站,http://www.tc.gc.ca/eng/marinesafety/debs-arctic-menu-303.htm,最后访问日期:2018年6月9日。

[2] 相关法规的列表见http://laws-lois.justice.gc.ca/eng/acts/A-12/。

[3] 加拿大国内法规除特别说明外,均参考加拿大司法部网站上提供的法规汇编,如《加拿大北极水域污染预防法》的文本见http://laws-lois.justice.gc.ca/eng/acts/A-12/。

域，但事实上该法案及相关法律规章被无差别地适用于加拿大不同性质的管辖海域。

（二）北极水域废物零排放制度

加拿大在北极水域推行废物零排放制度，为防止北极水域受到污染，为在北极地区活动的人和船舶设定了严格的标准。《加拿大防止北极水域污染法》第4条规定，除法规另有规定外，任何人或船舶不得将废物弃置于北极水域，或者在加拿大北极地区大陆或岛屿的任何地点弃置废物，使得在某些条件下这些废物可能会进入北极水域，违反该规定弃置废物或可能造成此种危险的个人或船长应当立刻报告，违规弃置废物将承担严苛的民事赔偿责任。

加拿大这项禁止在北极水域弃置废物的规定是十分严格的，其中，"船舶"指任何种类的用于航行或以航行为使用目的而设计的船只，不论其驱动方式如何。"废物"的范围也十分广泛，包括：（1）加入水中会降低或改变水质或构成降低或改变水质过程的一部分，达到损害人类或动植物使用后果的物质；以及（2）包含一定数量或浓度某物质的水或者经过加热或其他方式处理、加工或改变后的水，将其加入其他水中会降低或改变水质或构成降低或变更水质过程的一部分以致达到（1）中程度；同时，在不影响上述规定一般性的原则下，包括为《加拿大水法》（Canada Water Act）的目的而被认为是废物的所有物质。[1]上述要求适用于任何船舶，并没有排除外国船舶，这意味着进入加拿大北极水域的外国船舶也被要求遵守禁止排放废物的规定，包括外国公务船舶。

违反上述防污要求须承担绝对的民事责任，不以过失或疏忽举证为条件。民事赔偿责任的范围非常广泛，相关诉求均可在加拿大法院起诉获得赔偿，具体包括：根据国务专员指示采取活动的一切费用和附带费用，其他人因废物排放产生的实际损失或损害，加拿大政府认为是正当的旨在挽救或弥补污染情况、减少或减轻已经或即将发生的生命财产损失采取的行动所产生的代价和费用。[2]

---

〔1〕　Arctic Waters Pollution Prevention Act, 1985, 第4条。
〔2〕　Arctic Waters Pollution Prevention Act, 1985, 第47条。

（三）具体种类的废物的排放标准

除非法律规章另有规定，《加拿大防止北极水域污染法》原则上禁止将任何废物排放到北极水域。为了明确限定北极水域允许排放的废物种类和条件，《加拿大防止北极航行污染规定》列举了船舶可以排放废物的情形：一是船上产生的污水可排放[1]，二是严格限定了油污或油类混合物的排放情形。对于油污或油类混合物，只有在出现以下特殊情况时才可以排放：（1）排放是为了救助人命或为防止船舶即将遭受的损失；（2）排放是在已采取所有合理预防措施防止事故的发生来阻止或减少排放却仍然出现船舶搁浅、碰撞或沉没导致的；或（3）排放是通过引擎的排气装置或水下机械组件排出，且这种排放是最低限度的、无法避免并对船舶引擎或组件的运行十分必要。在这些例外情况之外的排放都是被禁止的。[2]

加拿大2012年制定的《船舶污染和危险化学品规定》（Vessel Pollution and Dangerous Chemicals Regulations）是当前具体规范船舶污染物排放的规定，取代了2007年《防止船舶污染物和危险化学品管理规定》[3]。如其序言中所述，这一法规建立的标准是对《防止船舶污染国际公约》（MARPOL 73/78/97）标准的补充，加拿大认为这些额外的补充标准符合公约和议定书的目的。[4]法规禁止船舶排放特定污染物，即油类和油混合物、垃圾以及用于生物杀毒剂的有机锡化合物，有且仅有下列除外情形允许排放[5]：（1）排放是为救助生命、保护船舶安全或阻止即将发生的损失；（2）排放是船舶或其设备损坏导致的航行事故的结果，海员通常操作之外的行动导致的事故除外；（3）排放是水下机械组件操作带来的最低限度、不可避免的油泄漏；（4）排放是合成渔网的附随性损失并采取了所有合理的预防措施防止损失发生；（5）排放是由于船舶或设备受损导致的垃圾排放，并在损害发生之前已经采取所有合理的预防措施防止和减少排放，并在损害发生后采取了相关措施最小化排放；（6）排放是由于船舶或设备受损导致的空气污染，并在损害发生之前已经采

---

〔1〕 Arctic Shipping Pollution Prevention Regulations, 第27条。

〔2〕 Arctic Shipping Pollution Prevention Regulations, 第28条。

〔3〕 Regulations for the Prevention of Pollution from Ships and for Dangerous Chemicals, SOR/2007-86.

〔4〕 Vessel Pollution and Dangerous Chemicals Regulations, SOR/2012-69.

〔5〕 Vessel Pollution and Dangerous Chemicals Regulations, SOR/2012-69, 第4~5条。

取所有合理的预防措施防止和减少排放，并在损害发生后采取相关措施最小化排放量。

2006 年《压舱水控制和管理规定》（Ballast Water Control and Management Regulations）适用于所有加拿大船舶以及在加拿大管辖水域范围内的外国船舶[1]，要求船舶必须随船携带并执行一个压舱水管理计划，并规定了在越洋航行和非越洋航行中压舱水交换的不同要求。对于从事越洋航行的船舶，原则上禁止将在加拿大管辖水域外加载的压舱水排放于加拿大管辖水域内，对于非越洋航行，压舱水交换应当在进入加拿大水域前、离海岸至少 50 海里、水深至少 500 米的区域内进行。[2]

二、北极水域航行安全措施

（一）航行安全控制区制度

为了保障船舶在北极海域的航行安全，加拿大建立了航行安全控制区（shipping safety control zone）制度，在其管辖的北极水域内划定了 16 个航行安全控制区，在船舶建造、装备标准、船舶人员配备、航行时间等方面制定和实施特殊标准，对进入该水域航行的船舶加以管控。从地理范围上看，航行安全控制区与《加拿大防止北极水域污染法》中"北极水域"的范围基本重合，涵盖了加拿大内水、领海和专属经济区范围，细微的差异之处在于航行安全控制区不包括河流、湖泊和其他淡水区域。

《防止北极航行污染规定》规定了 9 种极地级船舶以及 5 种类型船舶（波罗的海规则）的建造标准，并在附表中公布了一个区域-时间系统（the Zone/Date System）[3]，为不同级别的船舶设置了进出各个航行安全控制区域的时间表。根据该区域-时间系统，破冰能力最强的极地 10 级船舶可以全年在所有区域内航行；极地 1 级船舶不能进入安全控制区 1-5，但自 6 月 20 日起就可以逐步进入安全控制区 16-6；对于适用于无冰水域航行的 E 类船舶，在一年中的任何时间都不能进入冰情严峻的安全控制区 1-6 航行。

---

〔1〕 Ballast Water Control and Management Regulations，SOR/2011-237，第 2 条。

〔2〕 Ballast Water Control and Management Regulations，SOR/2011-237，第 6~7 条。

〔3〕 Arctic Shipping Pollution Prevention Regulations，附表 Ⅷ。

这一区域与进出时间的配置相对固定，默认各海区的自然条件每年都较为固定，并不能反映海冰状况的长期变动趋势和年际变化。为了克服这一局限，加拿大于1996年引入了更加灵活的北极冰区航行系统（Arctic Ice Regime Shipping System，AIRSS）[1]，允许船舶在冰情合适的情况下在目前区域-时间系统以外的时间和区域航行，以弥补区域-时间系统的僵化。使用AIRSS系统需要经过描述冰况、确定船舶级别、确定冰区航行数值以及决定船舶是否应当航行或采取替代性航线四个步骤。使用过程中需要精确的航次规划信息、及时的冰情图以及持续的冰情观测信息，并且须考虑能见度、船只速度、机动性、破冰船护航的可获得性以及船员的知识和经验，由于这个系统的运行是基于真实的冰况，加拿大法规要求采用此系统的船舶必须配有具有资质的导航员，并向最近的加拿大海岸警卫队海军通信和交通服务中心提交冰情线路信息和航行后报告。

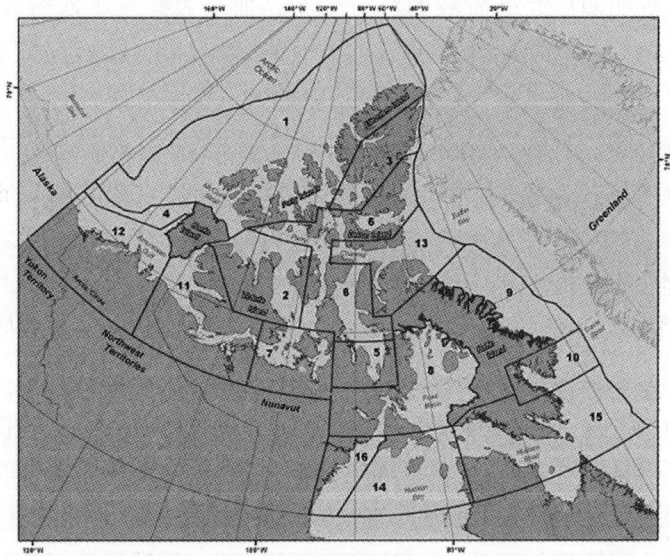

图 5-1　加拿大航行安全控制区[2]

---

〔1〕　关于该航行系统的一般介绍见加拿大交通部网站，http://www.tc.gc.ca/eng/marinesafety/debs-arctic-acts-regulations-airss-291.htm，具体要求见手册 Arctic Ice Regime Shipping System（AIRSS）Standards-TP 12259。

〔2〕　Shipping Safety Control Zones Order，Schedule 2.

根据《防止北极航行污染规定》，总吨数超过 100 吨且运载超过 453 立方米油类物质的船舶必须遵守航行安全控制区内的船舶建造、机械装置等技术标准，加拿大认可北极船舶分级规则和芬兰—瑞典冰级规则（也称波罗的海规范），[1]其他冰级船舶只能在个案的基础上进行等效性评估。[2]加拿大针对国际船级社协会（IACS）制定的《极地级船舶统一标准》（Rquirements concerning Polar Class）[3]做了临时性的政策安排，初步确定了 7 个极地级船舶与加拿大极地级别的对应关系，指定了各级船舶在加拿大北极水域的可通行时间和区域。[4]

为保证航海安全，加拿大还规定在以下几种情况下船舶应当配备冰区导航员（ice navigator）协助，包括：（1）油轮的航行；（2）100 总吨以上的船舶在区域-时间表中 E 类船舶可通航时间之外航行的；（3）使用 AIRSS 系统航行的船舶。西部途经麦克卢尔海峡的 1 号航道是西北航道中的主要深水航道，[5]其航运潜力最大，根据加拿大要求配备冰区导航员的规定，波弗特海北部、麦克卢尔海峡以及梅尔维尔子爵海峡均在应当配备冰区导航员的范围内，因此如果走深水航道，不可避免要配备符合加拿大资质的冰区导航员。

此外，根据 1995 年《海图及航海出版物规定》（Charts and Nautical Publications Regulations），对加拿大船舶以及在北极水域航行的外国船舶，船长或船东应当保证船上备有该航行区域最新版本的海图、文件和出版物。加拿大海鼓励所有船舶在进入航行安全控制区航道之前就取得有效的极地证书，作为遵守防污法规的证明，以备检查。

（二）交通服务区制度及强制报告要求

《加拿大航行法》赋予加拿大政府广泛的法规制定权，可以为保护海洋环境保护对污染物排放、运载、报告、压舱水管理、船舶设计建造标准等事项

---

〔1〕　Arctic Shipping Pollution Prevention Regulations，附表 V、VI、VII。

〔2〕　Arctic Shipping Pollution Prevention Regulations，第 11 条。

〔3〕　国际船级社协会 2007 年制定了《极地级船舶统一标准》，包括极地级别描述和应用、极地船舶的结构要求以及极地级别船舶的机械要求等三部分，随后经过三次修订，最新一次修订时间为 2016 年 4 月，文本可以从以下网站获得，http://www. iacs. org. uk/media/3780/ur_ i_ pdf410. pdf。

〔4〕　国际船级社协会极地级船舶统一标准在加拿大北极水域的适用，Bulletin No：04/2009，来源 http://www. tc. gc. ca/eng/marinesafety/bulletins-2009-04-eng. htm。

〔5〕　这里的航线划分采用加拿大法兰德的观点，国内著作中也有引述。

制定管理法规，对航行于加拿大水域（内水、领海）及其专属经济区范围内的所有船舶适用，包括外国船舶。[1]此适用范围与环境法规的授权都与《北极水域污染预防法》的规定一致，起到了相互补充的作用。

《加拿大航行法》建立了交通服务区（Vessel Traffic Service Zones）制度，对通行船舶提出了报告、提交信息、保持通讯等方面的要求。具体来说：（1）船舶在进入、离开或航行于一个船舶交通服务区时要提前取得通关（obtain a clearance）；（2）只有在保持与海上通讯和交通服务官员直接通讯的情况下才可前进；（3）要服从海上通讯和交通服务官员的指示，应其要求提供相关信息，按其指示与岸上站点进行通讯，或进行其他航行操作。[2]加拿大较早通过《船舶交通服务区规定》和《东部船舶交通服务区规定》，在其西海岸和东海岸建立了强制性的航行安全区制度，详细规定了船舶通讯和报告时间、操作标准、程序。而加拿大北极水域长期使用自1977年引入、非强制性的交通系统NORDREG，2010年《北方船舶交通服务区规定》的出台改变了NOR-DREG的自愿性质，报告成为通行加拿大北极水域船舶的强制性要求。

受海冰消融、资源开发、旅游活动增加的综合影响，近年来通行加拿大北方海域的船舶数量有大幅增长的趋势，[3]北极航运活动可能带来的风险、挑战推动了北极沿海国家、北极地区及国际社会北极航运法规和政策的发展和变化。加拿大建立了北方船舶交通服务区（NORDREG），要求300总吨以上、运输污染物或危险货物的船舶在进入交通服务区之前、航行过程中以及离开时均应当向加拿大交通系统报告信息，取代了北极水域实施多年的非强制性的报告系统。[4]这一规定的出台在当时受到美国等国家的质疑，他们指责加拿大实施强制报告机制没有经过国际海事组织的批准，而加拿大援引

---

〔1〕 Canada Shipping Act, 2001, 第190条。

〔2〕 Canada Shipping Act, 2001, 第126条。

〔3〕 据统计，通行西北航道的航次从20世纪80年代的每年4次增长到2009~2013年的每年20~30次。参见 Trends in shipping in the Northwest Passage and the Beaufort Sea, http://www.enr.gov.nt.ca/state-environment/73-trends-shipping-northwest-passage-and-beaufort-sea，最后访问日期：2018年6月14日。

〔4〕 加拿大主张这一措施的出台是为了确保对当前和未来海上交通提供最有效的服务，并且符合有关冰封区域的国际法。Vessel Traffic Reporting Arctic Canada Traffic Zone, http://www.ccg-gcc.gc.ca/eng/MCTS/Vtr_ Arctic_ Canada，最后访问日期：2016年4月10日。

《国际海上人命安全公约》第 5 章中的保留条款，主张《联合国海洋法公约》第 234 条的权利优先于海事公约的相关规定。

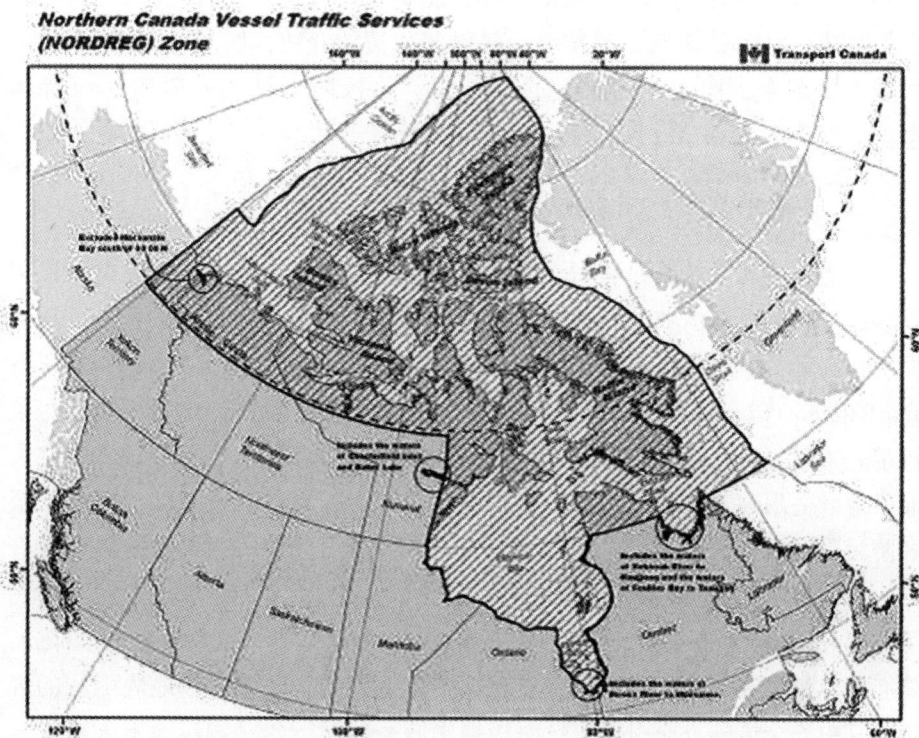

图 5-2　加拿大北部船舶交通服务区（NORDREG Zone）[1]

　　依据《北方船舶交通服务区规定》建立的加拿大北方交通服务区在范围上覆盖并超过了航行安全控制区的范围，适用的船舶范围包括：（1）300 总吨及以上的船舶；（2）拖方与被拖方的总重为 500 总吨及以上的拖航作业中的拖方；（3）装载污染物或危险货物的船舶或拖带该类货物船舶的拖方。[2]进入北方交通服务区应当根据航行情况提供相应的报告。报告内容包括：船舶名

〔1〕　来源 http://www.ccg-gcc.gc.ca/RAMN2012/Pacific/Part3，最后访问日期：2016 年 4 月 10 日。

〔2〕　Northern Canada Vessel Traffic Services Zone Regulations，SOR/2010-127，第 2~3 条。

称、船旗国、IMO 编号等基本信息，船舶所在地理位置及具体日期和时间，航速，最后一个挂靠港，进入北方交通服务区或离港的大约日期和时间，目的地和预计到达时间，计划路线，离开服务区或停泊的大约日期和时间，船舶目前最大静态吃水，货物的介绍，船舶或其机械、设备等存在的缺陷、损坏及妨碍船舶正常航行的情况，气候和冰情的介绍，船舶的法定代表人、代理人或船东，船上人员数量，存油量，北极防污证书，船舶冰级等信息。[1]

三、《极地规则》生效后国内法的调整

近年来，北极航道的利用受到国际社会的关注，随着国际海事组织框架下通过了针对极地水域的具有强制拘束力的航行规则，加拿大也作出了积极回应，制定了新法规《北极航行安全和防止污染规定》（Arctic Shipping Safety and Pollution Prevention Regulations）[2]，废止了之前的《防止北极航行污染规定》，其目的包括三个方面：落实《极地规则》的要求，保证目前在加拿大北极地区适用的安全和防污标准维持在现有水平，更新和改进部分航行安全和防污制度。

《北极航行安全和防止污染规定》包含了一般规定、第一部分-安全措施、第二部分-防污措施、第三部分-相应的修订、废止和生效以及附表六个部分，核心内容集中在第一、二部分。新规在内容上大量采纳了《极地规则》的规定，其中安全措施方面引入了针对极地水域船舶航行的《国际海上人命安全公约》第十四章的新规定，适用于在极地地区航行的加拿大货船以及航行于航行安全控制区的 500 总吨以上的外国货船以及客船，但上述安全措施的要求不适用于渔船、游船或无动力船舶。在吸纳国际公约要求的基础上，加拿大新规还保留和引入了其他额外的安全措施要求，适用于在加拿大航行安全控制区操作的 300 总吨及以上的加拿大和外国船舶，以及装载污染物和危险物品的船舶、客船等几种船舶，范围基本与《加拿大北方船舶交通服务区规

---

〔1〕 Northern Canada Vessel Traffic Services Zone Regulations, SOR/2010-127, 附表, 另见 http://laws-lois. justice. gc. ca/eng/regulations/SOR-2010-127/page-5. html#docCont。

〔2〕 Arctic Shipping Safety and Pollution Prevention Regulations, http://www. gazette. gc. ca/rp-pr/p2/2018/2018-01-10/html/sor-dors286-eng. html，最后访问日期：2018 年 3 月 16 日。

定》的适用范围一致。

除《极地规则》中的安全措施外，加拿大法规中还保留和提出了以下独特的要求：第一，对于在航行安全控制区航行的船舶，继续沿用现存的区域-时间系统和 AIRSS 系统来评估船舶冰区操作性能和限制，同时认可国际海事组织极地操作限制评估风险索引系统（Polar Operational Limit Assessment Risk Indexing System，POLARIS）作为另一种选项。在航行安全控制区内操作的船舶必须遵循规定中确定的区域和时间要求，如果使用和遵循 AIRSS 或 POLARIS 系统的操作要求也可以在区域时间表之外航行。由于这两个系统在适用于同一船舶时可能会产生不同的判断结果，为了解决这一冲突，规定要求所有极地级船舶和/或在极地规则生效之日即 2017 年 1 月 1 日以后建造的船舶在不使用时间区域系统时都应遵循 POLARIS，而在此日期前建造的船舶可以择一使用。第二，使用 AIRSS 或 POLARIS 系统在区域时间系统之外操作的船舶须向交通主管部门提交有关船舶和航线等内容的信息。第三，使用 AIRSS 系统在航行安全控制区航行的船舶须在船上配备一个符合资质条件的冰区导航员。第四，对在低温区域航行的加拿大籍船舶还规定了新要求，包括指定低温服务标志、在船上安装可在低温环境下作业的充气救生筏、海洋疏散系统、救生船等。

由于在《极地规则》出台之前加拿大已经建立了较高标准的防污要求，新规的制定旨在延续现有北极水域排污标准，充分考虑到加拿大 AWPPA 法案中确立的废物零排放制度，为了防止产生重复，新规则挑选了那些能够提升加拿大现有的北极航行防污制度的国际规则加以规定，而没有直接援引和纳入所有《极地规则》中的防污措施。

防止油污方面，加拿大实行严格的禁止油污排放规定，虽然《极地规则》允许船舶排放可能包含不超过 5ppm 油污的清洁压舱水，允许在北极操作超过 30 天的 A 类船舶从机械舱排放混油水，但加拿大新规禁止这类排放，其排污标准比《极地规则》目前的规定更加严格。新规也吸纳了《极地规则》中的防污措施，如双层船壳的船舶结构要求，修订油类记录簿和船上石油污染应急计划等操作要求，以配合和加强加拿大《船舶污染和危险化学物规定》的防止油污排放制度。

对于散装有毒液体物质的排放，加拿大新规禁止 2017 年 1 月 1 日后建造的某些船舶运载《国际散装运输危险化学品船舶构造和设备规范》规定的某些有毒液体物质，除非与外壳分离，相比之下，《极地规则》的要求更为灵活宽松，其只要求船舶运载有毒液体物质时应经主管机关批准。

加拿大早先是允许进入其北极水域的船舶排放未经处理的污水的，《极地规则》出台时污水处理技术已经有了新的发展，提出了具体而严格的排放条件和操作要求，包括对污水的粉碎和消毒、排放地点的限定等，加拿大新规吸纳了《极地规则》的限制排放制度，要求按照 MARPOL 公约附件四规定的方式和要求排放或处置污水，而对于总吨超过 15 吨但不属于附件四适用范围（总吨 400 吨以下以及载客不超过 15 人）的船舶，新规定要求其污水的排放应当经过一定的处理并满足距离以及速度等要求，目前仅允许总吨位不超过 15 人的船舶且总吨不超过 15 吨的船舶排放未经处理的污水。对于垃圾的排放，《极地规则》允许在某些条件下处置货物残留物，但加拿大新规仍然按照 AWPPA 中的废物零排放制度禁止这类垃圾的处置，只有符合某些标准（粉碎或磨碎）的食物才可依照最短距离等排放要求加以处置。

新规出台的一个主要推动力是落实生效的《极地规则》，其不仅借鉴了《极地规则》的结构，将核心规则划分为安全措施和防污措施两部分进行规定，防污措施部分更是按照《极地规则》和 MARPOL 公约附件列举的废物种类进行具体规定。从内容上看，新规整合了新的国际规则和加拿大国内法的规定，综合了加拿大有关北极水域航行的安全和防污规则，使得其规则更加清晰、明确，对航道利用方来说带来了法规查询和认知上的便利。

然而加拿大新规绝不是对新的国际规则的简单照搬和复制，而是加拿大政府有选择地吸纳相关规定，且主要是那些高于加拿大国内法规定的内容，在落实国际规则的同时，并没有废止加拿大特有的制度，在对待国际规则的态度上始终坚持着冰封区域沿海国的单边管辖权。加拿大自 20 世纪 70 年代就单方面制定和实施了有关北极水域防污的国内法规则，在《极地规则》出台前，为了确保其单边规则的合法性，加拿大对 SOLAS 公约和 MARPOL 公约相关规则在加拿大的适用有所保留，在北极水域航行管控问题上坚持冰封区域条款赋予的特别管辖权。加拿大积极参与《极地规则》的制定，《极地规则》出台后，为了履行缔约国的义务，加拿大及时制定了新法案，吸收、采纳和实施了相关国际标准和要求，以落实国际规则的要求，但并没有放弃国内已经建立的防污和安全管制措施，通过吸纳国际规则提升了部分国内法标准，始终维持着高于国际规则的规制标准。

第二节　俄罗斯

苏联时期北方海航道被当作国内运输水道，不对外国船舶开放，直到20世纪80年代末，俄方才正式发出开放北方海航道的倡议，并陆续出台《北方海航道海路航行规则》和有关破冰船领航、引航员引航、船舶设计装备和必需品的专门技术规则。这一系列规则是北方海航道管理制度的法律基础，制定二十年来没有作出重大修改。直到近几年，俄罗斯通过修正案对涉及北方海航道通航的主要法律作了修订，2013年起生效，航道管理制度更加规范。

一、俄罗斯北方海航道管理政策与法规的演变

随着1982年《联合国海洋法公约》的制定，苏联1985年通过4450号法令确定了北冰洋、波罗的海和黑海海域的领海基线，将维利基茨基海峡、绍卡利斯基海峡、德米特里·拉普捷夫海峡、桑尼科夫海峡划入内水水域。20世纪90年代初，苏联推行将北方海航道向国际航运开放的政策，建立了一套航道管理规则，包括1991年《北方海航道海路航行规则》（regulations for navigation on the seaways of the Northern Sea Route）以及1996年有关破冰船领航、冰区引航员引航、船舶建造标准的配套文件[1]，实施长达二十多年。根据1991年的航行规则，北方海航道被认定为苏联的国家交通干线，位于其内水、领海及专属经济区水域，[2]这一主张在1998年《俄罗斯内水、领海和毗连区法》[3]中得到延续，但定义中并没有确定其北部界限。

---

〔1〕　1996年三个配套性文件包括《北方海航道航行指南》《北方海航道破冰船领航和引航员引航规章》《北方海航道航行船舶设计、装备和必需品要求》。北方海航道的相关法规来源于 http://www.arctic-lio.com/，最后访问日期：2019年1月9日。

〔2〕　1991年《北方海航道海路航行规则》第1.2条。同时参见 Erik Franckx, "The legal regime of navigation in the Russian Arctic", *Journal of Transnational Law and Policy*, vol. 18, 2009.

〔3〕　Federal Act of the internal sea waters, territorial sea and contiguous zone of the Russian Federation, 17 July 1998, http://www.un.org/depts/los/LEGISLATIONANDTREATIES/PDFFILES/RUS_ 1998_ Act_ TS. pdf.

根据 1991 年北方海航道航行规则，通行北方海航道的船舶应提前将航行计划告知管理局，提交引航请求，并提供能够支付破冰协助费用和海洋环境污染民事损害赔偿的财务证明。[1]这一时期北方海航道管控的核心是强制性的领航制度，通行船舶自身须达到规定的抗冰等级，船壳、机件、废水处理设备等也要满足特殊的要求。除此之外，船舶在通行四大海峡时必须接受强制性破冰船领航，航行于其他航道海域时，海上操作中心也会指定航空领航、传统领航、破冰船领航等任意一种类型的领航。[2]管理局通过海上操作中心全程管控和引导船舶的航行，通行船舶必须遵循海上操作中心指定的海道，并按照固定费率对这种强制领航服务缴纳高额服务费。[3]管理局可在有安全风险和污染风险时对船舶进行检查，并有权在该规则被违反时采取强制措施使船舶离开北方海航道。[4]实际上，俄方在北方海航道实行的是一种内水化的航道管理，意图将整个航道主张为其国内水域，从而实行完全的控制和管辖。这种管控缺乏国际法的支持，被指责违反了《联合国海洋法公约》收费制度，也超越了海洋法赋予的沿海国在领海的保护权。[5]

作为推行和实施俄罗斯新北极政策和远景规划的重要组成部分，俄罗斯 2012 年修订了有关北方海航道的联邦立法。新法仍然坚持北方海航道是历史形成的俄联邦国家交通干线的立场，但在范围上限定了北方海航道的北界，与 200 海里专属经济区北部界限一致，消除了北方海航道可能延伸到公海的长期争议。[6]俄将破冰船强制领航制度改为许可证制度，尤其是给出了具体的、可操作和可预期的独立航行许可条件，使得外国船只独立航行成为可能。

在管理机构上，新法重新设立联邦机构级别的北方海航道管理局（the Northern Sea Route Administration），全面负责北方海航道的通航事务。俄罗斯设立了统一管理北方海航道航行事务的北方海航道管理局，不同于此前的航

[1] 1991 年《北方海航道海路航行规则》第 3 条和第 5 条。
[2] 1991 年《北方海航道海路航行规则》第 7 条。
[3] 1991 年《北方海航道海路航行规则》第 8 条。
[4] 1991 年《北方海航道海路航行规则》第 10 条。
[5] 刘惠荣、林晖："论俄罗斯对北部海航道的法律管制——兼论其与《联合国海洋法公约》的冲突"，载《中国海洋大学学报（社会科学版）》2009 年第 4 期。
[6] 张侠、屠景芳、钱宗旗、王泽林、杨惠根："从破冰船强制领航到许可证制度——俄罗斯北方海航道法律新变化分析"，载《极地研究》2014 年第 2 期。

道管理局，它是以保障航行安全和防止船源污染为主要目标的联邦国家机构。具体职责包括：接收航行申请、审查申请及发放航行许可；监测水文气象、冰情与航行条件；批准航行设备的安装及水道调查的区域；提供北方海航道航运安排、航行安全要求、航行水文协助、冰区引航相关的信息服务；为航道的计划和破冰船的适用提供建议；便利搜救操作的安排；对负责冰区引航的人员发放证书，许可冰区引航；协助清除船源污染的操作。[1]航行申请获得批准的条件为船舶要遵守与航行安全和海洋环境保护有关的要求和航行规则，并提交保险证明，这些要求和规则的来源包括俄罗斯联邦加入的国际协议、俄罗斯联邦的法律以及北方海海域航行规则。[2]总体来看，俄罗斯北方海航道政策出现了较大的松动，更加符合国际预期，有进一步向国际海运界开放北方海航道的趋势，契合了普京提出的北方海航道要与苏伊士运河形成竞争的政策目标。

二、北方海航道的水域范围

俄罗斯对北方海航道的管制范围随着管理法规的修订更新出现了重要的变化，无论是管控海域的范围还是海域的性质都越来越清晰明确。1990年《北方海航道海路航行规则》[3]第1.2条规定：北方海航道，是位于苏联北方沿岸内水、领海（领水）或专属经济区内的苏联国家交通干线，包括适宜冰区领航的航道。西起新地岛诸海峡的西部入口和北部热拉尼亚角向北的经线，东至白令海峡北纬66度与西经168度58分37秒交汇处。这一定义没有界定航道范围的北部界限，尽管提到位于内水、领海或专属经济区内，然而又补充说包括适宜冰区领航的航道，使得航道北部海域范围存在不确定性。俄罗斯规则的管辖范围有可能突破200海里专属经济区扩展适用于部分公海，西

---

〔1〕　Object of activity and functions of NSRA, http://www.nsra. ru/en/glavnaya/celi_ funktsii. html.

〔2〕　The Merchant Marine Code of the Russian Federation, Clause 5. 1 Navigation in the water area of the Northern Sea Route.

〔3〕　Regulations for navigation on the seaways of the Northern Sea Route 1990, 本节规则和法案的英文版来源于 Northern Sea Route Information Office, http://www. arctic-lio. com/，最后访问日期：2018年9月3日。

部范围中是否包括巴伦支海东南冰封水域也不清晰。[1]

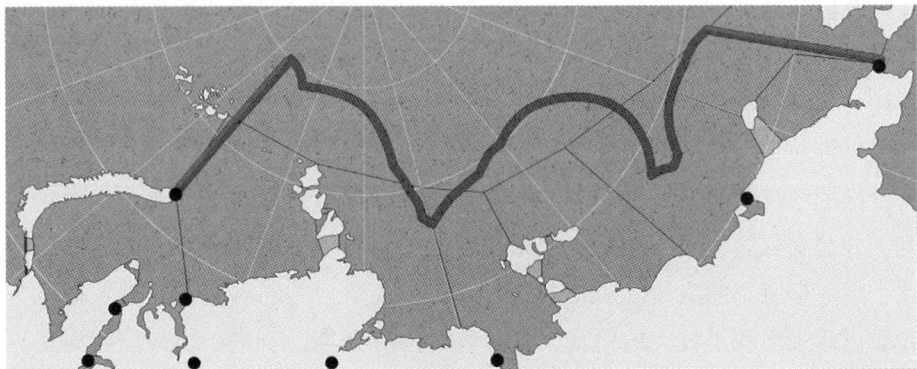

图 5-3　北方海航道的水域范围[2]

2013 年修订的《俄罗斯商业航运法》（Merchant Marine Code of the Russian Federation）增加了第 5.1 条款，专门对通行北方海航道水域作了法律制度层面的规定，包括管辖范围、航行规则的目的和内容、管理机构及其职责、航行许可制度等，位于法案的总论"国家对商业航运的控制和监管"部分，具有明显的公法色彩。俄罗斯主张管辖的北方海航道的范围得到澄清，根据新《俄罗斯商业航运法》的定义，"北方海航道水域是指毗邻俄罗斯联邦北部海岸的水域，由其内水、领海、毗连区和专属经济区组成，东起与美国的海上划界线和白令海峡中杰日尼奥夫角的纬线，西至热拉尼亚角的经线，新地岛东海岸线和马托什金海峡、喀拉海峡和尤戈尔海峡西部边线"。[3]根据俄罗斯北方海航道管理局网站上提供的信息，即图 5-3 所示，东侧界线位于西经 168 度 58 分 37 秒，西侧范围包含三段，新地岛以北的界线位于东经 68 度 35 分。这一新的定义明确排除了北方海航道航行制度对公海的适用，东西北部界限

---

〔1〕　Erik Franckx, "The legal regime of navigation in the Russian Arctic", *Journal of Transnational Law and Policy*, vol. 18, 2009.

〔2〕　The water area of the Northern Sea Route, The Northern Sea Route Administration, http://www. nsra. ru/en/ofitsialnaya_ informatsiya/granici_ smp. html#mm-4.

〔3〕　The Merchant Marine Code of the Russian Federation, Clause 5.1 Navigation in the water area of the Northern Sea Route.

都得到了澄清，而且明确了航道水域所属海域性质为俄罗斯内水、领海、毗连区和专属经济区。

三、北方海航道的航行规则

2013 年出台的《北方海航道海域航行规则》建立了北方海航道航行许可、航程报告、准入期间和区域、破冰船领航与引航员冰区引航等规则。

（一）航行申请——许可规则

计划在北方海航道水域航行的船舶，须由其船主、船主代表或船长向北方海航道管理局提交申请表，管理局审核后颁发航行许可。申请表本身包含申请船公司及个人的双重信息，以及申请人对遵守俄罗斯北方海航行规则的承诺。作为附件，申请人还要提交该规则附件 1 中的船舶与航程信息、船舶入级证书、吨位证书、船舶污染损害或其他损害责任的保险或资金证明等文件。

在确定计划进入北方海航道水域的日期后，船舶应提前 15 个工作日提交申请表和附件材料，管理局应当自接受申请之日起 10 个工作日内审查申请。对颁发许可的船舶，管理局应当在作出许可决定之日起两个工作日内在其官方网站上公布被许可船舶的名称、船旗、IMO 编号、许可起止日期、航行线路（航行区域）、破冰船协助的相关信息。对拒绝批准的决定，管理局要向申请人发送通知，说明拒绝的理由，并公布在官网上。获得航行许可的船舶必须在许可有效期限内开展航行，超过期限终止日期的，船长应当立即将情况报告给管理局，并按照管理局的指示说明违反期限的原因。

（二）航行报告规则

获得航行许可的船舶，在航行前后及整个航行过程中均要履行相应的报告义务。具体来说，从西部进入北方海航道的船舶，应当在到达东经 33 度（即西部边界）之前，从东部进入北部海航道的船舶，应当在到达北纬 62 度和（或）西经 169 度（东部边界）之前，提前 72 小时向管理局报告船舶计划到达北方海航道边界的时间，并提交一系列相关信息，包括船名、IMO 船舶编号、目的港或目的地名称、船舶的最大吃水量、装载货物的类型和吨位量、是否运载危险货物及其数量和级别、报告时的燃油储量、报告时船舶自身的淡水补给量、食物储量及其他种类供应品、船员和乘客的数量、船舶机械及设备故障。如果船舶驶离海港距离到达北方海航道西部或东部边界的航程不足 72 小时，则船舶在离开海港后应立即做出上述报告。[1] 履行完上述报告程序的船舶，其船长还要在到达东西边界时提前 24 小时再次通知管理局船舶预计到达相应边界的时间。[2] 从北方海航道海域范围内俄罗斯海港出发的船舶，其船长应立刻通知管理局并提交上述要求报告的信息；从内水水道进入北方海航道水域的船舶，船长在入口处要遵循相同的通知和报告程序。[3]

船舶进入北方海航道西部或东部边界时，船长要向管理局通知其计划进入该海域的时间、地理坐标、线路及报告时的航速；船舶进入航道水域后，船长要通知管理局实际进入的时间、地理坐标、线路及报告时的航速。[4] 进入北方海航道水域的船舶，在离开航道之前，每天莫斯科时间正午时分要向管理局报告航程的有关情况。[5]

船舶完成航行、离开北方海航道水域时，船长还应通知管理局实际离开的时间、地理坐标、线路和报告时的航速。如果船舶完成航行后要在俄罗斯北方海航道水域内的海港停靠，则船长还要在船舶停靠后立刻通知管理局靠港的时间及海港的名称。[6]

（三）船舶准入期间——区域规则

俄罗斯北方海航道管理局在对航行申请作出是否批准的决定时，很关键的一个衡量标准是航行规则附件 2 中对不同冰级船舶规定的航区准入标准。[7]

无冰级加强能力的船舶只能在无冰区域内独立航行，对喀拉海西南部和东北部、拉普捷夫海西部和东部、东西伯利亚海的西南部和东北部以及楚科奇海域，无论冰情轻重均不得航行，而油轮、运载天然气和化学物质超过 10000 吨

---

〔1〕 Rules of navigation on the water area of the Northern Sea Route, 2013, 第 14 条。

〔2〕 Rules of navigation on the water area of the Northern Sea Route, 2013, 第 15 条。

〔3〕 Rules of navigation on the water area of the Northern Sea Route, 2013, 第 16 条和第 17 条。

〔4〕 Rules of navigation on the water area of the Northern Sea Route, 2013, 第 18 条和第 19 条。

〔5〕 Rules of navigation on the water area of the Northern Sea Route, 2013, 第 42 条。

〔6〕 Rules of navigation on the water area of the Northern Sea Route, 2013, 第 20 条。

〔7〕 时间表查考航行规则附件，也可从北方海管理局下的信息办公室网站中获取，网站地址为 http://www.arctic-lio.com/nsr_ iceclasscriteria，最后访问日期：2018 年 9 月 3 日。

的船舶即使在无冰区航行也须破冰船协助且仅限 7 月至 11 月 15 日期间航行。

冰级 1~3 级船舶在北方海航道航行的期限为 7 月至 11 月 15 日，冰情较轻时，三个级别的船舶均可在上述海域独立航行或在破冰船协助下航行，冰级 2 级船舶在破冰船协助的情况下可以在中等冰情时航行，冰级 3 级船舶甚至在冰情较重时仍可航行。冰情的轻重情况，依据俄罗斯水文气象局的预报事先确定。冰级 6 级以上船舶在 7~11 月可在北方海航道开展独立航行，冰级 4~9 级的船舶在 1~6 月以及 12 月也可根据冰情状况在上述海域开展航行。级别越高的船舶航行期间越长，受冰情严重程度的限制也越小。对于有冰级加强的破冰船，冰级 9 级破冰船全年均可通行北方海航道，没有时间和冰情的限制条件，6~8 级破冰船 7~11 月期间可开展独立航行，剩余月份的航行时段会根据冰情的不同受到限制。

（四）破冰船及冰区引航员助航规则

北方海航道管理局批准航行申请时，需要根据上述准入期间和区域要求，确定和公布被许可船舶的航行期间、航行水域以及是否需要破冰船协助等信息。根据北方海航道海域航行准入期间表，各冰级船舶均存在独立航行的可能性，冰级越高，独立航行的期间和区域也越广，这就改变了在四个海峡甚至北方海航道全区域实施强制性破冰船领航的旧规则和实际做法。[1]

这与修订后的《俄罗斯商业航行法》的规定是一致的，在法律层面，法案对破冰船和引航员引航均没有提出强制引航的要求。在需要破冰船提供服务的情况下，尽管规则只允许俄罗斯籍的破冰船在北方海航道水域提供破冰服务，但其费用已经由从前的固定费率修改为综合考虑船舶吨位、级别、护航的距离和期间等因素确定，这种与实际提供的服务相挂钩的收费制度较之前的规定有了很大改进。[2]而且，破冰船提供协助的起止地点和时间点由船主和提供服务一方协商确定，淡化了官方强制性色彩。

对于冰区引航员的引航协助，2013 年的俄罗斯新航行规则作了更加细致

---

〔1〕 张侠、屠景芳、钱宗旗、王泽林、杨惠根："从破冰船强制领航到许可证制度——俄罗斯北方海航道法律新变化分析"，载《极地研究》2014 年第 2 期。

〔2〕 对旧规则的评论，参见刘惠荣、林晖："论俄罗斯对北部海航道的法律管制——兼论其与《联合国海洋法公约》的冲突"，载《中国海洋大学学报（社会科学版）》2009 年第 4 期。

的规定。首先，冰区引航员的资格要求包括：（1）有在吨位达3000吨以上船舶上担任船长或主要人员三年以上的经历；（2）船长任职期间至少有六个月冰区航行的经验；（3）同时要成为北方海水域提供冰区引航服务机构的工作人员。[1]其次，引航期间，引航员可针对下列问题向船长提出建议：（1）冰情评估及船舶在此条件下安全航行的可能性；（2）选择船舶航行的最佳线路以及船舶冰区独立航行的相关方案；（3）为使船舶避免碰撞海冰，选择操作船舶的速度和方式；（4）在破冰船护航时，与其他船舶保持安全速度和距离的方法；（5）执行破冰船船长指示的操作。[2]同时，引航员在引航期间有权使用船上的通讯设备和所有的航行设备，可以从船长那里获取船舶构造、操作以及航行机械设备现状的信息。[3]

值得注意的一点是，旧规则要求船舶指挥人员必须具有冰区操作经验，如果没有此种航行经验，管理局将会派遣一个俄罗斯引航员登船协助航行，该规定在新规则中被删除了。[4]这是否意味着俄罗斯取消了有条件的强制冰区引航规定？笔者认为并非如此，实际上新规则隐藏了冰区引航的标准，一定程度上扩大了俄方决定是否应当引航的裁量权，俄罗斯甚至可能会将冰区引航的标准提升至对冰区引航员资格要求相同的程度。

新规则第31条规定，实施引航员冰区引航服务是为了保证北方海航道水域船舶的航行安全和海洋环境的保护。从规则英文版的文本看，该条款有普通解释和强制性解释两种可能，需要结合其他条款进一步分析。新规则附件1是提交航行申请时船方需要提交的"船舶与航程信息表"，其中第13项为船长担任船舶船长或主要人员在北方海航道水域冰区航行的经历及时间长短，而且须注明上述经历发生时的船舶名称、IMO编号、时间。附件中的信息是管理局做许可时审核的重要信息。无论是根据第33条冰区引航员资质条件的规定，还是回顾1991年规则对配备引航员要求的规定，还是参考新规则出台

---

〔1〕 Rules of navigation on the water area of the Northern Sea Route, 2013, 第33条。

〔2〕 Rules of navigation on the water area of the Northern Sea Route, 2013, 第34条。

〔3〕 Rules of navigation on the water area of the Northern Sea Route, 2013, 第36条。

〔4〕 Rules of navigation on the seaways of the Northern Sea Route, 1991, 第4条。论文参见 Erik Franckx, "The legal regime of navigation in the Russian Arctic", *Journal of Transnational Law and Policy*, vol. 18, 2009.

前的建议稿的规定，[1]或是对照《加拿大航行法》对冰区引航的规定，船长的冰区航行经验这一因素最直接最重要的作用就在于帮助决定是否有必要指定俄罗斯的冰区引航员。因此，规则中没有明确规定须派遣俄罗斯冰区引航员的具体标准，不是俄罗斯放弃了强制引航，而是俄方将决定权完全收回到自己手中，甚至最高可以达到俄罗斯对冰区引航员要求的要有 6 个月以上作为船长冰区航行经验的高标准。

四、防止船源污染和保护航行安全的规则

俄罗斯北极水域的航行还受到俄罗斯环境保护法规的约束。1996 年修订的《俄罗斯环境保护法》规定了环境保护的基本原则和相关主管机关及其职权，不仅适用于俄罗斯的国家机关、组织、企业、个人，对外国法人和国民也同样适用。1995 年制定的《俄罗斯大陆架法》和《俄罗斯水法》规定了俄罗斯在其管辖水域和大陆架上开发生物资源和其他资源的主权权利和管辖权，并规定了污染环境应承担的相应责任。根据这两部法律，国家环境保护委员会负责制定联邦环境保护政策，规划环境保护区以及发布红皮书。北方海航道管理局也有保证环境安全、检查和监测船源污染的职责，其检查官员有权以环保为目的登临检查外国船舶。

具体到船舶污染物的排放，俄罗斯有两套适用于北方海航道水域的规则，即《防止近海水域污染规则》和《防止近海给水海域污染的卫生标准》。根据相关规定，油污的排放必须满足 MARPOL 公约中针对特殊区域的标准，且航行中处理过的污水排放不得超过每升水 1000 大肠杆菌群的指标，弃置垃圾、在冰面上储存污染物和废料也被完全禁止。[2]

---

〔1〕　俄文版送审稿（约 2012 年 4 月份前后）有两处规定，第 35 条 "冰区引航员为俄罗斯联邦公民，属北方海水域提供冰区引航服务机构员工"；第 43 条 "如果根据随申请附上的船舶和航道信息（本规则附件 1），船长在北方海路水域航行不足三个月，航行时必须有冰区引航员在场"。最后通过的文本删去了第 43 条，而第 33 条适当吸收了建议稿中第 35 条和第 43 条的内容。建议稿的引文来自张侠等："从破冰船强制领航到许可证制度——俄罗斯北方海航道法律新变化分析"，载《极地国际问题研究通讯》2013 年第 2 期。

〔2〕　刘惠荣、杨凡：《北极生态保护法律问题研究》，知识产权出版社 2010 年版，第 68~69 页。另见北部海航道研究报告 H. Kitagawa, *The Northern Sea Route: the Shortest Sea Route Linking East Asia and Europe*, 2001, p. 128, https://nippon. zaidan. info/seikabutsu/2000/00967/mokuji. htm，最后访问日期：2018 年 9 月 3 日。

　　船舶不得将残油排放到北方海航道水域，[1]并应遵守下列要求：（1）船上应配有与船舶动力和航程相匹配的充足的收集残油的存储舱或储存容量；（2）应当配有与航程相匹配的充足的收集船舶操作产生废物的存储舱；（3）不考虑航行中的补给，配备充足的燃料、淡水和其他必需品；（4）11月、12月以及1~6月期间航行时，应加热毗邻外侧操作水线的压载舱。[2]

　　船舶在北方海航道水域航行时，需要在船上携带航行规则、海图和使用手册、其他补充应急设备，包括，极夜航行时配备1个至少2000瓦组功率的探照灯，1组可安装在船舶船体前半部或在精度驾驶台两翼上的备用灯，每人1套御寒保暖服和3套备用服等。[3]

　　对比20世纪90年代初的北方海航道旧规定，俄罗斯北方海航道航行规则的改革重点是：明确了通行许可制度，弱化了此前破冰船强制引航的规定，助航服务费由强制收费改为商定收费。依据2013年《北方海航道水域航行规则》（Rules of navigation on the water area of the Northern Sea Route 2013），计划进入北方海航道水域的船舶须提前向北方海航道管理局提交申请及证明材料。管理局审核其遵守国际公约和俄联邦国内法的要求才发放许可。[4]新的航行规则设置了不同抗冰能力的船舶进入各海域的时间和冰情条件，有条件的允许冰级加强船舶在无须破冰船协助的情况下独立航行。[5]这打破了僵化的破冰船强制性领航的旧规，使船舶能够根据实际需要使用破冰服务。新规取消了船长缺乏冰区操作经验时指定俄籍冰区引航员登船引航的规定，但船长冰区操作经验仍然是实际审批航行许可时的参考因素。另外，助航服务费的收取出现了较大改革，破冰服务和冰区引航的费用不再按照不合理的固定费率，而是依赖于实际提供的服务，按照船舶航行时间、船舶吨位、冰级、引航距

---

〔1〕　Rules of navigation on the water area of the Northern Sea Route, 2013, 第65条。

〔2〕　Rules of navigation on the water area of the Northern Sea Route, 2013, 第61条。

〔3〕　Rules of navigation on the water area of the Northern Sea Route, 2013, 第60条。

〔4〕　The Merchant Marine Code of the Russian Federation, Clause 5. 1 Navigation in the water area of the Northern Sea Route.

〔5〕　时间表见2013年《北方海航道水域航行规则》附件2。根据其规定，冰级1~3级船舶在北方海航道航行的期限为7月份至11月15日，冰情较轻时，三个级别的船舶均可在上述海域独立航行或在破冰船协助下航行，2级船舶在破冰船协助情况下可以在中等冰情时航行，3级船舶甚至在冰情较重时仍可航行。

离等因素具体确定应当缴纳的服务费，从而实现了从固定费率到差别收费、从强制收费到商定收费的改革。

总体来看，修订后的北方海航道航行规则改革了旧规的弊病，在申请批准程序上更加便捷，许可标准更加透明，放松了强制性破冰助航的规定，收费标准趋于合理。但俄罗斯对北极航道航行管控的内水化本质没有改变，通行北方海航道必须经过批准，航道管理局对决定是否有必要提供破冰船或者引航员冰区助航服务依然掌握较大的裁量权，船舶须全程提供航行报告，俄罗斯对其北极水域仍然保持有严密的管控。

苏俄自始将北方海航道视为一条国内运输通道，其深谙北方海航道对俄经济发展和军事国防具有重要战略价值，很早就建立起专门的机构管理北方海航道的航运活动。[1]此后，苏联发出向国际航运开放北方海航道的倡议，并制定了专门的规则管理所有进入北方海航道水域航行的船舶。俄罗斯通过持续推进北方海航道航行管理，强化对北极水域的管辖和控制。近期修订关于北方海航道水域商业航运的俄罗斯联邦相关法律法规的行动更显示了俄罗斯通过规范北方海航道及其所在海域的航行制度强化对北方海域控制的意图。

第三节　其他国家

一、美国

阿拉斯加是美国在北极地区的领土，与俄罗斯楚科奇半岛隔海相望，阿拉斯加威尔士王子角与俄罗斯迭日涅夫角之间是白令海峡。

为了维护美国军事力量在全球范围内的自由活动，美国在航行权问题上坚持北冰洋与其他大洋同样对待，不仅没有制定具体针对北极航运超越一般接受的国际规则和标准的国内立法，并且反对加拿大和俄罗斯对北极水域的部分单边管制措施。美国遵循一系列美国批准加入的国际公约的规定，如 SOLAS 公约、MARPOL 73/78 公约等，在船舶建造、设计、装备和人员配备标准方面没有提出超越国际规则的要求。《联邦清洁水法》是美国有关废物排放和

---

〔1〕　郭培清、管清蕾："北方海航道政治与法律问题探析"，载《中国海洋大学学报（社会科学版）》2009 年第 4 期。

气体排放法规的重要组成部分，在此基础上阿拉斯加制定了在州水域内压舱水排放的规则。美国法规中虽然有对污染美国水域的外国船舶施加刑事或民事处罚的规定，但这些法规是以与海洋法公约一致的方式适用的。

作为北美洲和亚洲大陆之间最短的海上通道，白令海峡不仅连接了美国和俄罗斯、亚洲和美洲，而且是连接太平洋和北冰洋的唯一通道，无论穿越东北航道、西北航道还是利用北极中央航道，通行船舶都需要通过白令海峡。美国虽不是《联合国海洋法公约》的缔约国，但其认可公约规定的管辖海域及相应的航行制度，认可相关规定为国际习惯法。白令海峡最窄处位于美国和俄罗斯领海，并不存在一条可以用于通行的穿过公海或专属经济区的航道，美国主张白令海峡属于用于国际航行的海峡，适用过境通行制度，美国对白令海峡的管理正是建立在这一基础之上的。

随着北极海冰消融，北冰洋对航行来说日益开放，近年来，美国管理当局开始关注对白令海峡通航活动的管理。为了增强对船舶通航的可预测性，提高船舶交通效率，同时减少碰撞、溢油等危害海洋环境事故的发生，从2010年起美国海岸警卫队依照《港口和水路安全法》开展了关于在白令海峡港口访问路线的研究，试图评估建立一个船舶定线制系统是否有效，以提升对通行白令海峡地区海上交通的管理。[1]最初海岸警卫队并未提出一个具体的船舶定线制系统的方案，只是期望寻求关于是否需要建立船舶定线制系统的一般性建议。海岸警卫队在评估收到的25份意见后决定制定具体的船舶定线制方案，以期为最终决定定线制系统是否有益收集和评估更加具体的意见。2014年海岸警卫队在推进该研究计划时将研究区域扩展至包括白令海的大部分海域，并提出了一个双向线路的船舶定线制系统。海岸警卫队发布了初步报告，截至2017年5月30日之前再次征询意见，在审查收到的征询意见的基础上对拟议的航行路线及回避的区域进行相应调整，从而向国际海事组织提交最后提案，获得其正式通过。[2]

---

〔1〕 Andrew Hartsig, "Arctic bottleneck: protecting the Bering Strait region from increased vessel traffic", *Ocean and Coastal Law Journal*, vol. 18, 2012, p. 61.

〔2〕 A Notice by the Coast Guard, Port Access Route Study: In the Chukchi Sea, Bering Strait and Bering Sea, https://www.federalregister.gov/documents/2017/02/27/2017-03771/port-access-route-study-in-the-chukchi-sea-bering-strait-and-bering-sea, 最后访问日期：2018年10月22日。

基于前期的研究和双边的协调磋商，美国和俄罗斯联合向国际海事组织提出议案，提议在白令海峡划定 6 条宽度为 4 海里的双向海道，船只可以选择最方便的海道通过海峡，海道位于离海岸最大距离的地方，深度足以保证大型船舶安全通过。目前，国际海事组织海事安全委员会在第 99 次会议期间通过了这一提案，该计划成为第一个获得国际社会认可的极地水域船舶定线措施，提案中的海道将自愿适用于所有总吨位在 400 吨以上的船舶，计划自 2018 年 12 月 1 日开始实施。[1]该措施有利于减少碰撞风险，并为实施避碰措施的船舶提供足够的航行空间，以免对海洋环境造成污染或其他损害。

二、挪威

挪威既是近北极八国之一又是北极临海五国之一，是北极事务中重要的一员，挪威积极践行和维护其依据《联合国海洋法公约》获得的各项海洋权利。1920 年《斯约》确定了挪威对斯瓦尔巴群岛的主权。斯瓦尔巴群岛资源丰富，20 世纪初，挪威、俄国纷纷提出主权要求，经过多边谈判，1920 年挪威等国共同签订了《斯约》，承认挪威对斯匹次卑尔根群岛（包括熊岛）拥有主权，有权制定管理措施保护当地的动植物；其他缔约国国民在该地区享有公平捕鱼、狩猎、出入港口等经济活动的权利，保证对该地区的开发与和平利用；此外条约还规定不得在该群岛建立海军基地或者防御工事，不得用于战争目的，确立了非军事化的制度。[2]《斯约》是缔约国之间相互妥协达成的一揽子协议，认可挪威主权的同时在"无歧视原则"基础上赋予其他缔约国自由进入领土及其领水并从事海洋和相关经济活动的权利，这些规定对挪威的主权施加了重要的限制。

自 20 世纪 50 年代起，挪威陆续与陆上和海上邻国瑞典、冰岛、丹麦、英国和俄罗斯签订条约划定了海洋边界，《挪威和俄罗斯关于巴伦支海和北冰

---

〔1〕　IMO Approves US-Russian Proposal on Bering Strait Shipping Routes，https://worldmaritimenews.com/archives/253399/imo-approves-us-russian-proposal-on-bering-strait-shipping-routes/，最后访问日期：2018 年 7 月 12 日。

〔2〕　Treaty between Norway, The United States of America, Denmark, France, Italy, Japan, the Netherlands, Great Britain and Ireland and the British overseas Dominions and Sweden concerning Spitsbergen signed in Paris 9th February 1920，http://emeritus. lovdata. no/traktater/texte-tre-19200209-001. html，最后访问日期：2016 年 3 月 7 日。

洋海域划界和合作协议》于 2011 年生效，标志着挪威已经基本解决了与周边国家的海上划界问题。1976 年挪威通过《专属经济区法》，规定在挪威大陆沿岸 200 海里的专属经济区内，除有其他协议外，外国船只不得在该区域内获取海洋生物资源，并且规定了挪威关于保护海洋环境、科学研究、铺设海底电缆、建设人工岛屿和设施等具体管辖权。值得注意的是，挪威在扬马廷和斯瓦尔巴群岛沿岸分别建立了 200 海里的渔业区和渔业保护区，限制对生物资源的捕捞。

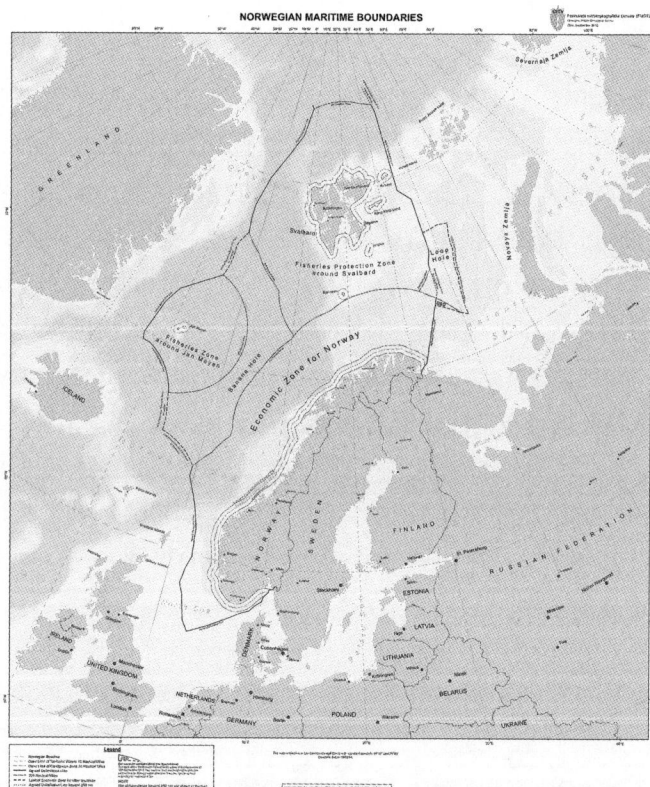

图 5-4　挪威的海洋边界〔1〕

---

〔1〕 https：//www. regjeringen. no/globalassets/upload/ud/vedlegg/folkerett/20121002_ fmgt_ overview_ norge_ nordomraadene_ norwegian_ maritime_ boundaries_ 7. 5m_ h61xw52_ p_ jb_ ed04_ ugradert_ 300 dpi. pdf, 最后访问日期：2018 年 12 月 9 日。

斯瓦尔巴群岛的法律地位和地缘政治意义特殊，挪威重视对斯瓦尔巴群岛行使主权管辖，挪威对斯瓦尔巴群岛的政策可能会影响北极航道的通航和利用。挪威为保护环境的目的对斯瓦尔巴群岛实施了广泛的管理权，通过了多项有关自然生态、环境保护和采矿的管理法规，岛上近 65%的面积建设了公园和自然保护区。目前岛上有挪威和俄罗斯经营的大型煤矿，还有多个北极科考国家建设的科学考察站，斯匹次卑尔根岛是北极科学研究的重要基地。然而《斯约》签署时还没有建立现代海洋法中的专属经济区、大陆架等制度，公约并没有确定在斯瓦尔巴群岛领海以外海域挪威和其他缔约国的权利义务分配。挪威在扬马延岛和斯瓦尔巴周围建立了 200 海里的渔业保护区，引发了西班牙、冰岛、俄罗斯等国的抗议。在渔业保护区内，挪威当局可以设定捕捞限额、禁捕区域、最小网孔等管理规定，并要求所有国家渔船均应报告渔获并保留纪录，对在这一区域没有捕鱼历史而进入这一水域的外国船只发出警告，逮捕和起诉在这一区域内不遵守保护措施和不听从警告的外国船只，规章非歧视地适用于挪威国民和其他国家国民。[1]从目前的法律规定看，挪威对斯瓦尔巴群岛的渔业管理制度尚未影响到其他国家的航行自由权利，非渔业活动的船舶航行活动依然适用公海的规定。

挪威目前还没有针对北极航行制定专门规则，与北极航行关系密切的是2007 年制定的《船舶安全和保障法》[2]，适用于挪威领海、专属经济区和大陆架海域的航行船舶，并特别提及扬马延和斯瓦尔巴领海外的渔业保护区不在适用范围内。该法规共 11 章节，包括总则（立法目标、实质性的适用范围、适用的领土范围）、公司安全管理责任（公司的概念、提交信息的义务、公司的建立、实施和发展的安全管理体系、船长和其他船上工作人员的合作义务）、技术和操作安全（技术安全、船舶测量、操作保养、货物、导航、值班、资质要求、个人证书）、工作和个人安全、环境安全、保护措施、监督、行政措施、处罚、刑事责任和附则。该法规对技术和操作安全、人员安全及环境安全等方面作出了细致的规定，如强制要求船东持有安全证书并建立足够的内部安全管理条例，以期通过提升船舶和管理的安全环境，保障生命、

---

〔1〕　卢芳华：“论斯瓦尔巴群岛的法律地位”，载《江南社会学院学报》2013 年第 1 期。
〔2〕　Act of 16 February 2007 No. 9 relating to ship safety and security.

健康和财产安全。从现有的国家实践看，挪威对北极航行活动的管理并没有明显超越国际法的规则和标准。

三、丹麦

格陵兰是丹麦的北极领土，作为丹麦的一个自治单位，受丹麦宪法管辖。丹麦十分重视格陵兰水域和北极水域的航行安全，为此制定了多项在格陵兰水域航行的法令，内容包括船舶航行安全的规定、使用冰区探照灯的技术规定、在格陵兰水域航行的强制报告规定、格陵兰周围的领航规定、领航服务活动以及领航员义务等。[1]

根据 1963 年 5 月 27 日第 191 号关于格陵兰领水划定的法令，格陵兰的领水包括内水和领海两部分，其中领海范围是从法令确定的领海基线向海一侧 3 海里。经过国际海事组织的批准，丹麦在格陵兰沿海建立了两个强制性的船舶航行报告系统，并于 2002 年 12 月 1 日起生效。[2]GREEN-

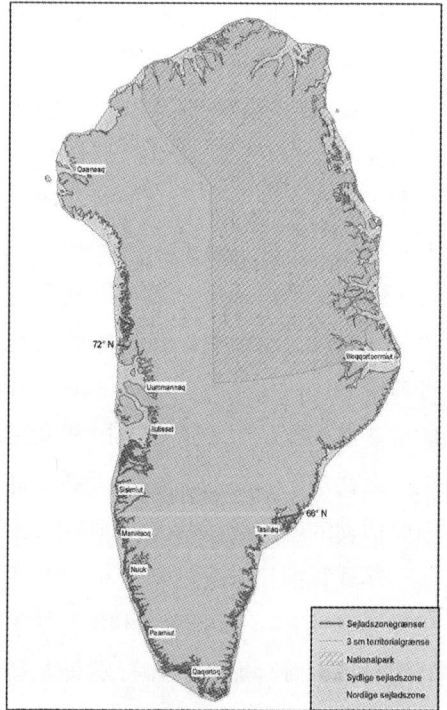

图 5-5　格陵兰岛的领海基线

POS 系统适用于所有往返格陵兰水域和格陵兰大陆架或专属经济区的船舶，船舶应每 6 小时报告他们的位置、航线、速度和实际天气信息。海岸控制系统适用于大于 20bt、往返格陵兰港口和停靠地点的船舶，船舶应至少每 24 小时报告其位置、航向、速度和船上人员的信息。

---

〔1〕　Navigation in Greenland，https://www.dma.dk/SikkerhedTilSoes/Arktis/SejladsGroenland/Sider/default.aspx，最后访问日期：2018 年 6 月 17 日。

〔2〕　IMO SN/Circ.221 of 29 May 2002.

2015 年 12 月丹麦海事管理局发布了格陵兰安全航行法令[1]，以东海岸北纬 66 度和西海岸北纬 72 度为界线，将格陵兰领水划分为南北两个航行区域，并详细规定了航行船舶应当采取的多项安全措施，适用于在格陵兰领水范围内航行、总吨位 150 吨以上的船舶和载客 12 人以上的船只，但有关船舶设计、建造标准以及船员配备的相关规定不适用于外国船舶。其中，操作要求包括：提高警惕，充分考量单一测深线标记区域的未知海底障碍物风险；当航行到存在风险碰撞冰给船舶带来危险的区域时，应当采取所有可能的方式加强对海冰的警戒，并调整航速，以便使船舶可以停下或绕冰航行，在黑暗中应当使用冰探照灯以照亮船舶前方的海面；船舶应当与冰山保持安全距离等等。在规划航行时，船长应当充分考虑法令规定的安全要求及相关因素，并应遵守国际海事组织出台的在偏远地区航行的指南。法令禁止船舶在海图上以虚线标记"大量岩石"的区域航行，对于标记为"恶劣"或"未测量"的区域，只有在船长已经评估船舶的最大吃水和宽度充足的前提下，以及船舶遵循已被使用过的航道，并在船上采取包括通过雷达导航确定船舶位置等适当措施时才可以进行通航。船上应当至少有一人对所要航行的水域有必要的地方性知识，该人员应当具备驾驶该船舶的资质或具有多年驾驶类似规模船舶的经验；船长应当提供该人员具有北极和冰区水域航行的经验或地方性知识的证明。按照《国际船舶安全营运和防止污染管理规则》的规定，有义务配备安全管理系统的船舶应在其安全管理系统设置相应的程序和应急计划，用以应对与北极水域航行相关的特殊情形。

对于在格陵兰领水内航行且载有 250 名以上乘客的船舶，丹麦法令还提出了更为严格的安全要求。最突出的一点是关于强制领航的规定：船上应当配备一名符合资质的领航员在有关地区执行领航任务，如果申请人提供材料证明他有在相关水域航行的必要的资质和经验，则可准许船舶在没有领航员的情况下航行。强制领航豁免的申请必须具体到特定的船舶、特定的船员、特定的航行，确保驾驶台团队的相关人员具备在极地区域航行的成熟经验、

---

〔1〕　Order for Greenland on the safe navigation, etc. of ships, Danish Maritime Authority, 11 December 2015, https://www.dma.dk/Vaekst/Rammevilkaar/Legislation/Orders/Order%20for%20Greenland%20on%20the%20safe%20navigation,%20etc%20of%20ships.pdf，最后访问日期：2018 年 9 月 15 日。

长期在格陵兰水域航行的经历以及对航行区域的深入了解。

具体来说，船东提出豁免申请并证明：有关驾驶员完成两年在船上担任高级船员的航行经验并持有合格证书；驾驶员原则上应在过去五年完成 360 天在极地区域或相似性质区域内的海上航行，其中至少 180 天是在格陵兰水域进行；驾驶员必须作为船长或驾驶人员在申请的航行区域内负责至少十次以上航行，以确保其对该地区有充足的地方性知识。对于一年有超过 120 天在格陵兰水域航行的船舶，船东可以申请最长为一年的豁免期。[1] 此外，客船在北部航行区航行应至少具有波罗的海 1C 冰级或相等的冰级；在努克（Nuuk）沿岸，船舶应当遵循推荐的线路；航行规划中，船公司及船长应当能够证明在合理期间内可以获得其他船舶或搜救设备的援助并具备充足的救援能力；船长应确保对船舶在航行中预计遇到的风险进行持续的全面评估；船公司应当在开始服务前确保船长和甲板船员已按照 STCW 的相关规定接受教育和培训。

针对《极地规则》的出台，丹麦通过国内法落实相关国际规则和标准，制定法律法规规定有关船舶建造、装备、航行计划等方面的要求，防污标准则部分规定在环保规章中。总体来看，丹麦虽然强调北极水域的航行安全，并制定了多个保障北极水域航行安全的国内法规，但丹麦始终尊重国际海事组织在国际海事规则制定中的主导地位，遵循国际海事组织通过的关于建立强制报告系统的要求，落实《极地规则》的新规。丹麦政府出台国内北极水域航行安全法规，没有像加拿大和俄罗斯一样主张《联合国海洋法公约》第234 条冰封区域条款的特别环境管辖权，而是遵循了内水、领海、专属经济区等海域制度的管辖权规则，适用范围主要限定在格陵兰岛沿岸 3 海里的领水范围，并明确排除了船舶设计、建造、人员配备等安全要求对外国船舶的适用，意在遵循不同性质海域内的管辖权制度，尊重和保障其他国家的航行权。

四、冰岛

2007 年冰岛外交部部长在向冰岛议会做出的年度发言中称：北极是冰岛

---

〔1〕 Mandatory pilotage in Greenland, https://www.dma.dk/SikkerhedTilSoes/Sejladssikkerhed/BrugAfLods/LodspligtiGroenland/Sider/default.aspx, 最后访问日期：2018 年 9 月 15 日。

外交政策的一个新的核心要素。1979 年《关于领海、专属经济区和大陆架法》划定了冰岛的海洋区域，所有的领海基线全部采用了直线基线方法。

尽管冰岛被北极理事会认为全部属于北极地区，冰岛的海洋区域却不包含在国际海事组织出台的《极地指南》和《极地规则》的适用范围内。2004年修订后的《海洋和沿海防污染法》是冰岛关于船舶海洋污染的最主要法律，其船舶标准并没有超越一般接受的国际规则或标准以及相关的欧盟标准。冰岛没有依据《联合国海洋法公约》第 234 条在冰封海域内实施特殊安排。

第四节　北极航道沿海国航行管制的现状与趋势

《联合国海洋法公约》中的冰封区域条款为北极航道沿海国制定单边航行管制措施提供了依据，然而北极国家实施单边航行管制应当符合这一条款的适用条件和限制性要求，以确保平衡沿海国环境保护的管辖权与其他国家的航行权。

一、北极航道沿海国航行管制的现状及特点

从目前的国家实践看，美国、挪威、丹麦、冰岛都没有援引冰封区域条款制定单边航行管制措施，其国内法的规定遵循了《联合国海洋法公约》对不同海域管辖权的划分，遵循了国际海事公约确定的国际标准，尚没有突破国际标准制定更高的单边管控措施和要求。这些国家作为北极航道沿海国在航行管制上采用的是多边主义的路径，重视作为主管国际组织的核心作用，通过多边机制磋商制定统一的国际北极航行规则和标准。

在北极水域航行管控问题上，加拿大和俄罗斯采取的则是明显的单边主义政策，两国很早就对各自管辖的北极水域实行严格的单边航行管制，以《联合国海洋法公约》中的冰封区域条款为国际法依据，制定和实施适用于通行其北极管辖水域的国内法规则。近年来随着北极水域的通行量有所提升，两国纷纷出台新的航行管控规则，呈现出北极沿海国强化航行管制的趋势。两国航行管制措施涉及船舶设计、建造、装备、人员配备、领航等规定和防污标准，部分要求高于一般接受的国际标准，是研究北极航道沿海国管控的重点。

加拿大和俄罗斯主张实施沿海国单边航行管控有其特定的背景和原因，从客观因素看，加拿大和俄罗斯在北冰洋的管辖海域广阔，海岸线漫长、曲

折且多岛屿，北极航道的开发利用对这两个沿海国有更直接和深刻的影响，包括可能带来一系列的环境和安全风险。基于这种地缘现实，北极航道利用不仅关涉到两个沿海国管辖海域的环境保护，而且关系到其在北极地区的主权和安全，加强北极水域的航行管制与保障和强化主权和安全勾连起来。加拿大通过 AWPPA 法案时正值其北极主权意识觉醒，并通过制定法案主张和划定北极群岛水域为其内水的时期，强硬的内水主张必然遭到美国的反对，以环境保护为由实现对其北极水域的实际管控反而有助于强化加拿大对北极群岛水域的主权，由此可见，加拿大对北极水域的单边管控自始就与主权关切有着密切联系。

西北航道和东北航道海域的自然环境状况、通航条件不同，加之加拿大和俄罗斯作为沿海国的管控能力不同，因此两国北极航行管制的侧重点有所不同，表现为管控目的和管理体制上的差异。但另一方面，两国的管控措施又存在较大的相似性，通过近年来管理规则的调整，两国的航行管控制度出现趋同。

第一，两国的管辖海域制度与《联合国海洋法公约》的规定日趋一致，管辖海域范围和性质得到明晰。《加拿大北极水域污染防治法》100 海里的管辖范围延续了近 40 年，2009 年才修订为 200 海里专属经济区，而这期间国际上的领海范围从最初 3 海里发展到 12 海里，专属经济区制度从无到有，100 海里管辖区的性质始终略显尴尬，当前加拿大将北极水域范围扩展至专属经济区外部界限，一定程度上是为强化海域管辖。2013 航行规则出台前，俄罗斯北方海航道的范围尤其是北部界限存在争议，新法案澄清了航道所在水域的范围，明确了俄罗斯航道管辖的地理范围，从其北部海岸向北延伸至专属经济区边界，管辖海域的性质也得到确认。目前，两国均已最大化对北极海域航行活动的管辖范围。

第二，加俄两国对在北极水域的航行设立了准入制度。两国首先有一套其认可的船舶极地级别系统，在此基础上，根据各区域冰情状况的差异对不同级别船舶规定了通航的进出时间限制。加拿大的具体方案是根据航行条件的优劣将北极水域统一划定为 16 个航行安全控制区，冰情越差的区域对通航船舶的抗冰能力要求就越高，通航时间也相对较短。俄罗斯则是直接将四个北方边缘海分成了七部分，对不同冰级的船舶规定了独立航行或破冰船破冰领航的月份时间，在此期间内，又考虑到了冰情实际情况及其变化，规定了特定船舶是否可以通行。实际上，俄罗斯的这个准入规则融合了加拿大传统的时间-区域系统和灵活的 AIRSS 系统，兼具稳定性与灵活性。此外，两国认可的船舶冰级系统有所不同，加拿大认可芬兰—瑞典冰级和加拿大自己的冰级级别，同时对 IACS 出台的极地级别加以认可和安排，而在俄罗斯新规则中，俄罗斯采用的是俄罗斯海船入级建造规则认定的船舶标准，包括九级冰区加强船舶以及三级破冰船。尽管在船舶分级系统上存在差异，两国以冰情状况为由限定船舶进入其北极海域的制度要求却是一致的。

第三，加俄两国均实行强制性航行报告制度。计划在两国北极海域航行的船舶，在航行前后及过程中均要向相应的交通管理部门报告航行的具体情况，并保持无线电通讯的实时沟通，此种交通管理的主要目的是为保障航行安全提供交通服务，客观上起到了加强沿海国对管辖范围内船舶航行管控的作用。进入加拿大北方船舶交通服务区的船舶需要向北方交通服务区提交航行报告，报告内容涵盖船舶、航程、货物等各方面信息；海上通讯和交通服务官员有许可通行、指示船舶提供相关信息和航行等的权力，但这种权力是一种交通管制权，而不同于内水制度中沿海国享有的航行许可权。相比之下，俄罗斯对航行报告程序的规定更细致，计划在北方海航道水域航行的船舶在航行申请获得许可后，须提前 72 小时向管理局提交详细的航行报告，24 小时再次确认航行情况，即将通过航道水域边界、进入之后、离开之前的每一天均要报告航行的相关情况。这种更为严密的交通管控得益于俄罗斯相对强大成熟的北方海航道控制能力。

第四，加俄两国均规定了冰区引航制度。针对冰区航行存在的潜在危险，加拿大要求油轮以及采用 AIRSS 系统航行的船舶应配有具备冰区航行经验的导航员，俄罗斯则依据船长或其他操作人员具备冰区航行经验的情况，指定引航员提供冰区引航。加拿大要求冰区导航员应当有 30 天以上的冰区导航经验，俄罗斯新规则中要求冰区引航员应当有至少 6 个月的冰区航行经验。但无论标准高低，事实上进入加拿大海域的船舶依赖加拿大籍导航员为其服务，[1]

---

〔1〕 从加拿大交通部的一份研究报告也可看出为外国船舶服务的冰区导航员主要为加拿大籍，Hours of work and rest of Canadian ice navigators on board foreign-registered vessels in Arctic waters（TP 13207E）。

进入俄罗斯海域的船舶依赖俄罗斯的引航员引航。凭借冰区航行的先进经验以及对北极海区地理和冰情状况的了解，冰区导航制度也成为北极沿海国管控航行的有效途径。关于破冰船领航，俄罗斯改变了之前有关通行四个主要海峡必须接受破冰船领航的要求，根据海域冰情规定了破冰船领航的条件和情形，并规定根据实际领航服务的情况收取费用；加拿大也将破冰引航作为一种航行安全服务提供给北极水域的船舶，而非强制性要求。

第五，加俄两国均严格控制污染物的排放。加拿大在北极水域实行废物零排放制度，除明确规定的例外情形，禁止船舶排放任何废物。这里的废物定义非常宽泛，违反规定的船舶将面临起诉并承担严格的民事赔偿责任。加拿大还在 MARPOL 公约的基础上制定了专门的船舶污染物和危险化学品的规则标准，压舱水的交换规则等等。俄罗斯要求进入北方海航道水域航行的船舶遵守俄罗斯缔结的国际公约、俄罗斯有关防污环保的法律法规，排污标准按照 MARPOL 公约中特殊区域的标准，在北方海航道水域航行规则中也明确禁止残油的排放，并要求船舶配有充足的残油、废物存储舱。

沿海国对北极航道的法律规制是北极航运法律秩序的重要组成部分，其发展和完善对促进安全高效的北极航运、促进北极航道开发利用具有重要意义。随着北极航道通航条件的不断提升，北极沿海国对其航行法律制度做出了及时调整，总体上看加拿大和俄罗斯对通航船舶实施的管控措施趋同，管控力度有所强化。

二、北极航道沿海国单边航行管制的合理限度

近年来，加拿大和俄罗斯管控北极航行活动的海域范围已经扩展到专属经济区的外部界限，尽管在理论上，冰封区域条款界定的冰封区域在海冰持续消融的现实背景下应当收缩，但在实践中，航道沿海国却在扩张其管控的范围。管控措施从直接限制污染物排放到提出适用冰区航行的船舶设计和建造标准，从要求冰区引航到要求全程航行报告，沿海国对船舶通航北极航道的管控可谓全方位、无缝隙，沿海国对北极航道的管控有逐渐强化的趋势。沿海国依据冰封区域条款制定和实施的北极航行管控是否超越了冰封区域条款的合理使用，国际海事规则以及新制定的极地航行规则对北极航道沿海国单边航行管制是否有制约作用，关系到北极航行秩序的发展，值得深入剖析。

（一）对冰封区域条款的扩张适用

加拿大和俄罗斯对北极水域航行活动的管控制度大同小异，对比冰封区域条款的解释和适用，两国国内法规的规定具有突破冰封区域条款的情形，因而受到其他国家的批评和质疑。

1. 对航行权的影响

加拿大和俄罗斯将单边航行管制措施不加区别地适用于其北极管辖水域，包括其内水、领海和专属经济区的范围，这种做法与海洋法上的海域分区原则严重抵触，损害了其他国家船舶在相应海域的航行权。俄罗斯要求通行北方海航道水域的船舶提出航行申请，获得许可才可进入其管辖海域，将这种内水化的航行管制全面推行于内水、领海及专属经济区，直接破坏了领海的无害通过制度、用于国际航行海峡的过境通行制度以及外国船舶在其专属经济区范围内的航行权。加拿大没有明确规定航行许可制度，但要求进入北方交通服务区的船舶须提前从管理机关获得通关，这种通关的程序性要求具有初步审查是否遵循加拿大国内法的实质性内涵，同样在事实上对内水之外海域的航行权构成了一定限制，对外国船舶的航行权也有一定程度的妨碍。

2. 科学证据

加拿大针对不同抗冰能力的船舶设置了一个固定的航行区域-时间系统，为弥补这一规则在灵活性上的不足，又引进了北极冰区航行系统（AIRSS），允许船舶在冰情合适的情况下在目前区域—时间系统以外航行。但一个2007年为加拿大交通部准备的研究报告揭示，区域—时间系统曾经与北极水域的冰密度情况相符，如今已经不再适应，即使是相比较而言更加灵活准确的AIRSS也需要继续更新。[1] 俄罗斯北方海航道新规确定的船舶准入和航行规则是否基于最可靠的科学证据也不透明。冰封区域条款要求管理规章的制定应当依据国际认可的现有最可靠的科学证据，以避免沿海国过度任意专断的管制。因此，有研究建议加拿大与美国开展北极海域气候水文科学合作、获取和交换最新科学数据，在此基础上建立新的船舶通行机制，为利益相关国家提供开放的参与机会，有助于获得更大的国际认同，化解科学基础

---

[1] Timco and Kubat, "Regulatory Update for Shipping in Canada's Arctic Waters: Options for an Ice Regime System", Discussion Paper TP 14732 (Canadian National Research Council, March 2007), p. 8, 12.

方面的争议。[1]与之相似，俄罗斯也可以加强与挪威、美国和加拿大在北极海域自然条件方面的科学研究合作，使其航行管控政策建立在可靠的科学基础之上。

3. 管控措施的目的

加拿大和俄罗斯管控北极航行的措施是全方位的，不仅制定了严苛的排污标准，特殊的船舶设计、建造、人员配备和装备标准及海域准入规则，还建立了强制性航行报告和交通管制规则。有些措施如船舶装备的要求（如救生设备）以及航行交通服务系统，其主要和直接目的是保障船上人员生命安全和船舶航行安全，而非防控船源污染，这是否属于对冰封区域环境管辖权的合理使用尚存争议。在实践中，加拿大单方面建立北方交通服务系统的做法已遭他国挑战。

4. 主权豁免

加拿大 AWPPA 在规定严格的废物排放标准时并未给予国家公务船舶豁免，仅在航行安全控制区规则中特别规定，国务专员在确认船旗国已采取相应预防措施的条件下可以对其免除适用[2]，这种有条件的管辖豁免不符合《联合国海洋法公约》规定的国家公务船舶对冰封区域环境管辖享有主权豁免的要求。对外国公务船舶如科考船等通行北方海航道水域，俄罗斯在许可程序和收取助航服务费等方面也没有落实主权豁免的要求。

（二）国际海事规则对冰封区域条款的制约

未经国际海事组织程序，2010 年加拿大单方面在北极海域实施强制性交通服务区管制，随即遭到美国等国家反对，并引发了国际海事规则与冰封区域条款关系的讨论。美国和国际独立油轮船东协会（INTERTANKO）在国际海事组织内对加拿大新规提出了合法性质疑，指其单边建立强制性交通服务区管控规则违反了《国际海上人命安全公约》（SOLAS）及其有关决议和指南

---

〔1〕 Peter Luttmann, "Ice - Coverd Areas under the Law of the Sea Convention: How Extensive are Canada's Coastal State Powers in the Arctic?", *Ocean Yearbook*, vol. 29, No. 1, January 2015.

〔2〕 Arctic Waters Pollution Prevention Act, Article 4.

中的规则和程序要求。[1]新加坡进一步指出，加拿大建立交通服务区管控规则是否符合《联合国海洋法公约》第 234 条的根本目的，是否属于冰封区域条款的合理使用仍需要论证。[2]加拿大方面则主张《联合国海洋法公约》第234 条特殊管辖权为执行加拿大新规 NORDREG[3]提供了国际法依据，而且根据国际海事组织通过的 SOLAS 第五章第 11 条和第 12 条"不妨碍各政府根据国际法享有的权利和义务"，即公约不影响加拿大依据冰封区域条款采取相应措施保护海洋环境的权利。[4]

加拿大北方交通服务区管控规则是否属于冰封区域条款的合理使用取决于对冰封区域条款的目的进行扩张解释还是严格解释，本文对这一争论暂不赘述，本书重点探讨的更深层问题是冰封区域条款与国际海事规则的关系。加拿大援引国际海事公约中的保留条款，主张冰封区域条款相对于国际海事规则的优先地位，强调该条款在海洋法上的"特别法"（lex specialis）性质，本质是将冰封区域条款置于不受其他规则制约的特殊地位。这种立场是对国际海洋法以及国际航运法律体系力图维护的沿海国航行管控利益与全球航运利益之间平衡的破坏，难以得到国际社会特别是航运大国的支持。美国等方面挑战加拿大的单边措施，要求其北极航运管制应遵循多边海事程序和规则，一定程度上体现了国际社会的态度和立场。

国际海事组织是各国协商制定国际航运规则的全球性组织，在国际航运法律体系中占有核心地位，其主导制定的 SOLAS 和 MARPOL73/78 及其议定书等多边航运规则具有广泛约束力。管控北极海域航运活动时，国际海事组织在发展国际航运管控规则方面的主导地位应当被尊重。针对晚近兴起的航行管控措施，如航行报告和交通服务区制度，国际海事组织已经出台了一般

---

〔1〕　United States and INTERTANKO, Northern Canada Vessel Traffic Services Zone Regulations, MSC 88/11/2, 22 September 2010.

〔2〕　Report to the Maritime Safety Committee, IMO Doc. NAV 56/2, 31 August 2010. Report to the Maritime Safety Committee on its Eighty-Eight Session, IMO Doc. MSC 88/26/Add. 1, Annex 28, 19 January 2011.

〔3〕　NORDREG 最初是加拿大在北极水域的交通服务区名称。2010 年《北方船舶交通服务区规定》（Northern Canada Vessel Traffic Services Zone Regulations）引入强制性航行报告的规则，改变了长期以来北极交通服务区 NORDREG 自愿性的性质，官方和学界开始直接使用 NORDREG 指代该法规。此处即是这种含义。

〔4〕　Canada, Comments on document MSC 88/11/2, MSC 88/11/3, 5 October 2010, para. 5. 1.

原则和指南〔1〕，冰封区域沿海国在实施这类管控时不应当采取单边行动，而应按照国际海事组织的原则和要求、经过它的认可后建立和实施。正如有关评论指出："《联合国海洋法公约》第 234 条应当与公约中其他条款联系在一起解读，即那些要求沿海国应当遵守国际海事组织针对航行安全和防止船源污染事项制定的国际规则和标准的规定。沿海国依据第 234 条制定的特殊国内法不能与 SOLAS 和 MARPOL 等国际海事组织的规则和标准抵触或重叠"。〔2〕

因此，冰封区域条款的特殊授权不能成为北极沿海国不遵守相关国际海事规则的挡箭牌，国际社会通过国际海事组织共同协商制定的航运管控措施及相关规则应当被尊重和维护。北极沿海国在实施那些影响其他国家航行权的管制措施时，应遵守国际海事组织已经出台的相关规则，通过多边平台建立新的管制措施。

（三）《极地规则》的出台对冰封区域特殊管辖权的影响

国际海事组织先后出台了《北极冰覆水域船舶操作指南》（2002 年）〔3〕和《极地水域船舶操作指南》（2009 年）〔4〕，《极地规则》〔5〕中的强制性规则先后于 2017 年 1 月 1 日和 2018 年 7 月 1 日生效。作为第一部具有强制约束力的极地水域航行规则，《极地规则》全方位规定了与极地水域航行有关的事项，涉及船舶结构、机械设备、电气装置、防火安全、救生设备、航行安全等，同时在环境保护方面，新规在 MARPOL 附则基础上提高了对油类物质、散装有毒液体物质等四类污染物的排放标准。

由于《联合国海洋法公约》第 234 条并不包含遵循"一般接受的国际规

---

〔1〕 《国际海上人命安全公约》第五章第 11 条和 12 条分别规定了船舶报告系统和船舶交通服务系统。

〔2〕 A. Blanco-Bazán, "Specific Regulations for Shipping and Environmental Protection in the Arctic: The Work of the International Maritime Organization", *The International Journal of Marine and Coastal Law*, vol. 24, 2009.

〔3〕 Guidelines for Ships Operating in Arctic Ice-Covered Waters, IMO Doc. MSC/Circ. 1056-MEPC/Circ. 399, 23 December 2002.

〔4〕 Guidelines for Ships Operating in Polar Waters, IMO Assembly Resolution A. 1024 (26), adopted 2 December 2009, IMO Doc. A26/Res. 1024, 18 January 2010.

〔5〕 MEPC 68/21/Add. Annex 10, International Code for Ships Operating in Polar Waters.

则和标准"的限制,《极地规则》的出台并不消灭这一条款作为一个替代性法律基础的地位,据此沿海国可以采取更加严格的环境(或安全)标准;但依照该条款的措辞和专属经济区内的航行自由原则,沿海国有必要解释为何其采取高于《极地规则》的保护措施是必要的。[1]《极地规则》是建立在可靠的科学基础上、经过多年的国际磋商而制定的,为提高船舶通行北极水域的安全和防控船舶造成污染提供了较全面的保障,它的出台提升了沿海国使用冰封区域条款的要求和标准,为行使特殊管辖权进行辩护将变得更加困难。

《极地规则》对冰封区域条款的影响还体现在《极地规则》的生效将改变北极水域航行的国际法制环境上。20世纪七八十年代环境保护浪潮在全球的兴起,深刻影响了海洋法的制定,国际社会承认冰封区域生态系统的脆弱性,在国际法对北极海洋环境保护不足的背景下认可了沿海国在冰封水域实施单边高标准管控的权利,以防止、减少和控制船舶对北极海域生态环境造成严重的损害。近十多年来,国际海事组织逐渐加强针对北极海域船舶航行的规则制定,从建议性指南发展到强制性、综合性的国际规则,已生效的《极地规则》对保障极地水域航行安全、控制船源污染具有重要作用,冰封区域条款制定时的特殊历史背景如今发生了重大变化,沿海国环境管辖单边主义的合法性基础被削弱。即便在法律规定上冰封区域条款一直存在,但在实际应用中,随着冰封区域条款发挥弥补国际规则不足的安全网作用逐渐减弱,援引这一条款的必要性会降低,其未来的使用将受到越来越大的限制。

三、沿海国单边管制与国际规则的协调

国际航运的高效开展要求沿线海域航运规则的统一,国际海事组织致力于制定和推行国际航行的国际标准。《极地规则》生效后,需要审视《极地规则》与冰封区域条款的关系,以及其生效会对沿海国单边管辖权带来何种影响。

(一)沿海国单边管制与国际规则的双轨发展

IMO成员国囊括了世界主要的海洋国家,代表了船旗国、沿海国等广泛

---

〔1〕 Øystein Jensen, "The International Code for Ships Operating in Polar Waters: Finalization, Adoption and Law of the Sea Implications", *Arctic Review on Law and Politics*, vol. 7, 2016.

利益主体的多元利益诉求，是国际社会开展海事合作、制定航运统一规则的权威组织。IMO出台极地水域航行指南和强制性规则，提升了极地水域的航行安全和防污标准，为北极航线的开通利用提供了法律保障。

航运界一直推动在全球范围内适用统一的航运标准，《极地规则》的生效是北极航行法律规制进程中的重要里程碑。国际航运公会（International Chamber of Shipping）就主张对北极水域船舶操作的新标准应在IMO多边平台中达成，而不是依赖单个国家的单边措施。在其公布的北极航运政策文件中指出，为了提供一个安全、商业上可行以及最优环境保护的国际航运管理方法，所有现行适用于北极水域的国内法制度都应符合《极地规则》以及所有其他有关的国际海事公约和守则，并与《联合国海洋法公约》的规定一致。北极国家应按照"公认的国际规则和标准"（GAIRAS）对外国国旗船适用要求。[1]

加拿大历来重视北极海域的环境保护，全面参与了《极地规则》中技术规则和法律规则的制定，在讨论中提出了数量可观的议案，积极向专业分委会提交有关极地操作手册示范模版、极地船舶值班船长和高级船员的强制培训、油污零排放等提案并获得采用，促进了规则的生成和完善。[2]自国际海事组织启动《极地规则》的制定以来，加拿大和俄罗斯两个实施了冰封区域沿海国特别管辖权的北极国家也适当调整了本国的国内法规定。为了落实《极地规则》的规定，加拿大制定了新的航行法规，并附带修订了一系列国内法规，以尽力确保吸纳的国际规则与其之前加拿大北极水域航行管控制度的协调和配合。俄罗斯则在《极地规则》出台前夕修订了北方海航道的航行管控规则，明确了管辖水域的范围，弱化了破冰船强制领航的规定，并修正了强征高额服务费的要求等，使得其北极航行管控的国内法规定更加符合国际法。

尽管如此，目前北极航道沿岸国航行管制仍然存在碎片化现象，突出表现为加拿大和俄罗斯援引冰封区域条款制定了高于国际规则的北极航行国内法。虽然两国都表示支持国际规则的发展和落实，但在可预见的时期内，加

---

〔1〕 Position paper on Arctic shiping, See http://www.ics-shipping.org/docs/default-source/resources/policy-tools/ics-position-paper-on-arctic-shipping.pdf? sfvrsn=20，最后访问日期：2019年3月7日。

〔2〕 白佳玉、李俊瑶："北极航行治理新规则：形成、发展与未来实践"，载《上海交通大学学报（哲学社会科学版）》2015年第6期。

拿大和俄罗斯依然会坚持在一般国际规则之外实施单边北极航行管控制度。国际多边规则与冰封区域沿海国单边管辖权之间可能存在潜在的冲突，加拿大学者援引 SOLAS、MARPOL 和《极地规则》中的关系条款[1]，以及加拿大批准 MARPOL 公约时提交的针对冰封区域条款的特别声明，主张相关国际海事规则不构成加拿大依照《联合国海洋法公约》第 234 条制定国内法律规章的障碍。[2]在《极地规则》与冰封区域沿海国特殊管辖权的关系上，作为其一贯的政策立场，加拿大极力要求加入维护第 234 条的保留条款，[3]这一点最终在新的修正案中有所体现，[4]通过保护冰封区域条款的管辖权不受新的《极地规则》的影响，维护其利益诉求。《极地规则》制定前后，加拿大和俄罗斯政府都没有舍弃基于冰封区域条款实施单边管辖的意向，二者保持单边管辖权的立场鲜明。

　　从加拿大和俄罗斯管制北极航行的国家实践看，两国目前实施的国内法制度与 IMO《极地规则》的要求仍存在重要差异。在国际规则之外，两国仍然保留了许多已经建立和实施的航行管控制度，某些航行管控超越了国际规则，对船舶航行提出了额外要求。加拿大维持了自 1970 年制定的北极水域废物零排放制度，经过几十年的法规修订更新，目前在防止油污、有毒液体物质、污水、垃圾排放的标准方面仍然严于现有的《极地规则》要求。此外，俄罗斯北方海航道水域的航行许可制度，要求所有进入北方海航道海域的船舶均须申请并获得俄方的批准才可通行，有权机关依据国际条约、俄罗斯法律以及北方海航道规则对通行申请进行审核，这不仅突破了《联合国海洋法公约》的规定，而且也有违海事规则对港口国管辖的限制。《极地准则》要求

---

　　〔1〕　在纳入"极地规则"有关航行安全内容的《国际海上人命安全公约》修正案中，新增加的第 14 章第 2 条（适用）第 5 款规定，"本章中的任何内容不妨碍各国在国际法中的权利或义务"。参见 ANNEX 7 AMENDMENTS TO THE INTERNATIOANL CONVENTION FOR THE SAFETY OF TLIFE AT SEA, 1974, AS AMENDED, MSC94/21/Add. 1。

　　〔2〕　Ted L. McDorman, "A Note on the Potential Conflicting Treaty Rights and Obligations between the IMO's Polar Code and Article 234 of the Law of the Sea Convention", in *International Law and Politics of the Arctic Ocean*, eds. by Suzanne Lalonde and Ted L. McDorman, Brill Nijhoff, 2014, p. 155.

　　〔3〕　加拿大提案见 Canada, Amendments to the International Convention for the Safety of Life at Sea, IMO Doc. MSC 93/10/12, 25 March 2014.

　　〔4〕　修正案文本见 MSC94/21/Add. 1, ANNEX 7 AMENDMENTS TO THE INTERNATIOANL CONVENTION FOR THE SAFETY OF LIFE AT SEA, 1974, AS AMENDED。

船舶持有有效的极地船舶证书，由船旗国主管机关在审核船舶遵守操作准则要求的基础上颁发，在船旗国管辖基础上，沿海国或港口国不应设置额外的程序性要求，对船舶遵守国际标准进行重复审核。沿海国和港口国依据海洋法对外国船舶享有一定的管辖权，但其管辖权主要体现在登临检查，且须已有明显证据或实际违法行为，俄罗斯的事前许可要求显然突破了这一限制。

（二）沿海国单边管制与国际规则的融合

北极沿海国单边管制与《极地规则》都是北极航行法律秩序中的重要组成部分，对保障北极航行安全和环境保护具有重要作用。由于加拿大和俄罗斯始终坚持基于冰封区域条款的特别管辖权，北极沿海国与国际极地航行规则目前呈现双轨发展的路径，但两个轨道的发展不是相互隔绝的，在北极航运法律秩序动态发展的进程中，二者在互相影响和促进，互为补充。

首先，国际规则的形成通常要经过漫长的多边磋商，加拿大等北极沿海国的单边规制早于统一国际极地航行规则的出台，对防范北极航行风险、保护北极水域的生态环境发挥了积极的作用。北极国家普遍重视北极海域的航行安全和环境保护，加之北极国家在极地冰区具有长期的航行历史，积累了丰富的极地冰区航行经验，对国际极地水域航行规则的磋商和出台发挥了重要作用。挪威、加拿大、俄罗斯等北极沿海国积极参与国际层面北极航行规则和标准的制定，无论是 2002 年《北极指南》、2009 年《极地指南》还是刚刚生效的《极地准则》都纳入了这些国家的冰区航行管控经验。例如，加拿大与俄罗斯均要求进入极地水域航行的船舶需要有一定的冰区加强，并建立了各自的船舶冰级体系，依据船舶的抗冰能力及冰情状况，对不同冰级的船舶提出限制操作的期间。IACS《极地船舶统一要求》以及《极地规则》中对船舶结构、水密性、稳定性的规定与加拿大冰级系统有诸多相似之处，加拿大已经逐步推进 IACS 统一规则与其国内管控制度的协调，并鼓励其他国家采取类似行动。[1]在冰区导航员制度方面，两国要求进入北极水域航行的船舶要配备有冰区操作经验的导航员，在 IMO 对冰区导航员的资质、培训和发证

---

〔1〕 Morten Mejlænander-Larsen, "Comparison of Technical Requirements for Ships on Arctic Routes", http://www. arctis-search. com/Comparison+of+Technical+Requirements+for+Ships+on+Arctic+Routes，最后访问日期：2018 年 9 月 2 日。

出台国际标准后，沿海国也会采纳国际标准。此外，对于船舶的排污标准，《极地规则》在一般接受的国际标准基础上规定了更严格的标准，与加拿大和俄罗斯的单边环境标准日趋接近，某些要求甚至比俄罗斯同期的国内法更严格。

其次，国际极地航行规则的发展也为完善和协调北极沿海国航行管控制度提供了标准。随着北极航线的开发利用逐渐成为可能，国际社会也在不断加强极地水域航行规则的制定，其中一个里程碑式的进展就是《极地规则》的出台和生效，这套综合规制航行安全和防止污染的极地规则是国际社会推动适用统一的极地水域航行规则和标准的重要成果，适应了北极航运日益增多的趋势，为保障航行安全、保护北极水域环境提供了重要和及时的法律保障。一方面，北极沿海国积极参与国际规则的磋商制定，发挥冰区航行的技术优势，贡献其冰区航行的管理经验，对《极地规则》的制定提出了许多可供借鉴和参考的规则措施。另一方面，《极地规则》的制定综合了不同国家的提议和讨论，建立在现有最新的科技发展水平基础上，许多防污措施和安全措施比沿海国制定的单边管制措施更加成熟和规范，要求更加合理，为沿海国制定和修订管控措施提供了范本和借鉴，也有利于促进原本碎片化的北极沿海国管制规则和标准走向统一。例如，加拿大在新规制定过程中就积极吸收了《极地规则》中的许多措施，特别是航行安全措施几乎照单全收，更新和提升了沿海国标准。

再次，北极沿海国的部分航行管控措施可以起到补充和保障国际规则落实的功能。例如，IMO 的主要条约未涉及破冰船的护航和协助问题，《极地准则》也没有特别规定，加拿大和俄罗斯规定的破冰和领航制度是对北极航行操作国际规则的补充。破冰领航本质上是一种与航行管控性质不同的服务性行为，有的是由国家海岸警卫队提供，如加拿大[1]；有的则是由经国家批准认可的公司提供，如俄罗斯[2]。具有科学依据的破冰船领航要求不同于行政管制性质的航行许可，通常不会产生妨碍通行的后果。特别是随着俄罗斯修

---

〔1〕 加拿大海岸警卫队破冰服务的详情参见 http://www.ccg-gcc.gc.ca/eng/CCG/Ice_ Who_ We_ Are。

〔2〕 为北方海航道水域提供破冰船服务的公司列表，参见 http://www.nsra.ru/en/ledokolnaya_ i_ ledovaya_ lotsmanskaya_ provodka/org_ ledokol_ provodka.html，最后访问日期：2018 年 9 月 2 日。

订北方海航行规则，取消了"一刀切"的强制破冰领航的规定，改为根据船舶抗冰能力及海域的冰情规定破冰服务适用的条件和情形，两国的国家实践都体现了领航制度的服务性属性。有学者指出，"尽管《极地规则》没有关于护航或破冰协助的规定，但一些条款已经预先假定使用这些措施了"。[1]例如，极地水域操作手册中须列明包含船舶在护航编队中的安全距离等内容，冰区导航员的培训内容中也应包含破冰操作的训练。这意味着破冰助航服务关系不适宜由国际公法主导，而更适合在沿海国的法规指导下、由船方与服务方平等协商处理，因此，沿海国在必要时为船方提供破冰助航服务合理地补充了国际层面的北极水域船舶操作规则。

目前以加拿大和俄罗斯为代表的北极航道沿海国维护单边管制的立场鲜明，理由也较为充分，因此国际规则的出台短期内不会取代沿海国单边管制，未来的发展趋势如何很大程度上取决于航道沿海国与航道利用国两方的政治力量对比。目前已经生效的《极地规则》是北极航行国际规则发展的一个重要起点，国际社会通过国际海事组织共同制定和推行极地水域航行国际规则的努力仍在继续，极地水域航行规则将会随着技术的发展、北极航运实践的需要不断修订和发展，《极地规则》的逐步实施以及后续发展为北极沿海国单边管控规则与国际规则走向融合统一提供了契机。在这个过程中，北极航线利用国家将会与主张严格单边管控的航道沿海国展开博弈，有望逐渐推动沿海国单边管制与国际极地航行规则接轨、融合，最终实现北极水域航行规则的统一。

---

〔1〕 Tore Henriksen, "The Polar Code and other developments at IMO, Workshop on Arctic Shipping", summary report, held at the Norwegian University Centre, St. Petersburg 8-9 October 2013. http://uit. no/Content/362520/Report%20St. %20Petersburg% 20workshop% 20v% 2014% 2001% 2015. pdf, 最后访问日期: 2018 年 6 月 17 日。

第三编

北极区域航运治理及各国航运政策实践

第六章

北极区域航运治理与合作

中国开发利用北极航线，不仅要有坚实的国际法法理依据做支撑，还要考察北极航运的相关治理机制，评估开发利用北极航线的战略环境，进而寻找中国参与北极航线治理的可行路径。中国参与北极航线开发利用的战略环境应重点把握两个层面，一是国际和区域层面的北极航线治理情况，二是单个北极国家和地区行为体的北极航线政策与实践。在国际治理层面，全球性海事合作组织以及北极区域合作平台是开展北极航运治理的主要多边机制，其北极航运治理措施体现了国际社会和北极相关利益方关于北极航运发展的立场，是推动北极航运治理发展和演变的主要力量。在国家和地区行为体层面，北极国家及重要域外航运国家是北极航线开发利用的核心主体，其对北极航线的利益诉求及其航线政策是影响北极航线开发利用的重要因素，是中国参与北极开发利用战略环境的重要组成部分。

本章从国际海事组织的北极航运治理、北极合作平台的航运治理、北极国家的北极航线政策与实践、域外国家北极航线战略及实现路径四个部分展开，力图全面分析我国北极航线开发利用的外部战略环境，把握北极航运治理的现状、发展与走向，为我国参与北极航线战略的制定奠定基础。

第一节　国际海事组织框架下的北极航运治理

国际海事组织是北极航运治理的全球性平台，是制定航运规则的权威国际组织，在北极航运治理中发挥核心作用。除管理众多国际海事公约外，国际海事组织先后制定了大量软法文件和硬法规则，适用于全球范围内的国际航行活动，包括北极水域的航行，特别是新近出台的《极地规则》作为适用于极地水域的强制性规则，对北极航行活动具有重要影响。

一、国际海事组织的组织架构与职能

作为大部分商品国际运输的可靠和廉价的运输方式，国际海运承担了超过 80% 的国际贸易量，海上运输真正具有国际性的属性，在国际层面上达成、通过和执行管理规则和标准对开展国际航运具有重要意义。作为联合国的专门机构，IMO 是制定国际航运安全、安保和环境绩效全球标准的主管机构，其主要作用是为航运业建立一个公平有效、普遍采用和普遍执行的管理框架。

IMO 的前身为"政府间海事协商组织"（IMCO）。1948 年 3 月 6 日联合国海运会议在日内瓦召开，会上通过了《政府间海事协商组织公约》，公约于1958 年 3 月 17 日生效，1959 年 1 月 6~19 日第一届缔约国全体会议在伦敦召开，IMCO 正式成立。IMCO 是联合国在海事方面的一个专门机构，负责海事技术咨询和立法。1975 年 11 月，第九届联合国大会通过了修改《政府间海事协商组织公约》的决议，决定自 1982 年 5 月 22 日起，IMCO 改为国际海事组织，以加强该组织在国际海事方面的法律地位，使其在海事和海运技术领域起到更大的作用。

在国际海事组织成立之前，一些重要的国际公约已经被制定，例如 1948年《国际海上人命安全公约》、1954 年《防止海上油污污染国际公约》以及处理载重线和海上避碰的相关条约。但是由于缺乏依托国际组织建立的稳定磋商和约束机制，大部分国际海事公约的缔约国数量不足、影响力有限，不能满足日益扩大的全球航运发展的需要。IMO 的创立恰逢世界航运业发生重大变化的时期，不仅致力于制定新的国际海事公约，还确保现有的法律文书与航运技术的变化保持同步。目前，IMO 负责 50 项以上的国际公约和协定，并通过了数量庞大的议定书和修正案。

IMO 以"清洁海洋上的安全、可靠和高效的航运"为宗旨，为各国政府提供开展国际海事合作的全球性机制，其主要工作是制定海上安全、防止海洋污染以及与之有关的公约、规则并予以贯彻执行。截至 2018 年 9 月 8 日，

IMO 已有 174 个会员国和 3 个准成员国。[1]全球航运大国和海上贸易大国几乎都是该组织的理事国，IMO 框架下制定的国际性的公约、条约文件代表了绝大多数国家的意志。IMO 成员国的身份有理事国和非理事国之分，IMO 大会每两年选举一次理事会成员，组成 IMO 执行机构理事会，行使广泛的管理和决策权。理事国又分为 A、B、C 三类，共 40 名。其中，10 个为在提供国际航运服务方面有最大利害关系的国家（A 类理事国），10 个为在国际海上贸易方面有最大利害关系的国家（B 类理事国），另外 20 个为在海上运输或航行方面有特殊利害关系并能代表世界主要地理地区的国家（C 类理事国）。2016~2017 届以及 2018~2019 届的 A 类理事国是中国、希腊、意大利、日本、挪威、巴拿马、韩国、俄罗斯、英国和美国。[2]

中国 1973 年正式加入 IMO，在第 9~15 届大会上当选为 B 类理事国，自第 16 届大会起连续当选为 A 类理事国。中国认真履行保障海上航行安全、保护海洋环境等方面的法律义务和国际责任，支持和积极参与 IMO 委员会和分委会的工作，为国际海事公约的制定和修订提出了科学合理的建议。根据 IMO 人的因素、培训和值班分委会（HTW）分委会秘书处统计，HTW 第一次会议至第三次会议，中国政府共提交 9 项提案，是参会缔约国提交提案数最多的国家。中国政府向 HTW 第四次会议提交了 10 个提案，通过 HTW 秘书处审核，列入在伦敦召开的 HTW 第四次会议议程。[3]在促进海事合作方面，中国政府还强调加大对发展中国家的支持力度，加强国际海运技术合作，帮助发达国家提高自身履约能力，并为发展中国家提供力所能及的技术援助和资金支持。

IMO 作为正式的国际组织，具有独立的法律人格、常设机构、制度化的议事程序，主要机构包括成员国大会、理事会、五个主要委员会和秘书处。IMO 大会是组织的最高权力机构，由所有成员国组成，每两年举行一次会议，必要时也可举行特别会议。大会负责批准工作方案、表决预算和确定财务安

---

〔1〕　三个准成员国为中国香港地区、中国澳门地区和法罗群岛。

〔2〕　Structure of IMO, http://www.imo.org/en/About/Pages/Structure.aspx，最后访问日期：2018年 7 月 9 日。

〔3〕　中国政府参加国际海事组织单次会议提案数创新高，http://news.hsdhw.com/415601，最后访问日期：2018 年 1 月 5 日。

排。IMO 理事会是组织的执行机构，每两年由大会选举组成，任期两年，对大会负责，在大会之下负责监督 IMO 的工作。其职能包括：协调各组织机构的活动，审议工作方案和预算草案并提交大会，接收各委员会和其他机构的报告和建议，并酌情向大会和会员国提出意见和建议，经大会批准任命秘书长，经大会批准就 IMO 与其他组织的关系达成协议或安排。此外，理事会在大会闭会期间履行除保留职能之外大会的所有职能。

IMO 的五个委员会分别是海上安全委员会、海洋环境保护委员会、法律委员会、技术合作委员会和促进委员会。海上安全委员会是最高技术机构，由所有成员国组成，负责处理 IMO 职能范围内所有影响海洋安全的事项，包括助航设备、船舶的建造和装备、人员配备、避碰规则、危险货物的处理、海事安全程序和要求、水文信息、日志和航海纪录、海上伤亡调查、救助和救援等。海洋环境保护委员会的职责是处理有关防止和控制船舶污染的事项。这两大委员会由多个分委员会[1]协助完成工作，分委员会也向所有会员国开放。法律委员会成立于 1967 年，最早是为了处理托里峡谷号（Torrey Canyon）灾难产生的法律问题，技术合作委员会负责审议和执行 IMO 作为执行机构或合作机构的技术合作项目相关事项。促进委员会在 1972 年作为 IMO 的一个附属机构成立，到 2008 年 12 月完全制度化，由所有会员国组成，通过执行 1965 年《国际海上运输便利化公约》及与促进国际航运相关的所有事项，处理和消除国际航运中不必要的手续和繁文缛节。各成员国在这些机构中讨论航运和相关产业的发展情况，并可以就具体事项制定新的公约或对现行公约制定修正案提出议案。

二、国际海事组织的极地航运治理

IMO 制定了多部关于国际航行安全与防止船舶污染的国际公约，包括《海上人命安全公约》（SOLAS 1974），《国际防止船舶污染公约》（MARPOL 73/78）以及《海员培训、发证和值班标准国际公约》（STCW 78/95）等，这些公约为全球海域内的国际航行提供了最低限度的国际标准。除此之外，IMO

---

[1] 分委员会包括人力要素、培训和值班分委会（HTW），海事组织文书执行问题分委会（III），航行、通信和搜救分委会（NCS），污染预防和反应分委会（PPR），船舶设计和建造分委会（SDC），船舶系统和设备分委会（SSE），货物和集装箱运输分委会（CCC）。

还针对一些特殊情形出台了大量建议性准则、指南等文件，其中不乏《冷水生存指南》《偏远地区客船操作航行计划指南》等有关极地水域航行的文件。

北极地区特殊的气候条件、冰覆盖状况对航行造成特别的障碍和危险，也对航行安全提出了更高的要求，适用于一般海域航行的规则和标准不足以保证船舶在北极海域的正常航行，不足以保护北极海域脆弱的环境免受船源污染。[1]1989 年发生在阿拉斯加海域的埃克森瓦尔迪兹号油轮事故促使国际社会开始关注北极海域的环境保护，IMO 着手在已有的一般性国际规则的基础上制定专门的北极安全航行准则。

考虑到北极地区的具体气候条件，为达到适当的海上安全和防止污染标准，IMO 海洋环境保护委员会及海上安全委员会于 2002 年分别批准通过了《北极冰覆水域船舶操作指南》[2]，这一指南在 SOLAS 公约和 MARPOL 公约的基础上提出了针对北极水域航行的特殊要求。[3]考虑到南极海域面临类似的航行安全和环境风险问题，2004 年第 27 次南极条约协商国会议邀请 IMO 考虑修订操作指南，使其适用范围覆盖到《南极条约》冰封水域。[4]经过对指南的彻底修订，2009 年 IMO 第 26 次大会决议通过了《极地水域船舶操作指南》。

《极地水域船舶操作指南》是一部综合性的管理文件，全面规定船舶设计、装备、人员配备和船舶操作等标准，以促进极地水域船舶的航行安全，防止船源污染。这些规定的制定考虑了极地水域的特殊气候条件及其对航行安全和环境保护的特殊风险，超越了现有海事公约要求的额外标准。然而指南是建议性质的，依赖船旗国、船方的自愿遵守，没有强制约束力，也不妨碍有关国家航行管控国内法制度的适用。IMO 继续推动指南向有法律拘束力

〔1〕　许多学者指出北极环境保护机制的不足，需要一个保护北极环境的多边法律框架。参见 Donald Rothwell, "International Law and the Protection of the Arctic Environment", *International and Comparative Law Quarterly*, vol. 44, 1995。

〔2〕　Guidelines for Ships Operating in Arctic Ice-covered Waters, MSC/Circ. 1056-MEPC/Circ. 399.

〔3〕　指南的制定背景及历史参见 Øystein Jensen, "The IMO Guidelines for Ships Operating in Arctic Ice-covered Waters: From Voluntary to Mandatory Tool for Navigation Safety and Environmental Protection?", FRIDTJOF NANSENS INSTITUTE Report 2/2007。

〔4〕　A. Blanco-Bazán, "Specific Regulations for Shipping and Environmental Protection in the Arctic: The Work of the International Maritime Organization", *The International Journal of Marine and Coastal Law*, vol. 24, 2009.

的准则转变。

极地指南通过的同一年，丹麦、挪威和美国向海上安全委员会（MSC）第86次会议提交了关于在极地适用强制性规则的提案[1]，建议设计和设备分委会（DE）及其他适当的分委会将制定极地区域强制性的海事规则作为高度优先事项，通过修订建议性的《极地水域船舶操作指南》，解决极地水域航行的安全和环境保护问题。海上安全委员会和海洋环境保护委员会（MEPC）先后通过决议，指示DE分委会负责制定具有强制拘束力的极地航行规则，从此开启了极地规则的磋商和制定进程，规则制定涉及MSC和MEPC几乎所有的技术分委会。经过接近五年的工作和磋商，IMO通过《极地水域船舶操作国际规则》（以下简称《极地规则》）[2]。为了通过相对高效的程序使其具有法律拘束力，规则文本被划分为安全措施和防止污染措施两大部分，每一部分又包含强制性规则和建议性规则两部分内容，以便各委员会和分委会之间合理分工，并与现有的国际公约对接，通过SOLAS公约、MARPOL修正案的方式使《极地规则》对两大公约的缔约国产生法律拘束力。

2014年11月MSC第94次会议通过了序言、引言和安全措施部分及SOLAS公约修正案，2015年5月MEPC第96次会议通过了序言、引言和防污染措施部分及MARPOL公约的修正案，按照默示程序，《极地规则》于2017年1月1日生效。[3]2016年11月MSC第97次会议通过了STCW公约及STCW规则修正案，要求对极地水域航行船舶的船员开展强制性培训和发证，预计于2018年7月1日生效。这比原先公布的生效日期推迟了6个月，以期给予海事培训中心足够的时间招募具有资质的讲员和准备课程。[4]《极地规则》成为第一部具有强制约束力的综合性极地水域航行规则，取代此前自愿适用的极地水域船舶操作指南。

---

〔1〕 MSC 86/23/9, WORK PROGRAMME Mandatory application of the polar guidelines, Submitted by Denmark, Norway and the United States.

〔2〕 Resolution MEPC. 264（68）, International Code for Ships Operating in Polar Waters.

〔3〕 "Shipping in polar waters: Adoption of an international code of safety for ships operating in polar waters（Polar Code）", http://www.imo.org/en/MediaCentre/HotTopics/polar/Pages/default.aspx, 最后访问日期：2018年11月24日。

〔4〕 "IMO Adopts Polar Code Amendments to STCW", http://maritime-executive.com/editorials/imo-adopts-polar-code-amendments-to-stcw, 最后访问日期：2017年9月28日。

《极地规则》的内容涵盖了航行安全和环境保护的各个方面，涉及SOLAS、MARPOL、STCW 三个国际公约的修订，实现了各技术委员会之间的合作，一揽子规定了极地水域船舶通航应当满足的特殊要求，对规范和指导极地水域航行活动具有重要影响。《极地规则》的一个突出特点是采用风险评估和目标导向原理制定安全规则，规则表现为"目标—功能要求—规定"的形式。在第一部分安全措施中，该规则首先评估出极地水域航行的十种特殊危险，进而从规避危险的角度确立航行安全和环境保护的治理目标以及为达成该目标应实现的功能性要求，最后基于功能性要求具体制定船舶设计、建造、人员培训、操作规范等规则。这种目标导向的标准不立足于现有的技术条件、标准或某些国家的利益诉求，而是从目标实现和功能要求的客观立场出发制定具体规则，不仅可以防止规则受限于个别技术标准、成为个别国家推行一己私利的工具，也有利于避免僵化的规范性标准，使其技术标准具有灵活性和可操作性。[1]

第二节　区域性合作机制与北极航运合作

北极区域合作的历史不过 30 年，专门针对北极的合作机构就已密集地建立起来，北极合作在双边、地区、区域乃至国际等各个层面推进，多元化的区域合作组织也纷纷建立。北极区域合作贯穿多个层面，除了传统的政府间合作外，合作主体还延伸到地方政府、国家议会、跨越政治国家的原住民群体、科研机构、商业组织乃至个人，形成了立体化的北极合作网络。合作领域广泛，科学考察研究、生物及生态系统保护、自然环境保护、区域经济社会发展是主要的合作领域，安全事务的合作目前限于海事安全领域。下文将梳理北极理事会和其他合作机制中的北极航运合作。

一、北极理事会框架下的北极航运合作

在北极区域治理机制中，北极理事会是由北极国家组建的政府间高级论

---

〔1〕 白佳玉、李俊瑶："北极航行治理新规则：形成、发展与未来实践"，载《上海交通大学学报（哲学社会科学版）》2015 年第 6 期。

坛，是北极国家与北极地区居民针对北极事务进行合作、协调和交流的多边平台，是公认的最重要的区域性北极合作机制。

（一）北极理事会的建立

北极国家政府间合作始于环境保护事务，第一个重要成果就是《北极环境保护战略》（AEPS）[1]。1991 年八个北极国家共同签署了这一战略，确定了北极地区环境保护战略的目标和原则，指出北极面临的主要环境问题，在分析了有关保护北极环境的国际机制及其不足的基础上制定了行动计划和措施。AEPS 下设工作组和任务组[2]，针对北极地区面临的环境问题开展基础性项目研究，以确定具体环境问题的性质和程度，并研究治理这些问题的行动方案。AEPS 工作组在短期内取得了许多基础性的重要成果，完成了《北极环境状况报告》《北极圈保护区网络战略行动计划》《北极地区生物多样性保护合作战略》《北极远海油气指南》等研究报告和行动计划，为北极国家政府采取国内治理措施或开展联合行动提供了指南。此外，北极国家还通过可持续发展任务组制定了《北极地区环境影响评估指南》，配合了当时刚缔结的《关于跨境环境影响评估的埃斯波公约》，通过开展区域合作敦促和协助相关国家在区域和国内层面履行多边国际环境保护条约中的义务和责任。[3]

与芬兰筹备和组织北极环境保护会议同一时期，加拿大国内也开始组织研究建立北极地区理事会的方案。加拿大北极资源委员会、因纽特人北极圈会议和加拿大武器控制中心共同组建了北极理事会工作组，先后提交了两份报告，加拿大国际事务研究所的工作组也发布了敦促加拿大政府建立北极地区理事会的报告。加拿大在综合多个国内机构、原住民组织和加拿大政府建议的基础上，形成了最终的政府提案。1991 年 6 月在罗瓦涅米部长级会议上，加拿大公开发起关于建立北极理事会的倡议。[4]然而北极国家在北极理事会

---

〔1〕 Arctic Environmental Protection Strategy, Rovaniemi Finland, June 1991.

〔2〕 其工作内容大致包含以下几个方面：北极监测和评估项目组（AMAP）评估特定污染物的水平和影响，北极动植物保护工作组（CAFF）处理物种和栖息地保护问题，北极海洋环境保护工作组（PAME）评估加强国内和国际海洋环境污染规制措施的必要性，应急预防准备和反应（EPPR）发展针对环境事故发生应采取的合作应对方案，此外还设立了可持续发展和利用任务组。

〔3〕 David Scrivener, "Arctic environmental cooperation in transition", *Polar Record*, vol. 35, 1999.

〔4〕 E. C. H. Keskitalo, *Negotiating the Arctic: the construction of an international region*, London: Routledge, 2004, pp. 67~68.

的性质、活动范围、成员资格、运作规则等问题上存在重大分歧。[1]加拿大提出建立一个伞状的政治实体补充新兴的北极合作机制，美国则希望北极理事会建立在宣言而非宪章或条约基础上，拒绝建立任何中央机构如常设秘书处，回避任何有关重大经费承诺的内容，大部分北极国家政府希望最小化北极理事会取得独立人格的可能。[2]经过艰难的谈判，直到 1996 年 9 月，8 个北极国家才达成《成立北极理事会的渥太华宣言》[3]（以下简称《渥太华宣言》），建立了第一个北极政府间区域性论坛。新成立的北极理事会接管了《北极环境保护战略》下建立和运行的工作组，1998 年 9 月，北极理事会在伊魁特召开第一次部长级会议，北极合作从《北极环境保护战略》过渡到北极理事会阶段。

北极理事会继承和发展了已有的环境保护工作组，在北极监测和评估项目组（AMAP）的基础上，从最初建立的一个致力于预防、减少和消除北极环境污染的行动计划，逐步发展成为北极理事会第六个常设工作组北极污染物行动计划工作组，推动减少污染物排放的国内行动。北极理事会负责处理除军事安全议题之外广泛的北极事务，在 AEPS 环境保护议题之外明确增加了可持续发展的内容，成立了可持续发展工作组（SDWG）。该工作组成立以来已经开展了大约 65 个项目和活动，其工作议题包含六个方面：北极人口健康和居民福利，经济可持续发展和社区持续繁荣，包括原住民语言在内的教育和文化遗产，生物及非生物自然资源的管理，适应气候变化，基础设施建设。[4]工作组的工作积极融合北极居民的传统知识，原住民组织在其项目中的参与非常广泛。当前北极理事会的工作涵盖环境与气候、生物多样性、海洋、北极地区的居民等北极事务，其是目前最主要的北极区域合作组织。

（二）北极理事会的组织架构

《渥太华宣言》是北极理事会的基础性文件，规定了北极理事会的性质、

---

〔1〕 Rob Huebert, "New directions in circumpolar cooperation: Canada, the arctic environmental protection strategy, and the arctic council", *Canadian Foreign Policy Journal*, vol. 5, 1998.

〔2〕 David Scrivener, "Arctic environmental cooperation in transition", *Polar Record*, vol. 35, 1999.

〔3〕 Declaration on the Establishment of the Arctic Council, Ottawa, Canada, 1996.

〔4〕 Sustainable Development Working Group, http://www.arctic-council.org/index.php/en/about-us/working-groups/sdwg, 最后访问日期：2018 年 4 月 6 日。

宗旨和职能、成员结构和运行机制，理事会成立后又出台了《北极理事会程序规则》〔1〕《北极理事会附属机构观察员手册》〔2〕等文件。性质职能方面，北极理事会是促进北极事务合作、协调和交流的高级论坛，其宗旨包括维护北极居民的福祉、保障北极地区的可持续发展以及保护北极环境三个方面。北极理事会承担管理协调《北极环境保护战略》框架下四个工作组以及可持续发展任务组等职能，但宣言并未授权北极理事会制定法律文件。

北极理事会的参与主体分为三个层级。第一层级是北极理事会的成员，包括 8 个北极国家。第二层级是永久参与方，目前 6 个代表北极原住民的组织〔3〕被赋予永久参与方的身份，有权参与所有理事会会议和活动，享有提案、发言等权利。永久参与方与成员国身份最大的不同体现在理事会正式决策时，永久参与方没有独立的投票权，然而北极国家在决策时有义务全面征询永久参与方的建议，从而确保其利益得到考量。第三层级是观察员，非北极国家和组织可以申请观察员身份，获得列席会议、参与项目的权利，但其参与权受到极大的限制。北极理事会为成为观察员设立了多重准入标准，是否批准由 8 个成员最终决定，接纳为观察员以后每四年要重新评估一次。

随着 2013 年中国、韩国、新加坡等 6 个国家被接纳为观察员，北极理事会的观察员国家已经达到 12 个〔4〕，其中有 7 个欧洲国家，5 个亚洲国家。欧洲国家参与北极区域合作较早，早在北极理事会建立之前，波兰、德国和英国就已经参与到《北极环境保护战略》的工作中，到北极理事会成立以后顺利被接纳为第一批观察员国家，之后法国和西班牙加入。

北极理事会的会议包括部长级会议和北极高官会议两种，北极高官负责接收和讨论工作组和其他附属机构的报告，并按照北极理事会的决定和指示协调、指导和监控北极理事会的活动。在决策权上，所有北极理事会及其附属机构的决定都应当由 8 个北极国家协商一致通过。北极理事会设有工作组、

---

〔1〕 Arctic Council Rules of Procedure, 1998 年制定, 2013 年修订。

〔2〕 Observer Manual for Subsidiary Bodies, 2013, Kiruna.

〔3〕 目前北极理事会永久参与方包括阿留申国际协会（AIA）、北极阿萨巴斯卡议会（AAC）、哥威迅国际理事会（GCI）、因纽特人北极圈理事会（ICC）、俄罗斯北方原住民协会（RAIPON）和萨米人理事会（SC）。

〔4〕 12 个观察员国家包括德国、荷兰、波兰、英国、法国、西班牙、意大利、中国、日本、韩国、新加坡和印度。

任务组、专家组作为附属机构，在北极高官的指导下开展工作。目前北极理事会有六个工作组运行，此外还根据需要设立短期任务组或专家组，应对特殊任务。北极国家或永久参与方可以提议开展合作活动，北极高官应当审议北极国家和永久参与方向部长级会议提出的合作活动，并向北极理事会提出建议，所有拟议项目的授权须经北极理事会会议决定。提议设立工作组、任务组等机构的，其组成及授权应当经部长级会议决定。

北极理事会建立在软法性文件基础上，因缺乏北极国家的授权，不具有独立的法律人格，缺乏制定和执行法律文件的权能，只是组织化程度较低的多边论坛。北极理事会的软法基础、参与主体的"等级差序结构"[1]以及松散的组织架构反映了特定历史条件下北极国家的政策考量和利益选择。北极国家意识到北极区域合作的必要性，但回避建立基于条约的国际组织，避免其决策自由受到太多的制约；北极国家从环保和社会福利等议题切入开展北极区域合作，具有良好的政治和实践基础；北极国家重视北极原住民的利益及其他利益相关方的作用，但仍然确保将决策权牢牢把握在自己手中。

（三）与北极航运相关的工作

作为目前北极地区最权威的北极事务协调处理机制，北极理事会在推进区域北极航运治理过程中发挥了重要作用。其对区域北极航运治理的推进主要集中在三个方面：发布 2009 年《北极海上航运评估报告》（Arctic Marine Shipping Assessment），协助北极国家达成 2011 年《北极海空搜救合作协议》（Agreement on Cooperation on Aeronautical and Maritime Search and Rescue in the Arctic）；协调北极国家达成 2013 年《北极海洋油污预防和应对合作协议》（Agreement on Cooperation on Marine Oil Pollution Preparedness and Response in the Arctic）。

1. 2009 年《北极海上航运评估报告》

进入 21 世纪以来，北极正在经历重大的改变，气候变化是北极理事会关注的重要议题。2004 年，北极理事会发布《北极气候变化评估报告》（Arctic

---

〔1〕 陈玉刚、陶平国、秦倩："北极理事会与北极国际合作研究"，载《国际观察》2011 年第 4 期。

Climate Impact Assessment）[1]，这是首个针对北极地区气候变化情况开展的综合性评估报告，揭示了气候变化的事实及其对北极生态系统、经济社会环境的深刻影响。气候变化背景下，北冰洋海冰在退缩，北极地区的经济活动在增加，这将对北极海洋环境以及北极居民尤其是原住民的生存、发展等产生重大影响。

基于对这些重要变化的认识，北极理事会在 2004 年 11 月的雷克雅未克部长级会议上，呼吁北极海洋环境保护工作组（PAME）在加拿大、美国和芬兰的主导下开展一项对北极海上运输活动的综合评估，并与突发事件预防、准备和响应工作组（EPPR）相协调。2009 年北极理事会在特罗姆瑟部长级会议上发布《北极海上航运评估报告》[2]，这个报告在加强北极海上安全、保护北极居民及其环境、建设北极海上基础设施三个方面提供了大量政策建议。2009 年 4 月召开的北极高官会议随后建议部长级会议通过这一评估报告，并最终体现在 2009 年 4 月 29 日的《特罗姆瑟宣言》中。

"加强北极海上安全"部分主要包括五方面建议：（1）加强同 IMO 等国际组织的联系；（2）促进 IMO 北极航运措施的实施，主要包括促进《北极冰覆水域船舶操作指南》的更新和强制实施，加强 IMO 船舶航运安全和污染防治全球公约在北极地区的实施；（3）协调北极海洋航运监管制度，促进北极航运治理的一致性；（4）加强北极水域的客船安全；（5）促进北极搜救国际文书的形成（其成果之一便是 2011 年《北极海空搜救协议》的达成）。

"保护北极居民及其环境"部分主要从以下八个方面提出建议：（1）北极原住民社区的用海调查，为评估北极海运活动影响提供实时基线数据；（2）与北极社区的沟通；（3）确定具有高度生态和文化重要性区域；（4）指定特别的北极海洋区域，如 IMO 项下的"特别地区"（SA）或"特别敏感海区"（PSSA）；（5）防止入侵物种；（6）防止溢油；（7）解决对海洋哺乳动物的影响；（8）减少空气污染等。

"建设北极海上基础设施"部分主要从以下四个方面提出建议：（1）解决基础设施不足问题，主要包括冰上导航训练、导航图、通信系统、港口服

---

〔1〕 Arctic Climate Impact Assessment, 2004.
〔2〕 Arctic Marine Shipping Assessment, 2009.

务设施、准确及时的冰情信息、避难所和破冰船的协助应对设施；（2）建设北极海洋交通系统，鼓励航运公司合作，以提升对海洋活动的监测和跟踪能力；（3）通过环境合作协议和双边协定来增强极地环境污染预防应对能力（其成果之一便是2013年《北极海洋油污预防和应对合作协议》的达成）；（4）投资水文、气象和海洋数据，使得北极航行图达到可接受的水平，以支持当前和未来的安全航行。

这三方面的措施建议为北极理事会和北极国家在2009年之后的区域北极航运治理提供了行动路线图。在航行安全方面，北极理事会提供协商平台，促使北极八国达成了2011年《北极海空搜救协议》；在环境保护和基础设施方面，北极理事会提供协商平台，促使北极八国达成了2013年《北极海洋油污预防和应对合作协议》；另外，北极八国自身对于港口、船舶和海情监测设施的改造增建，以及北极理事会北极监测和评估工作组（AMAP）等对于水文、气象和海洋数据的搜集分析工作，也为区域北极航运治理的推进提供了物质和信息支持。

2. 2011年《北极海空搜救合作协议》和2013年《北极海洋油污预防和应对合作协议》

首先需要明确的是，尽管北极理事会目前在架构上符合国际组织一般特点——具有"三级架构"[1]和设在特罗姆瑟的常设秘书处，但是北极理事会尚不具有独立的法律人格，缺乏制定和执行法律文件的权能，并不是一个国际法意义上的国际组织。其成立文件1996年《渥太华宣言》明确指出，北极理事会是北极国家就北极事务合作、协调和互动的高级论坛。因此，具有法律约束力的《北极海空搜救合作协议》和《北极海洋油污预防和应对合作协议》的约束力来源于北极八国的国家同意，而非北极理事会本身。北极理事会只是为这两份法律文书的起草和签署提供了重要的磋商平台和专业知识支持，如2011年《北极海空搜救合作协议》是在2009年成立的搜救临时任务组（TFSR）的主持下达成的，协议达成后该临时任务组就宣告解散；2013年《北极海洋油污预防和应对合作协议》（OPPRA）是在2011年成立的北极海

---

〔1〕　主要包括：两年一届的部长级会议、一年两届的高官会议（SAO）和附属机构（包括六个常设工作组、若干临时任务组和专家）。

洋油污预防与应对工作组（TFAMOPPR）主持下达成的，协议达成后该临时任务组就宣告解散。

《北极海空搜救合作协议》是对1944年国际民用航空组织《国际民用航空公约》（又称《芝加哥公约》）、1979年IMO《国际海上搜寻救助公约》（the SAR Convention）等公约的细化，其目标是"加强北极地区的航空和海上搜寻救援合作与协调"。北极国家承诺"在其管辖范围内促进建立、运行和维持足够和有效的搜索和救援能力"。该协议主要解决了搜救辖区的划分问题和搜救操作过程中的跨辖区加油问题，协议达成后的首次联合演习在2012年于格陵兰东部海岸举行，代号为"SAREX"。北极理事会成员之间谈判达成的关于航空和海上搜寻和救援的合作协定将使现有资源更加灵活地使用，并使其能够找到具有成本效益的解决办法。

《北极海洋油污预防和应对合作协议》是对1990年IMO《国际油污防备、反应和合作公约》（OPPRC）等油污协议的细化。其目标是"加强缔约方之间在北极的石油污染防备和应对方面的合作、协调和相互援助，以保护海洋环境免受石油污染"。北极国家承诺"在其管辖范围内建立并维持相关国家系统（national system）以迅速有效地应对石油污染事件，该系统应包含至少一个石油污染事故国家应急计划"。该协议主要明确了油污预防和应对辖区的南部界限和操作过程中的通知、联络、费用偿还等问题，协议达成后，在北极理事会的主持下又制订了《北极地区溢油应对和后勤指南》（Arctic Region Oil Spill Response and Logistic Guide，Arctic ERMA），促进了IMO冰区溢油就地焚烧烧项目对北极特殊性的考量。

在2017年5月举行的北极理事会第十届部长级会议上，成员国外长签署了具有法律约束力的《加强北极国际科学合作协议》（Agreement on Enhancing International Arctic Scientific Cooperation）[1]，旨在为北极地区相关科研活动提供更为便利的条件。协议确保八个北极国家的科学家能够进入各国已确定的北极地区，不仅包括人员、设备和材料的进出，还包括获取基础研究设施以及进入研究区域，这些措施将极大便利北极国家开展北极科学考察，对推动

---

〔1〕 Agreement on Enhancing International Arctic Scientific Cooperation, signed at the Fairbanks Ministerial meeting, 11 May, 2017.

北极科学考察合作具有重要意义。

（四）功能

北极理事会为北极国家提供了北极事务的定期会谈机制，即部长级会议和高官会议，同时依托工作组为参与方提供开展合作项目的具体途径，从科学研究到协商议事全面推进北极区域合作。一方面，增加了北极国家在北极事务上的协调与合作，促进北极环境保护和经济社会发展相关政策的实施；另一方面，强化了北极国家作为利益共同体的认同，促进北极地区作为独立的国际政治区域的形成，提升了北极地区在国际事务中的影响力。北极理事会尊重北极原住民的地方性知识和利益，赋予其实际参与的政治权利，为原住民组织提供了参与北极政策磋商制定的平台。

北极理事会的主要职能不是管理和决策，而是通过发现新的北极问题，形成议题进而影响国家、区域乃至国际政策议程。这种"生成功能"既是北极理事会的特点，也是北极理事会成功的关键。[1]围绕北极国家的关切，北极理事会建立了六个常设工作组，汇集了北极国家及相关组织的专家和资源，依照其授权独立或联合开展工作。北极理事会陆续发布了多个综合性的评估和研究报告，涉及气候变化及其影响、环境污染物、航运活动、动植物多样性、溢油污染反应、人类健康、原住民语言等重要议题。[2]这些基础性的研究报告提升了外界对北极的认识，深刻影响了北极区域治理的议题和方向，为北极国家制定北极政策提供了科学依据，其贡献的北极知识还推动了跨地区环境问题的治理。

北极国家近年来开始利用北极理事会建立和加强具体领域的合作机制，北极理事会的政策制定功能逐渐显现。自 2009 年起，北极国家针对专门事项开始设立任务组，其任务通常是研究和拟制行动计划或合作协定，具有显著的政策制定性质。任务组已经处理的议题包括加强黑碳和甲烷减排的行动、促进环北极商业论坛的建立、执行加强北极理事会机制的决定、开展和完成

---

〔1〕 Oran Young, "The Way Forward for the Arctic Council", Shared Voices Magazine 2016 Special Issue: Arctic Council at 20, http://www. uarctic. org/shared-voices/shared-voices-magazine-2016-special-issue/the-way-forward-for-the-arctic-council/，最后访问日期：2017 年 3 月 27 日。

〔2〕 http://www. arctic-council. org/index. php/en/our-work，最后访问日期：2016 年 7 月 12 日。

关于北极搜救合作国际文件的磋商、制定一个北极海上油污预防和反应的国际文件、制定防止海上油污染的方案等。[1]其重要的成果包括促成了《北极海空搜救合作协定》《北极海上油污预防和反应合作协定》和《加强北极国际科学合作协议》三个多边条约的签署，并创立北极经济理事会。尽管达成的三个北极合作协定不是北极理事会作为法律主体通过的文件，且名义上北极经济理事会独立于北极理事会，但不可否认，上述合作协议是北极国家通过北极理事会这一合作论坛开展磋商达成的，可以说，是北极理事会"孕育"了多边条约和新的专门性合作机制。

（五）局限

北极理事会在北极区域治理中处于核心地位，具有重要的政策导向和拓展北极合作机制的作用，然而在面对庞大而严峻的北极治理任务时，北极理事会机制显现出其局限性和不足，需要加强改革，提升治理能力。

首先，北极理事会作为政府间高级论坛，无法制定具有法律拘束力的规则措施，也无法提供国际条约的监督执行机制，这种软法基础被认为是北极理事会机制的重要缺陷。北极理事会只能敦促政府实施《北极远海油气指南》[2]等指南和措施，而没有保障履行的监督机制。这是北极理事会不具备国际组织法律人格的必然结果，也是各国政策博弈后的策略选择。建立一个以管理和决策为核心的国际组织实体，很有可能会牺牲北极国家的合作意愿和机制的灵活性。从北极理事会创立之初到现在，北极国家始终缺乏赋予北极理事会独立法律人格的政治意愿。2016年9月，北极国家通过庆祝北极理事会建立20周年的联合声明，重申遵守《渥太华宣言》确立的原则，[3]并无意改变北极理事会的法律性质，北极理事会在未来一段时间内仍将保持政府间论坛的软法结构。

其次，在北极理事会中，北极原住民组织作为独立的参与主体，可以参

---

〔1〕 http://www.arctic-council.org/index.php/en/about-us/subsidiary-bodies/task-forces，最后访问日期：2017年4月5日。

〔2〕 Arctic Offshore Oil and Gas Guidelines, 2009.

〔3〕 "The Arctic Council: A Forum for Peace and Cooperation," http://www.arctic-council.org/index.php/en/our-work2/20th-anniversary/416-20th-anniversary-statement-2，最后访问日期：2016年12月8日。

与北极理事会的会议和各项活动，北极国家的最终决策须征询其建议才可做出，然而原住民群体自身并不拥有类似政府拥有的资源和能力，实际的北极事务参与程度受到资源限制。原住民组织需要更高的能力、更多的人员和资金，才能充分参与北极理事会的相关工作。[1]域外国家和组织只能以观察员身份参与北极理事会的工作，无权参与任何决策，即便是参与工作组等附属机构的活动也受到等级分明的规则限制。北极国家既希望域外国家为北极合作项目贡献优势和专长，同时又严格限制其在北极政策层面的影响力，域外国家和组织的合理关切和利益得不到充分表达，影响了其参与北极理事会工作的积极性。

再次，北极国家内部也存在不同的利益群体，给北极理事会的内部合作带来很大的不确定性。从意识形态上看，美国和俄罗斯两个大国分歧严重，克里米亚事件暴露和深化了政治上的对抗状态；从综合实力上看，美国、俄罗斯和加拿大属于3个北极大国，5个欧洲北极国家实力相对单薄，只能通过在许多议题上抱团形成共同的声音，以增强北极事务上的话语权。更显著的集团分化表现在北冰洋沿海国和非沿海国的分类中，自2008年起美国、俄罗斯、加拿大、挪威、丹麦五国定期举行北冰洋会谈，将自己定位为北冰洋沿海国，目前已基本形成稳定的五国会谈机制，独立于北极八国组成的北极理事会框架。即使排除这些利益分歧，北极国家对北极地区的政策关注也存在差异，如美国北极理事会主席国上一任期内将应对气候变化的影响作为重点政策之一，而加拿大在上一任期内的总体主题是"为北方人民而发展"，特别重视负责任的资源开发和北极航运等北极开发活动。此外，专业性、地区性的北极合作机制在北极理事会外纷纷建立，除北极地区议员常务委员会、国际北极科学委员会、北方论坛、北极大学联盟等合作组织作为观察员适当参与北极理事会合作项目外，大多数区域合作组织与北极理事会并无制度上的稳定联系，这样就导致北极区域治理力量多元中心和碎片化，一定程度上导致北极理事会作为高级政府间论坛的中心作用被淡化和削弱。

此外，抛开北极理事会利益主体多元和北极治理力量分散的问题，北极

---

[1] Terry Fenge and Bernard Funston, "The Practice and Promise of the Arctic Council", *Greenpeace Report*, April 2015.

理事会内部机制运作也存在很多结构性挑战。早在 2001 年，曾任芬兰环境部部长的佩卡·哈维斯托（Pekka Haavisto）提交的咨询报告就指明了北极理事会的多项问题，例如对外宣传不足、内部沟通欠缺、缺乏行政服务、对观察员的角色没有清晰的界定、与其他北极行为体的合作没有制度化、资金不足、自下而上的进程、由工作组制定北极政策、存在任务重叠和空白等。[1]针对其中许多问题，北极国家采取了多项措施，优化了管理制度。具体包括：2012 年和 2016 年两次制定《北极理事会宣传战略》[2]，力图向外界提供准确、及时、全面的北极事务信息，促进对北极理事会及其工作的支持；2013年在特罗姆瑟设立了常设秘书处，开展行政和管理工作支持北极理事会运作；出台《北极理事会附属机构观察员手册》，细化观察员的准入标准和参与规则；建立项目支持专款基金（PSI）；出台了规范附属机构与外部组织建立和保持协作关系的内部程序指南，规范与外部合作机制的联系和沟通。然而这些改革相对于北极治理任务的需要仍然显得十分缓慢，北极理事会需要继续推进改革提升工作能力。

最后，不稳定的经费来源也是制约北极理事会工作的一个重要因素。北极国家对北极理事会不承担拨款缴费的义务，北极理事会运作的经费严重依赖于北极国家的自愿资助，这对理事会持续稳定的开展工作带来很大风险。秘书处针对北极理事会资助的报告指出，虽然常设秘书处和各工作组秘书处的经费主要来源于成员国的直接拨款，但工作组的项目运行主要来源于参与方的实物资助，由相关国家的国家机关、国际组织和个人贡献信息、工时和专业资源。[3]主导国家的资助和投入决定了项目能否启动和顺利开展，而人员投入相比较资金投入具有更大的流动性，这就加剧了项目组工作的不稳定性。自愿、利益驱动和针对具体任务的项目经费模式使一些工作组没有足够的资金能力开展工作，例如生物多样性评估项目就曾因为资金不足延期了

---

〔1〕 Pekka Haavisto, "Consultant's study: Review of the Arctic Council structures", 2001, https://oaarchive. arctic-council. org/bitstream/handle/11374/449/ACSAO-FI01_ 6_ AC_ Structure_ final. pdf? sequence＝1&isAllowed＝y，最后访问日期：2017 年 3 月 7 日。

〔2〕 Arctic Council Communication Strategy, 2016.

〔3〕 Arctic Council funding: An overview, 2016, https://oaarchive. arctic－council. org/bitstream/handle/11374/1721/EDOCS-3199-v4-ACSAOUS202_ Fairbanks_ 2016_ 5-1_ Arctic-Council-funding-an-overview. pdf? sequence＝1&isAllowed＝y，最后访问日期：2017 年 2 月 15 日。

多年。[1]

　　为了给紧迫、重要项目的开展提供充足稳定的资金支持，北极理事会2004年设立了项目支持专项基金（PSI），这是一个为优先项目提供资金支持的自愿性机制，专门用于资助有关北极污染物行动项目的开展。其运作情况严重依赖北极八国的资助意愿，设立之后的很长时间因资金不到位一直没有启动，直到2014年美、俄两国先后落实拨款后才开始运作。而且这一基金的资助范围较窄，行动导向的污染防治项目之外的其他工作组项目无法受益，北极理事会自愿性的经费模式仍没有发生根本改变。

二、其他区域性合作机制与北极航运合作

（一）巴伦支地区合作

　　1993年1月巴伦支欧洲—北极理事会（Barents Euro-Arctic Council）建立，最初目的是改善巴伦支海域"冷战"时期长期存在的东西方对抗和分立，促进巴伦支地区和整个欧洲的和平、安全、稳定与发展，丹麦、芬兰、冰岛、挪威、丹麦、俄罗斯及欧盟委员会是其成员，美国、加拿大、波兰、日本等域外国家具有观察员身份。由地方政府和萨米理事会签署议定书成立的巴伦支地方理事会（Barents Regional Council）致力于地方间的合作交流，目前成员包括芬兰、挪威、俄罗斯、瑞典的14个县或相当于县的次国家地区实体。

　　巴伦支地区建立了两个层次的合作机制，第一个是政府间合作论坛，第二个是地方合作论坛。两个理事会在维持独立的基础上又维持着紧密的联络。巴伦支欧洲-北极理事会设立了开展经济合作、环境、救援合作、交通以及森林事务的工作组，巴伦支地方理事会也设立了关于环境、交通和后勤保障、投资和经济合作的工作组，两个理事会还在健康和相关社会问题、教育和研究、能源、文化、旅游、青年等议题上联合开展工作，此外还设有一个专门针对原住民的工作组。[2]巴伦支地区的合作领域非常广泛，除外交部部长外，成员国交通、环境、文化等事务的主管部长也定期出席理事会会议，推动区

[1] Terry Fenge and Bernard Funston, "The Practice and Promise of the Arctic Council", *Greenpeace Report*, April 2015.

[2] http://www.barentscooperation.org/en/Working-Groups，最后访问日期：2017年4月17日。

域合作的务实发展。巴伦支地区的合作有效地促进了相关国家的互信，推动了 2010 年 9 月俄罗斯与挪威在巴伦支和北冰洋地区海洋划界协议的成功签订。

（二）北欧合作

北欧国家之间的合作是世界上最古老的区域伙伴关系，涉及丹麦、芬兰、冰岛、挪威、瑞典、法罗群岛、格陵兰和奥兰群岛。北欧合作具有政治、经济和文化渊源，是欧洲和国际合作的重要参与方。1952 年建立的北欧理事会是北欧国家议会开展合作的论坛。1971 年建立的北欧部长理事会（Nordic Council of Ministers）是北欧地区政府间合作的论坛，分为若干个部长理事会，分别负责在多个领域开展北极合作，其宗旨是提升北方地区原住民的生活质量，促进北极人民的社会文化发展，同时保护北极脆弱和独特的自然环境，保障北极地区的资源可持续利用。北欧各国总理承担地区合作的主要责任，由于地区合作牵涉多个领域和部门，在实践中北欧国家和三个自治领地分别委任北欧合作部长，承担领导和协调北欧政府间合作的职责。

北欧部分陆地和海洋位于北极圈以内，北欧国家大量参与了北极事务，努力改善北极原住民的生活质量，保护独特而脆弱的北极自然环境，保障自然资源的可持续利用，保护生物多样性。北欧合作在污染、重金属和气候变化议题方面提供了大量的知识。北欧对北极大学的资助改善了原住民人口的教育机会，也支持了驯鹿放牧。北欧理事会坚持开放和合作原则，每年都有大量资助用于北极合作。

北欧议会与北欧政府在北极事务上共同应对，一方面，北欧理事会讨论北极问题，北极地区议员常设委员会在北极议会两年期会议上讨论与北极和巴伦支海区域有关的问题；另一方面，各国政府在北欧部长理事会、北欧理事会和欧盟内部合作处理北极事务。北欧部长理事会的北极合作方案为具体项目和活动确定框架，北极合作非常广泛，包含环境、健康、能源供给、研究、文化、教育、商业、信息技术等领域，此外，北极合作方案还包括与北极理事会其他成员国、与欧盟和巴伦支欧洲—北极理事会开展合作。部长理事会为北极地区制定了不同的方案、战略和倡议，这项工作的总体责任在北欧合作部长，配有北极专家委员会协助，就北极活动的规划、运行和后续行动提供咨询意见。[1]

北欧部长理事会关注到北极地区正在发生的变化及其自然、经济、社会等方面的影响，在科研、能源、渔业、国际合作等方面加大投入，寻找应对北极变化的措施。具体措施有：设立了北欧最大规模的联合研究创新计划——北欧气候、能源和环境顶尖研究计划，北极是该计划三个横向优先事项之一，目前正在建立北欧研究中心和科学观测网络；北欧人烟稀少地区的能源特别任务组发布了能源资源和能源运输效率的白皮书；北欧部长理事会与加拿大卫生部一起采取行动，利用公共健康和社会福利领域的北极伙伴关系，作为合作解决原住民健康问题和社会问题的平台。

（三）北极国家海岸警卫队论坛

全球化时代国家安全的内涵扩大，安全内涵不断软化，越来越强调经济安全、社会安全、文化安全、生态安全等内涵。传统的军事安全等硬安全问题虽然具有极大的破坏性，却不会轻易发生，而金融危机、非法移民、毒品走私等软安全问题随着跨国交流的加速日益频繁的发生，在军事、政治和外交冲突以外构成威胁主权国家和人类整体生存和发展的重要因素，因此许多国家的国家安全战略中都提高了对软安全的重视程度。[2]这些安全问题需要相关国家之间进行合作、共同应对。随着北冰洋逐步开放、海上航运等人类活动有所增加，挪威与俄罗斯在巴伦支海洋海域以及美国与俄罗斯在楚科奇海海域面临非传统安全风险，推动着相邻国家在边界海域加强双边乃至多边海岸警卫队海上执法合作。

作为海上警察，海岸警卫队的角色主要不是应对战争状态，而是在和平时期提供海上安全服务。其职责通常涉及海上交通、油气资源开发、旅游、环境管理、科学研究、气候变化以及国家安全等广泛内容。各国海岸警卫队的体制架构并不统一，军事性质和民用性质兼有。美国海岸警卫队隶属国家安全局；俄罗斯海岸警卫队隶属联邦安全局，属于半军事性质；加拿大海岸警卫队隶属渔业与海洋部；丹麦海岸警卫队隶属国防部，属于民用性质。挪

---

[1]　Nordic co-operation in the Arctic, http://www.norden.org/en/theme/arktis/nordic-co-operation-in-the-arctic，最后访问日期：2017年4月17日。

[2]　赵可金、倪世雄：《中国国际关系理论研究》，复旦大学出版社2007年版，第285~286页。

威海岸警卫队隶属挪威皇家海军，属于军事体制，然而据报道其百分之六七十的资源用于渔业检查。[1]海岸警卫队日常执行的一系列任务在本质上都是民用的，通过执行国内立法，保护国家利益并提供海上服务，并不妨碍在需要时参与军事行动。

基于已有的双边和多边海事合作，2015年10月30日，8个北极国家的海岸警卫队签署合作协议，成立了北极海岸警卫队论坛。论坛的目的是建立一个专注于业务的共同体，在操作层面发展北极国家之间的合作关系。论坛为环北极海岸警卫队提供了关注共同关切的机会，例如搜寻救援、应急反应以及破冰导航，论坛重点关注信息交流和确定最佳做法，从而帮助解决北极地区总体能力不足问题。北极海岸警卫论坛的结构非常简单，建立在协商一致的基础上，实行轮值主席国制度，芬兰海岸警卫队于2017年接替美国担任轮值主席。各国海岸警卫队的领导人每年都会举行会议，而工作小组将会在有需要的时候更加频繁的会面。为了避免严重的官僚主义作风，论坛只设立了两个工作小组，即秘书处和联合行动工作小组，联合行动工作组关注诸如联合行动、资源共享和演习一类的工作。论坛将以搜救作为开端，在日后开展的工作中逐渐扩展工作范围，其目标是要发展各国共同的情况意识，同时与北极理事会的应急预防准备和反应工作小组协同工作。[2]

在海岸警卫队论坛2016年6月领导人会议上，北极八国海岸警卫队签署了新的联合声明，为制定多年战略计划提供了框架，为分享信息、突出最佳做法、确定训练演习和在北极开展联合行动提供了途径。海岸警卫队领导人还同意每年召开专家会议和领导人会议，推动论坛合作持续深入开展。[3]

（四）北极海洋科学研究合作

北极科学研究领域的合作组织众多，包括北冰洋科学委员会（Arctic

---

[1] "Coast Guard Cooperation with Russia in the Arctic", July 2016, https://www.newsdeeply.com/arctic/community/2016/07/20/coast-guard-cooperation-with-russia-in-the-arctic，最后访问日期：2018年3月22日。

[2] "北极海岸警卫队论坛：大任务，小方案"，载国际极地与海洋门户网站，http://www.polaroceanportal.com/article/592，最后访问日期：2018年3月22日。

[3] "Arctic nations deepen coast guard cooperation", https://thebarentsobserver.com/en/security/2016/06/arctic-nations-deepen-coast-guard-cooperation，最后访问日期：2017年11月14日。

Ocean Sciences Board)、新奥尔松科学管理委员会（Ny-Ålesund Science Managers Committee)、北极研究管理者论坛（Forum of Arctic Research Operators)等，其中最重要的是国际北极科学委员会（International Arctic Science Committee)。

新奥尔松科学管理委员会成立于1994年，其宗旨是加强各国在挪威斯匹兹卑尔根群岛新奥尔松地区的北极科学研究合作与协调。其使命宣言包括鼓励国际科学合作，保留Brøgger半岛等区域的原始环境和新奥尔松的文化遗产，给予科学研究和监测相比其他人类活动的优先地位等。[1]委员会每年召开两次会议，还会定期举办国际科学研讨会，便利各国专家交流研究成果。国际北极科学委员会成立于1990年，最初由8个北极国家的科研组织的代表成立，随后对域外从事北极科学考察的国家开放，目前其成员已经囊括了所有参与北极研究的22个国家的科学组织，北极国家和非北极国家的研究机构享有完全平等的成员身份。虽然是一个非政府间组织，由于国际北极科学委员会成员身份只对国家级科研机构开放，因此具有明显的政府色彩，其职能也具有较强的管理、组织性质。国际北极科学委员会是北极理事会的观察员，积极为北极理事会及其参与成员提供科学建议，还与一些工作组联合开展项目，共同完成北极气候影响评估报告等重要的成果。委员会积极协调并指导各国的北极考察活动，针对一些重大科学问题组织庞大的国际合作计划，代表性的有俄罗斯北极国际科学行动（ISIRA)。为了科学规划北极科学研究的开展，北极科学委员会发起或组织了国际北极研究规划会议（ICARP)、北极科学峰会周（ASSW)等具有重大影响的科学活动。

十年一届的国际北极研究规划会议已经召开三次，会议发布的报告确定了未来重大前沿北极研究议题及项目计划，对指引北极研究的方向发挥了重要作用。其会议成果不仅为科学家群体提供了设计联合研究计划的机会，激发了致力于北极研究的科学家的共同体意识，而且将北极科学推送到更广泛的前沿研究进程中，加强了北极科学与全球科学的联系。[2]自1999年以来，北极科学峰会周每年均会召开，其主要目的是提供一个将北极研究者和研究

---

〔1〕 The Ny-Ålesund Charter, April 2017, http://nysmac. npolar. no/nysmac/export/sites/default/files/N-A-charter. pdf, 最后访问日期：2017年11月14日。

〔2〕 25 Years of International Arctic Research Cooperation, special issue of the IASC Bulletin, pp. 42-43.

组织聚集起来加强国际协调、协作的机会，解决北极科学组织之前缺乏密切的联络和协作的问题。目前，欧洲极地委员会、北极研究管理者论坛、北极大学等均成为峰会周的国际协调组成员，国际冻土协会、国际北极社会科学协会以及北极理事会工作组也积极参与这一科学活动，峰会周成为北极科学组织之间加强交流合作的正式会议。[1]2001年北极大学（U Arctic）成立，这是一个由从事北极教育和研究大学、学院、科研机构及其他组织组成的合作联盟，致力于建立基础设施和加强资源共享，使成员机构可以更好地服务北极居民和地区。目前联盟成员已经超过170个，北极大学是唯一真正的环北极高等教育机构，也是世界最大的教育研究网络之一。北极大学成员以八个北极国家的科研机构为主，此外还有21个非北极国家的科研机构加入，其中中国成员达10个[2]，接近非北极国家成员总数的一半，中国参与成员以政府及其下属的科研机构和单位为主。

---

〔1〕 25 Years of International Arctic Research Cooperation, special issue of the IASC Bulletin, pp. 59–61.
〔2〕 北极大学联盟现有10名中国参与成员，包括国家海洋局第一海洋研究所、第二海洋研究所、第三海洋研究所、中国极地研究中心、国家海洋环境预报中心、环境保护部环境发展中心、中国海洋大学、大连海事大学、中国环境科学研究院、中国气象科学研究院。

第七章

北极国家北极航运政策与实践

第一节　俄罗斯

　　作为全世界领土面积最大的国家，俄罗斯无论在地缘还是在历史上都与北极有着极为紧密的关系。俄罗斯幅员辽阔地跨亚欧大陆，其北靠北冰洋，东部濒临太平洋，西接波罗的海的芬兰湾，西南紧靠黑海，其陆地国土面积高达 17 075 000 平方公里。俄罗斯领土的三分之一都在北极圈内，是北极八国中在北极拥有领土面积最大的国家。除了大面积的领土外，俄罗斯大部分海岸线也面对北冰洋，紧密的地缘关系使得俄罗斯在历史上就与北极有着天然的联系，北极地区对于俄罗斯而言有着重大的战略价值。俄罗斯是环北极国家中拥有最长海岸线的国家，由东穿过北冰洋巴伦支海、喀拉海、拉普捷夫海、新西伯利亚海和楚科奇海五大海域直达白令海峡的东北航道，大部分航段位于俄罗斯北部沿海的北冰洋离岸海域，俄方将其中西起喀拉海峡东到普罗维杰尼亚湾的航线称为北方海航道。近年来，随着全球气候变暖带来北极气候环境的改变，俄罗斯北方海航道的战略价值日益凸显。

一、俄罗斯北方海航道的战略价值

（一）俄罗斯北方海航道的政治价值

　　从新航路时代开始，欧洲人就开始探索北冰洋航线，希望可以通过北冰洋将大西洋和太平洋连接起来。1932 年为应对美英等国的封锁，苏联开始设想利用北极航道确保自身与北欧和远东地区的航运往来，1932 年苏联首次实现了北极航道的通航，并于同年建立了北极航道管理总局，着手开展开发北极航道的工作。冷战时期苏联对北方航道进行了严格的控制。1960 年苏联政府制定了《国家边界保护法》，提出历史性水域属于内水的主张，但没有明确列出其主张的历史性水域包括哪些；1964 年，苏联在给美国的备忘录中宣布拉普捷夫海峡、桑尼科夫海峡是苏联的内水海峡。[1]然而长期以来，由于北极地区气候寒冷总体上并不适合海上航行，特别是东北航道靠近俄罗斯西伯利亚沿海及其以东海域，海面处于冰封状态，极大地限制了东北航道的通航。

近年来的气候变暖正在改变这一现状，在全球气候变暖的背景下，北极地区冰层变薄、冰封面积减少、冰封时间缩短，现阶段东北航道每年大约有五个月的适航期将可能在未来延长，随着气候的进一步变化北极航道将有希望成为全球航运新的黄金水域。与传统的商业航线相比，未来的东北航线具有明显的优势，从北美东海岸至亚洲其距离比起通行巴拿马运河缩短了近6500 公里，从摩尔曼斯克至符拉迪沃斯托克则比通行苏伊士运河要缩短了13 700公里。如果东北航道全线贯通并开展大规模商业运输，将可能改变现在的国际格局。2009 年 7 月德国布鲁格航运公司的货船首次完成了贯穿整个东北航线的全部航程，这次在北极航运史上具有重要意义的航行，在一定程度上宣告了一条新商业航线的诞生，东北航道的商业航行迎来一个新的时代。

东北航线的开通对于俄罗斯具有重要的政治意义。北极航道一旦贯通，将形成新的"大西洋—太平洋轴心航线"，成为沟通亚、欧、美三大洲的海上交通枢纽。[2]这条航道的开通将会改变北冰洋沿岸地区的经济环境，甚至进一步影响世界贸易中心和格局。随着未来东北航道国际航运价值的提升，如果俄罗斯能够控制东北航道，将会提升其在北极地区政治格局中的地位。此外，对于俄罗斯而言，北极航道对于其国内政治也有着重要的意义。北极地区资源开发日趋火热，俄罗斯北极地区石油资源和其他矿产资源的开发已经被提上日程，为了满足北方地区经济社会的发展需求，俄罗斯不得不面对其

---

〔1〕 郭培清、管清蕾："探析俄罗斯对北方海航道的控制问题"，载《中国海洋大学学报（社会科学版）》2010 年第 2 期。

〔2〕 "北极：从 20 世纪争夺到 21 世纪"，载人民网，http://world.people.com.cn/GB/9546063.html，最后访问日期：2017 年 10 月 3 日。

北极地区基础设施不足、交通运输业落后的现实，在这一背景下充分利用北方海航道将成为俄罗斯北极地区经济发展的重要推进器，对于提高俄罗斯国内经济发展，维护北极地区稳定具有重要意义。

（二）俄罗斯北方海航道的经济价值

2012 年 9 月 16 日夏季海冰范围减小再创历史新低，达到 341 万平方公里（约为整个北冰洋面积的 1/4）。[1]北极冰川特别是北冰洋冰川的逐渐消融意味着影响东北航线最重要的自然环境因素的改善。虽然科学家们对于北极航道夏季完全通航的预期时间不同，但北极航道的通航前景已经让人难以忽视。航运业一直是全球运输业的重要组成部分，依靠运货量大、相对价格低廉等优势，海运在全球运输业中占据了重要的地位。现阶段，东北航道商业运营已经开始，通过船只达 46 艘（2011 年 34 艘），货运量快速上升到 126 万吨（2011 年 83 万吨），通航时间跨度已延长到接近 5 个月（7 月中旬到 12 月上旬）。[2]2009 年 9 月，两艘德国货轮从韩国蔚山港出发经北方海航道顺利到达荷兰鹿特丹港，成为首次成功穿越北方海航道的非俄罗斯籍商船。2013 年 8 月，中国远洋运输集团"永盛轮"商船由中国大连港出发成功穿越北方海航道到达荷兰鹿特丹港口，成为第一艘成功穿越北方海航道的中国商船。可以说，北极航道作为连接亚欧交通新干线的雏形已经显现。[3]

俄罗斯北方海航道的主要应用分为联通大洲的跨北极运输和以北极为目的地的极地内运输。相较于当今世界比较大的几条黄金航线，随着通航条件和自然环境的改变，北极航线优势明显。一方面北极航线具有航程短的天然优势。与现有的穿越苏伊士运河的"欧洲—东亚"航线相比，东北航线航行历程更短，这在一定程度上节约了航程时间和成本。另一方面，随着北极自然环境的变化，不仅北极航道的可通航性在提升，北极地区矿产资源和能源资源的可开发性也大大提高，该地区丰富的矿产资源和能源资源需要借助俄

---

〔1〕 张侠、寿建敏、周豪杰："北极航道海运货流类型及其规模研究"，载《极地研究》2013 年第 2 期。

〔2〕 张侠、寿建敏、周豪杰："北极航道海运货流类型及其规模研究"，载《极地研究》2013 年第 2 期。

〔3〕 张侠、寿建敏、周豪杰："北极航道海运货流类型及其规模研究"，载《极地研究》2013 年第 2 期。

罗斯北极航道进行运输，届时北极航线将成为联通资源生产地与消费地的大动脉，这将极大地促进俄罗斯北极地区的经济发展。

因此，北极航线的贯通将深刻改变现今的国际航运格局，其有潜力成为未来的国际黄金航线，包括日本、中国、德国等在内的贸易大国都在密切关注北极航线的开发利用潜力。这对于俄罗斯而言意味着巨大的经济价值，随着通航条件的改善，俄罗斯北方海航道的国际商道价值将被充分挖掘。如果货运量逐步提升，庞大的商贸往来有望使北方海航道水域成为国际航运最为繁忙的海域之一。航线的繁荣将会进一步带动港口的兴盛，俄罗斯在北冰洋沿岸的港口将迎来重要的发展机遇，这里很可能诞生下一个世界级港口，北极航线将为俄罗斯经济注入新的活力。

（三）俄罗斯北方海航道的军事价值

北半球汇集了当今世界上最主要的国家，是世界体系和全球战略的中心所在。而作为连接东亚、欧洲和北美这三大人类经济、政治和军事的战略核心枢纽，北极地区的战略重要性不言而喻。华裔美国战略分析家伍承祖先生在他的"环区"理论中认为，世界范围内形成了以北极圈为中心的由内环区和外环区构成的地缘战略结构，内环区包括北美洲的美国和加拿大、亚欧大陆上的苏联、欧洲、中国、日本等，外环区是指内环区之外的包括拉丁美洲、非洲、中东、南亚、东南亚等在内的广大区域。[1]内环区以北冰洋为中心，是世界政治、经济和战略核心地带，它是世界的战略中枢，谁控制了内环区，谁就征服了世界。对于北极地区特殊的地缘优势，"冷战"时期东西方的军事对峙就是最好的体现。北极作为两大阵营直线距离最短的地区成为双方最理想的导弹基地，北极厚达数米的冰层是战略核潜艇最好的防护，美苏双方都在北极地区布置大量陆基洲际导弹和核潜艇，剑拔弩张的紧张氛围下是对北极地区特殊地缘优势的激烈争夺。苏联解体后，俄罗斯所面临的地缘环境不容乐观。随着苏联的解体和原有加盟国的退出，俄罗斯在中东欧地区的政治利益被蚕食殆尽。虽然以叶利钦为首的俄罗斯领导人曾经希望和西方世界改变原有的对峙关系，然而不管是独联体内频发的颜色革命还是北约、欧盟大

---

[1] 陆俊元：《北极地缘政治与中国应对》，时事出版社 2010 年版，第 21 页。

张旗鼓的东扩都说明这样的"和平"只是俄罗斯的一厢情愿而已。以美国为首的西方世界依然致力于打压俄罗斯的战略空间。近年来的乌克兰危机更是使得俄罗斯和西方国家的冲突不断加深和激化，在这种情况下，充分利用北极航道加强对北极地区的控制、扩大俄罗斯的生存空间、寻求战略缓冲和纵深地区以争取更大的回旋余地，成为俄罗斯维护国家安全及对抗西方战略入侵的重要手段。

20 世纪西方地缘学者曾经将北极视为遏制俄罗斯的重要屏障，然而随着全球气候所带来的北极融冰，"北极墙"很可能将因为北极航道的通航变成俄罗斯新的战略重镇，为俄罗斯走向海上强国之路提供机遇。贯穿俄罗斯北极沿岸的北极航道将在俄罗斯之后的国家军事战略中发挥重要的作用。具体来说，俄罗斯沿线北极航道的通航将使得原来被分散隔离的北方舰队、黑海舰队、波罗的海舰队和太平洋舰队相联系，统一俄罗斯海军力量，极大提升俄罗斯的总体海军能力。此外，自"冷战"时代起北冰洋就成为东西方核力量对峙的前沿，北极地区独特的自然条件使得北极航道成为战略核潜艇的重要活动区域。随着俄罗斯北极航道的逐步发展通航，该地区将为其战略核潜艇的布置提供天然平台，极大地提高俄罗斯的核威慑能力。

二、俄罗斯北方海航道政策及发展前景

近年来，随着北极地区战略地位的不断上升，俄罗斯对于北极航线的关注程度也在日益增加。2008 年俄罗斯出台的关于北极地区最重要的纲领性文件《2020 年前俄罗斯联邦北极地区国家政策原则及远景规划》中指出，使用北方海上通道，将其作为俄联邦在北极地区统一的国家交通运输干线是俄罗斯在北极地区的重要利益。针对北极航道的进一步发展和管理，俄罗斯政府出台了一系列相关政策文件，并努力付诸实践。

（一）俄罗斯北方海航道政策内容及其实践

早在 20 世纪 90 年代，俄罗斯已经针对北极航道制定了较为完善的法律制度，其中最重要的政策文件就是于 1991 年正式出台并实施的《北方海航道航行规则》，该项规则的出台成为早期俄罗斯北极航道的核心文件。在《北方海航道航行规则》中俄罗斯确立了"申请制度""收费制度"以及"赔偿制

度"，要求所有经过北方海航道的国外船舶都需要事先向俄罗斯有关部门提交申请，经过审批后才能获得通航资格；同时，在通航过程中俄罗斯将派出破冰船进行领航，通航船舶需要对此付费；此外，为保障北极航线的通航安全，通航船舶需要有支付可能产生的民事赔偿的能力。这一俄罗斯早期北极航道规则曾经受到美国等国家的强烈批评，认为该项规则不符合《联合国海洋法公约》的规定，与国际航行制度存在冲突。为了进一步开发利用北方海航道，使其管理法规更加透明并且符合国际预期，俄罗斯于 2012 年对北极航道的管理法规进行了调整。2012 年 7 月 3 日，俄罗斯杜马通过了《俄罗斯联邦关于北方海航道水域商业航运的特别修正案》，在同月 18 日获得俄联邦委员会的批准，2013 年 1 月 28 日正式生效。在该修正案的指导下，俄联邦交通部于 2013 年 1 月公布了《北方海航道海域航行规则》。[1]在 2013 年出台的《北方海航道海域航行规则》中，俄罗斯改革了之前的强制破冰领航政策，允许在航道航行海况、气候条件等因素适合的情况下由外国船舶独立穿越俄罗斯北方海航道。根据《俄罗斯联邦关于北方海航道水域商业航运的特别修正案》，俄罗斯联邦政府在 2013 年正式成立北方海航道国家管理局，负责俄罗斯北方海航道的管理工作。

俄罗斯除了针对北极航道出台相关政策，还开展了大量实践项目推动北极航线的发展和运行，特别是针对北极航线的科学研究和基础设施建设做了大量的工作。2011 年 8 月，时任俄罗斯总统梅德韦杰夫表示："北极集中分布着许多珍稀矿藏，北冰洋的北方海航线是连接欧亚的最短航线。因此对北极地区长期稳定的开发……具有无可比拟的重要意义。"[2]同年，普京在"北极—对话之地"的国际论坛上发言指出，北方海航道在未来将具有与传统航道相媲美的多种优势，并表示俄联邦政府会逐渐加大对北方海航道基础设施建设的投入。[3]现阶段北极航道的自然环境决定了该航线的正常运行依然需要大量的破冰船，俄罗斯计划更新自身的破冰船队，努力提高自身破冰船的

---

〔1〕 赵宁宁："当前俄罗斯北方海航道的开发政策评析"，载《理论月刊》2016 年第 8 期。

〔2〕 韦进深、舒景林："北方海航道与俄罗斯的北极发展战略评析"，载《东北亚学刊》2013 年第 6 期。

〔3〕 "Putin Vows to Modernize Arctic Infrastructure"，http://www.neurope.eu/article/putin-vows-modernise-arctic-infrastructure，最后访问日期：2017 年 6 月 19 日。

工作能力，并对现有的常规动力破冰船升级换代，积极发展核动力破冰船，确保有足够的破冰通航能力应用于北极航线。为改善北极航道的通航条件，俄罗斯将继续推动北极航道沿线搜救中心的建设，努力提高自身搜救能力，进一步提高北极航道的通航安全。此外，俄罗斯联邦政府还将积极完善北极航道沿线港口基础设施建设，确保北极航线相关配套设施的后勤保障能力。进入新世纪以来，俄罗斯进一步加快了针对北极航道的科学研究和考察，进一步收集该地区的水文气象资料，对北极航线进行进一步的科学调查，通过运用大量科学数据确保北极航线的航行安全，推动北极航线安全健康的开发利用。

（二）俄罗斯北方海航道的影响因素及发展前景

1. 对北极航道的不同认知是影响俄罗斯北方海航道的重要因素

针对北方海航道的法律地位，俄罗斯与包括美国在内的一些国家存在着分歧。一直以来俄罗斯都将北方海航道作为俄罗斯现有的统一的国家运输航线，也就是说，北方海航道是在俄罗斯管辖范围内的国家运输路线，通过北方海航道必须遵守俄罗斯国内法和俄罗斯签署的国际条约。[1]对俄罗斯来说，早在苏联时期，苏联便已向美国声明"北方海航道毗邻苏联北极沿海，这条航道不是国际航道，长期被苏联和苏联租赁的船只使用，是一条重要的苏联国内交通运输通道"。[2]1991年俄罗斯出台的首部关于北方海航线的文件《北方海航道海路航行规则》中充分体现了俄罗斯对北方海航道的管辖权。然而对于这一法律定位，以美国为代表的多个国家则认为北方海航道属于国际航道，各国享有过境航行权。未来，关于俄罗斯北方海航道的不同认知和对其法律地位的不同认定可能会导致不同利益方之间的矛盾冲突，成为影响俄罗斯北方海航道进一步发展的制约因素。

2. 经济因素是影响俄罗斯北方海航道的重要因素

经济因素是影响俄罗斯北方海航道发展的另一重要因素。现阶段北方海航道还处在开发维护阶段，而北极地区严峻的自然气候环境使得对于北方海

---

〔1〕　莉扎："俄罗斯北极航线战略研究"，大连海事大学2015年硕士学位论文。

〔2〕　韦进深、舒景林："北方航道与俄罗斯的北极发展战略评析"，载《东北亚学刊》2013年第6期。

航道的发展和运行需要巨额的资金投入。苏联时期，中央政府为构建北极地区交通运输体系曾经在北方海航道的开发中投入了大量资源。然而随着苏联的解体，俄罗斯一度陷入经济低谷。特别自金融危机以来，俄罗斯经济饱受震荡。2015 年乌克兰危机爆发后，以美国为首的西方国家不断对俄罗斯实行经济制裁，此前因金融危机已经受创的俄罗斯经济在这一轮经济制裁中又遭受了沉重的外来打击。自苏联时代起石油经济就在其国家经济中占据了非常重要的地位。进入新世纪以来，石油产业迎来了价格飞速上涨的黄金时期，从 2003 年国际原油价格突破 30 美元/桶，之后一路向上，一直到 2008 年原油期货价格更是达到了 147.27 美元/桶的历史高点。[1]国际油价的高涨使得俄罗斯经济得到复苏和发展，然而过于依赖能源经济的单一经济结构也成为俄罗斯经济的内在弊端。2008 年美国爆发的金融危机使得国际原油价格出现断崖式下跌，2016 年国际原油价格再次从 100 多美元每桶下降至近 30 美元每桶，至 2016 年末石油价格终于突破 50 美元大关。国际原油市场的剧烈波动和石油价格的急速下跌成为俄罗斯经济疲软的重要原因。经济上的内外交困使得俄罗斯在北方海航道上的投资力不从心，高昂的开发资金和基础设施成本成为影响俄罗斯北方海航道开发的重要障碍。

3. 气候环境是影响俄罗斯北方海航道的另一重要因素

作为北极航道的组成部分，北方海航道未来的通航前景深受周围海域气候条件的影响。因为地处北极地区，北方海航道面临着较为恶劣的气候条件，每年该海域的冰封期长达 8 个月，从每年的 10 月一直持续到翌年 6 月。即使是在最为适宜航行的 7 月到 9 月的夏季通航时期，北方海航线也需要应对多变的水文气象条件。首先是北方海航道夏季频发的大雾，航区内夏季频发平流雾，严重时会导致航行能见距小于 1000 米，俄罗斯北部沿岸年平均雾日达 80 天以上。[2]此外，虽然夏季海冰融化，但是在航区内依然会有浮冰存在，依然会给船舶通航带来不小的风险。除了气候问题外，北方海航线还面临着自身的水文条件限制，北方海航道部分航段的水深不大，一定程度上限制了通航船舶的吨位和吃水深度，吨位更大或吃水深度较大的船舶需要在相对偏

---

〔1〕 数据简报：“1970 年以来国际原油价格走势与大事记”，载中国经济网，http://intl. ce. cn/specials/zxxx/201402/27/t20140227_ 2386909. shtml，最后访问日期：2018 年 8 月 24 日。

〔2〕 北极问题研究编写组：《北极问题研究》，海洋出版社 2011 年版，第 212 页。

离俄罗斯北极沿岸的海域进行航行。为了适应极区冰区严寒的环境，途经该航道的船舶需要特殊的船舶设计和结构制造，这在一定程度上增加了该航线的运行成本。总之，北极气候变化及由此带来的北极海域自然环境的变化将会深刻影响北方海航道的未来发展，这是最基础的影响因素，只有具备适宜的水文气候条件才能真正推动该航线的商业运行和发展。

4. 俄罗斯北方海航道的未来发展前景

俄罗斯北方海航道的未来发展前景将主要取决于俄罗斯联邦政府对于北方海航道的推动力度和北极地区自然环境变化的双重因素。北极地区的自然环境是现实的客观存在，目前来看长时期的海域冰封、漫长的极夜以及严寒和暴风雪依然是北方海航线水域所必须面对的问题，气候的改变将是一个相对漫长且难以准确预测的过程。目前来看，虽然俄罗斯北方海航道的通航已经有了一定的自然环境基础，但总体来说通航条件相较于其他海域依然比较恶劣。因此，在此背景下俄罗斯联邦政府对于北方海航道的支持力度会深刻影响未来俄罗斯北方海航道的发展前景。俄罗斯高层的发言以及俄方相关政策文件的出台，显示出俄罗斯联邦已经将北方海航道的开发和利用提升到战略高度，对于北方海航道的未来开发表现出极大的热情。然而，我们也不得不看到现阶段俄罗斯所面临的国内经济压力和国际政治压力。自乌克兰危机以来，美俄关系持续走低，虽然近期双方关系有所缓和，但俄罗斯依然面临较大的国际社会压力。另一方面，俄罗斯经济持续走低，北方海航道开发资金来源成为制约俄罗斯北方海航道开发的重要因素。俄罗斯能否顶住双重压力，保证北方海航道的资源投入直接决定了北方海航道下一阶段的发展，对于俄罗斯北方海航道政策的发展变化，我们应该保持持续的关注。

第二节　加拿大

一、主权视角下的北极航运政策

加拿大40%的陆地领土位于北极，北部分布了大片的岛屿，称为北极群岛，凭借对北极群岛的主权在北冰洋拥有漫长的海岸线，西北航道部分航段穿越北极群岛水域，是最重要的北冰洋沿岸国之一。1969年美国"曼哈顿"

号以及 1985 年美国"极地海"号航行事件激发了加拿大北极主权意识的觉醒，为了加强对其北极水域的主权，加拿大以保护北极水域脆弱的生态环境为由推行了一系列加强航道控制的措施。围绕加拿大北极群岛水域及西北航道的主权和管辖权争议一直存在，西北航道的开通利用被视为关乎加拿大北极主权和安全的重要事项。由于维护北极主权在加拿大有关北极的战略文件和外交政策中始终占据重要地位，加拿大作为沿岸国的北极航运政策需置于其实施北极主权的背景下审视。

从 2000 年开始，加拿大政府就开始陆续发布有关北方地区的战略方针，[1] 目前最新的北极政策是 2009 年发布的《加拿大北方战略：我们的北方，我们的遗产，我们的未来》[2]，该政策集中体现了加拿大的北极利益及面对北极地区发展新形势的主要政策方针。随后发表了《加拿大北极外交政策声明》[3]，进一步表明加拿大充分行使主权、主权权利和管辖权的立场和决心。

加拿大将北方地区视为其历史遗产、未来和国家身份的组成部分。在目前北极地区自然环境和地缘政治环境发生重大变化的现实背景下，加拿大政府针对北方地区提出了清晰的远景目标：一个稳定和法治的地区，有明确的疆土界限，富有活力的经济发展和贸易活动，生机勃勃的北方民族居住区及健康并具产能的生态系统。围绕这一愿景，加拿大政府确定了四项政策目标：行使北极主权，促进社会经济发展，保护环境遗产，改善并下放北极治理权。

加拿大明确指出，北极外交政策的最优先和最重要的政策是实施对其北方地区的主权，加拿大的主权是实现其北方经济社会发展的基础和保障。在阐述具体措施时，加拿大一方面强调解决领土和管辖权边界、确保大陆架外部界限得到国际认同，另一方面指出需要解决与公共安全有关的北极治理问题，包括管控北极航运相关的安全风险。加拿大关注到北极交通量的增加会带来新的安全问题，如环境事故等紧急事件、有组织犯罪、非法走私人口和药品，这给北极地区带来了巨大的执法挑战。因此，加拿大主张北极国家需要制定强劲的国内立法，同时应加强与北极邻国在应急响应、搜救、破冰船

---

[1] 刘惠荣主编：《北极地区发展报告（2014）》，社会科学文献出版社 2015 年版，第 76~77 页。

[2] Canada's Northern Strategy: Our North, Our Heritage, Our Future, 2009, http://www.northernstrategy.gc.ca/cns/cns-eng.asp，最后访问日期：2015 年 12 月 13 日。

[3] Statement on Canada's Arctic Foreign Policy, 2011.

操作、生物保护、交通、能源和环境等方面的区域合作。加拿大将航运、旅游活动与安全问题和风险管控联系在一起，对北极航道的国际通航采取保守的态度，这体现在下文有关加拿大国际航运的法律与政策中。

二、推进北极航运管制

海洋环境保护是加拿大北极水域管辖的核心，加拿大制定了一系列防止污染和有关船舶航行安全的法律法规，其中影响最大，且至今仍在发挥重要作用的是 1970 年《加拿大防止北极水域污染法》。此外，还包括《加拿大航运法》《加拿大海事责任法》《加拿大海上交通安全法》《加拿大沿海贸易法》和《加拿大劳动法》等，其共同目的是加强船舶航行安全，保护人员生命、健康、财产安全，保护海洋环境。[1]上述法规要求通行加拿大北极水域的船舶应具备一定的抗冰能力，针对北极的气候和操作条件制定了通行船舶应当达到的设计、建造和装备标准。同时在排污方面，加拿大制定了严格的防止船舶污染的措施，禁止向北极水域排放废物。加拿大还将北极海域划分为 16 个安全控制区，对不同冰级加强能力的船舶规定了固定的开放和关闭时间表。[2]

受海冰消融、资源开发、旅游活动增加的综合影响，近年来通行加拿大北方海域的船舶数量有大幅增长的趋势，[3]北极航运活动可能带来的风险、挑战推动了北极沿海国家、北极地区及国际社会北极航运政策的发展和变化。在国内方面，2013 年加拿大通过法规建立了北方船舶交通服务区（NORDREG），要求 300 总吨以上、运输污染物或危险货物的船舶在进入交通服务区之前、航行过程中以及离开时均应当向加拿大交通系统报告信息，这一规定取代了实施多年的非强制性的报告系统。[4]这一政策出台时受到美国等国家的质疑，

---

〔1〕　Arctic Shipping, Traffic Canada, http://www.tc.gc.ca/eng/marinesafety/debs-arctic-menu-303.htm, 最后访问日期：2018 年 11 月 17 日。

〔2〕　刘惠荣主编：《北极地区发展报告（2014）》，社会科学出版社 2015 年版，第 334~354 页。

〔3〕　据统计，通行西北航道的航次从 20 世纪 80 年代每年 4 次增长到 2009~2013 年的每年 20~30 次。参见 "7.3 Trends in shipping in the Northwest Passage and the Beaufort Sea", http://www.enr.gov.nt.ca/state-environment/73-trends-shipping-northwest-passage-and-beaufort-sea, 最后访问日期：2017 年 8 月 11 日。

〔4〕　加拿大主张这一措施的出台是为了确保对当前和未来海上交通提供最有效的服务，并且符合有关冰封区域的国际法。Vessel Traffic Reporting Arctic Canada Traffic Zone, http://www.ccg-gcc.gc.ca/eng/MCTS/Vtr_Arctic_Canada, 最后访问日期：2016 年 4 月 11 日。

美国认为加拿大实施强制报告机制需经过国际海事组织的批准，而加拿大援引《国际海上人命安全公约》第 5 章中保留条款的规定，主张《联合国海洋法公约》第 234 条的权利优先于海事公约的相关规定。

继出台 2002 年《北极冰覆水域船舶操作指南》、2009 年《极地水域船舶操作指南》后，国际海事组织开始着手制定具有强制拘束力的《极地规则》，以提升北极航行安全，防止船源污染。经过多年的酝酿，《极地规则》正式出台并于 2017 年 1 月 1 日生效，是第一套专门适用于极地水域的包含安全操作和污染防控的国际航运规则。《极地规则》的制定与北极国家的推动密不可分，加拿大历来重视北极海域的环境保护，全面参与了规则的制定，在船舶设计和装备分委会、海上安全委员会和海洋环境保护委员会的讨论中提出了数量可观的议案，[1]积极推动出台更严格的国际北极航运标准。

除此之外，在《极地规则》与冰封区域沿海国特殊管辖权的关系上，作为其一贯的政策立场，加拿大极力要求加入维护《联合国海洋法公约》第234 条的保留条款，[2]这一主张在《极地规则》新的修正案中有所体现，[3]其目的是通过保护冰封区域条款的管辖权不受新的极地规则的影响，维护其对北极水域的管辖。

三、加强航运基础设施建设

除加强沿海国对海上交通的管控外，改进和提升与航运有关的配套设施和服务能力也是加拿大北极环保和航运政策的重要组成部分。2009 年北极理事会发布的《北极航运评估报告》指出，除挪威和俄罗斯东北部沿岸海域外，北极地区与其他海上交通集中的海域相比，普遍缺乏基础设施。在北极航线的主要航段，缺乏足够的水文数据和海图、配套的气象学和海洋学数据和服务，救援和控制污染的应急处置能力不足，给船舶安全和环境保护带来了很大

---

〔1〕　参见国际海事组织海上安全委员会和海洋环境保护委员会的会议文件。

〔2〕　加拿大提案见 Canada, "Amendments to the International Convention for the Safety of Life at Sea", IMO Doc. MSC 93/10/12, 25 March 2014。

〔3〕　修正案文本见 ANNEX 7 AMENDMENTS TO THE INTERNATIOANL CONVENTION FOR THE SAFETY OF TLIFE AT SEA, 1974, AS AMENDED, MSC94/21/Add.1。

的风险。因此，作为政策建议之一，报告提出要建设北极海事基础设施。[1]2013~2014 年间，加拿大在增加投资、增强巡航监控能力和提升溢油预防和反应方面采取了积极措施，[2]但总体上看，其保障安全航行的综合能力仍有巨大的不足。加拿大监察长办公室对联邦政府有关部门履责状况开展的 2014年度监察报告显示：关于加拿大北极地区的天气和海冰信息有所增加，交通部和海岸警卫队具备巡航和监测大部分北极海上交通的机制。但另一方面，其在加拿大北极水域的调查和测绘能力有限，工作不充分；海岸警卫队并没有完成对北极航标必要的监察；评估破冰船服务是否满足用户需求的机制没有到位，北极地区的破冰船在减少。[3]造成这一状况的政策原因在于，加拿大在北极地区缺乏一个支撑海上交通安全的长期的国家愿景，与其他北极国家相比，加拿大尽管出台了两个北极政策文件，但其北极战略中并没有具体明晰的海上交通方面的承诺。[4]相比而言，俄罗斯有明晰的北方地区开发规划，并将北方海航道的开发作为其中的重要措施和内容，加拿大与俄罗斯在北极航运政策上有重要差异。

进入 2015 年，加拿大又陆续采取了一系列措施，如在五年内新投资 2.27亿元用于提高北极地区的海上安全，在海岸警卫队破冰船上安装最先进的多波束声纳系统，增强偏远地区海岸警卫队辅助性存在，确定进一步加强北极海上航行服务和包括航标在内的基础设施建设等措施。[5]此外，加拿大海岸警卫队、渔业和海洋部下属的水文局以及交通部联合开展"北方海上交通通道计划"，目的是确定加拿大北极水域的交通通道，以及确定航运服务、基础

---

〔1〕　Arctic Council, Arctic Marine Shipping Assessment 2009 Report, pp. 5-7.

〔2〕　University of Washington, Arctic Law & Policy Year in Review: 2014, p. 27.

〔3〕　2014 Fall Report of the Commissioner of the Environment and Sustainable Development, Chapter 3 Marine Navigation in the Canada Arctic, http://www. oag-bvg. gc. ca/internet/English/parl_ cesd_ 201410_ 03_ e_ 39850. html, 最后访问日期：2016 年 4 月 11 日。

〔4〕　2014 Fall Report of the Commissioner of the Environment and Sustainable Development, Chapter 3 Marine Navigation in the Canada Arctic, http://www. oag-bvg. gc. ca/internet/English/parl_ cesd_ 201410_ 03_ e_ 39850. html, 最后访问日期：2016 年 4 月 11 日。

〔5〕　"Harper Government Takes Actions to Enhance Marine Safety in the Arctic", http://news. gc. ca/web/article-en. do? nid=1012079, 最后访问日期：2016 年 4 月 11 日。

设施等如何分布，计划在 2022 年完成。[1]加拿大交通部还实施了"北极交通适应计划"，其中包括 407.5 万加元的资助，并设立支持地方政府和非盈利私主体的研究和发展的项目，目的是更好地了解气候对北极交通系统的影响，促进更优的交通运输计划和适应措施。[2]同时，加拿大也非常重视通过区域性国际合作实施其北极战略，通过北极理事会平台签署《北极航空和海上搜寻与救援合作协定》和《北极海洋石油污染预防与应对合作协定》后，2015年 10 月加拿大协同其他北极国家共同成立了北极海岸警卫论坛，在具体操作层面加强北极海域的海事合作和协调。[3]

总体来看，加拿大在北极航运和海洋环境保护方面的国家实践呈现以下几个特点：一是国内法规变化不大，仍以 20 世纪 70 年代确立的防污法规为重心，交通管控方面有所加强。二是北极海洋环境保护和航运管控成为加拿大实施北极主权的重要途径和方式。三是对促进北极航道的通航热情不高，防范北极通航可能带来的风险和挑战是其政策重心，没有形成完整、系统的北极航道或北极航运愿景规划或政策。四是积极参与区域性和多边外交活动，加强北极海域的海事合作，推动北极航运和防污国际规则的制定，同时坚定维护冰封区域沿海国的特殊管辖权。上述特点的形成有其客观原因，即西北航道自然通航条件不佳，北极海冰消融甚至会造成部分航段浮冰聚集，航行风险加大，生态环境脆弱。此外，加拿大北极航道的港口、补给站、航标、海图等基础设施和助航设备严重不足，综合航运保障和服务能力不足，导致包括加拿大航运业在内的利益集团对北极航道的通航期待普遍不高，这也是影响航运业积极性的重要原因。另一方面，加拿大受"冷战"时期形成的北极安全和主权观念的影响，对北极海域和航道安全较为敏感；加之，加拿大主张北极航道沿岸的群岛水域为其内水，享有完全主权，北极商业通航的实现会对加拿大主张群岛水域的主权带来一定威胁。安全和主权利益的考虑进

---

〔1〕 "Harper Government Takes Actions to Enhance Marine Safety in the Arctic", http://news. gc. ca/web/article-en. do? nid=1012079, 最后访问日期：2016 年 4 月 11 日。

〔2〕 Northern Transportation Adaptation Initiative, https://www. tc. gc. ca/eng/innovation/ntai-menu-1560. htm, 最后访问日期：2016 年 4 月 11 日。

〔3〕 "8 Arctic countries to sign historic coast guard deal", http://www. cbc. ca/news/canada/north/8-arctic-countries-to-sign-historic-coast-guard-deal-1. 3284090, 最后访问日期：2016 年 4 月 10 日。

一步强化了加拿大对开放和推动北极航道通航的谨慎保守态度。

第三节　美　国

美国由美国本土、阿拉斯加州和夏威夷州组成。美国因阿拉斯加州在北极地区而与北极产生关联。阿拉斯加州位于西经 130 度到东经 172 度、北纬 51 度 20 分到北纬 71 度 50 分之间，西临白令海峡，与俄罗斯远东地区隔海相望，东临加拿大，与加拿大的育空地区接壤，南面是阿拉斯加湾，北面是北冰洋。阿拉斯加州约三分之一的土地面积位于北极圈内，主要包括：育空—克由库克的北部地区、西北北极地区和阿拉斯加北坡地区。[1]

一、北极航线之于美国的价值

美国属于北极国家且是北冰洋沿岸五国之一，美国重视北冰洋在军事和国防安全上的战略地位，重视在包括北冰洋在内的全球海洋中的航行自由。

（一）航行价值

北冰洋是美国通达北半球各大洲的黄金水道。随着全球气候持续变暖，北极海冰减少，东北航道和西北航道的通航量出现明显增加。北极航线的开通利用，不仅缩短了东亚与北美、西欧国家的航行距离和时间，降低了航行成本，并且相比马六甲海峡，该航线具备通航吨位限制较小和海盗袭击少的相对优势，增加了航行贸易的安全性。北极航线对于美国有着巨大的航行贸易价值，它可以为美国企业提供更加便利的运输路线，极大地缩短运输时间，降低交通运输成本，提高企业利润，增强美国产品的国际竞争力。据估计，北极航线的启用，可使全球航运业每年节省数十亿美元成本，可能影响世界贸易重心的转移。[2]一定意义上我们可以说，"谁控制了北极航道，就等于控制了世界经济的新走廊"。[3]

---

〔1〕　陈飞："俄美北极战略比较研究及其对中国的启示"，湘潭大学 2012 年硕士学位论文。

〔2〕　刘雨辰："奥巴马政府的北极战略：动因、利益与行动"，载《中国海洋大学学报（社会科学版）》2014 年第 1 期。

〔3〕　John Christopher, "The Arctic: Transportation, Infrastructure and Communication", https://lop.parl.ca/content/lop/researchpublications/prb0808-e.htm, 最后访问日期：2017 年 10 月 15 日。

（二）军事价值

北冰洋为连接北美洲、欧洲和亚洲提供了最短海上和空中航线，是军事力量部署和活动的重要战略区域。加拿大北极海岸是美国的大后方，该地区一旦出现导弹等军事武装力量，美国将直接受到威胁。事实上，北极地区长期以来受到广泛关注的当属冰下军事战略价值，被厚厚的冰层严密覆盖着的北冰洋，非常适合潜艇的战略部署，驻扎在北冰洋下的潜艇具有攻击北半球范围内各种目标的区位优势，打击面广，攻击速度快，效果明显，留给对方做出反应的时间仓促，不易被反制。[1]同时国际恐怖主义现已威胁着美国的安全，所以美国非常重视北极的军事防备，以便更好地保障北极地区的军事安全。

北极被认为是美国国防建设中的重要区域，美国在北极地区的军事力量主要分布在阿拉斯加州及其附近的阿留申群岛上，这里是扼守欧亚大陆东北角的战略要冲之一，美军太平洋司令部下属的第十一航空联队司令部和北美联合防空司令部均驻扎于此地，主要军事基地为爱尔门多夫空军基地和埃尔森军事基地，总兵力约为 17 000 人，其中空军人员最多，约为 9500 人，其次是陆军人员，约为 6800 人，海军人员最少，只有 700 人左右。阿拉斯加州的军事基地以空军为主，这里部署着 F-15 中型战斗机，F-16 轻型战斗机，F-22A "猛禽" 隐形战斗机以及 C-130 大型运输机。位于阿留申群岛上的埃里克森空军基地，部署了 18 座大型雷达，可以监测到北半球空中所有飞行器的活动情况。[2]美国潜艇在北极地区进行冰下行动已经有五十多年的历史了，到 2016 年，美国潜艇部队已经完成超过 26 次的北极演习。[3]除此之外，近年来，美国陆军加强北极军队训练，包括 2014 年的空中作战演习、2015 年的装甲车部署演习，以及 2001 年以来美国陆军第 75 团（75th Ranger Regiment）第一次返回阿拉斯加接受训练。自 2016 年起，北部作战训练中心（Northern

---

〔1〕 陈飞："俄美北极战略比较研究及其对中国的启示"，湘潭大学 2012 年硕士学位论文。

〔2〕 "美军驻西太主要军事基地之阿拉斯加基地简介"，载搜狐网，http://news. sohu. com/20030110/n220975280. shtml，最后访问日期：2017 年 6 月 12 日。

〔3〕 "美国潜艇部队在北极开展 2016 极地演习（ICEX-2016）"，载极地与海洋门户网站，http://www. polaroceanportal. com/article/772，最后访问日期：2017 年 4 月 6 日。

Warfare Training Center）每年在北极地区训练约 1400 名士兵。[1]

（三）资源价值

美国地质调查局（USGS）2008 年调查估计，世界 22% 的尚未发现的技术上可采的油气资源，包括世界上 13% 的未发现石油、30% 未发现的天然气和 20% 未发现的液态天然气，都在北极地区。这意味着北极地区拥有大约 900 亿桶技术上可采的石油，47 万亿立方米技术上可采的天然气和 440 亿桶技术上可采的液态天然气。[2]在北极地区，美国离岸区域包含的超过 100 万英亩和超过 6000 英里海岸线被认为具有资源开采潜力，这些海域包括波弗特海、楚科奇海、白令海、库克海湾以及阿拉斯加海湾。[3]在气候变暖的影响下，北极海冰减少，这促使美国可以将勘探船开进之前无法到达的资源储存地段，北极的资源开采可行性提高。北极丰富的资源价值和勘探的可行性促使美国加快了资源竞争的脚步。2015 年 8 月，奥巴马政府批准英荷壳牌石油公司在美国北冰洋海域勘探含油层油气资源，2018 年 5 月，又有报道称特朗普决定开放在北极野生动物保护区内的油气资源开发。

二、美国北极航运的基本政策

（一）保障航线的通行利益

1983 年的美国北极政策提出保护美国的航海自由权利和安全。[4]1986 年，当加拿大划定直线基线后，美国国务院宣布："美国认为西北航道是可用于国际航行的海峡。"1992 年，美国重申这一立场，指出："美国认为通过一条用于国际航行的海峡，要遵循过境通行制度。"[5]2009 年《第 66 号国家安全总统指令和第 25 号国土安全总统指令》指出，过境通行制度适用于西北航

---

〔1〕"新冷战：美国陆军如何为北极作战做准备"，载极地与海洋门户网站，http://www. polaroceanportal. com/article/2211，最后访问日期：2018 年 8 月 16 日。

〔2〕贾凌霄："北极地区油气资源勘探开发现状"，载中国矿业报网，http://www. zgkyb. com/ world/20170713_ 43008. htm，最后访问日期：2018 年 3 月 13 日。

〔3〕崔浪："奥巴马政府北极政策研究"，青岛大学 2015 年硕士学位论文。

〔4〕National Security Decision Directives. U. S. Arctic Policy（NSC-NSDD-90）.

〔5〕刘江萍、郭培清："保护还是搁置主权？——浅析美加两国西北航道核心问题"，载《海洋世界》2010 年第 3 期。

道和北方海航道，美国拥有在北极地区自由航行和飞越的权利，包括通行战略性的海上要道。[1]由此可见，美国一直坚持北极航道属于国际航道，应该对所有国家开放，北极航道应当实行航行自由和过境通行制度。

（二）提升北极水域的环境保护意识

美国一直很重视北极航道的海洋环境保护，这在克林顿时期的北极政策中就已经有所体现。奥巴马时期，随着全球气候的变暖和北极航线战略地位的提升，美国政府更加重视安全、贸易利益和环境保护。1994 年的北极政策提出要加强对北极地区的环保要求，"降低将北极作为航运通道给北极环境带来的潜在风险"。[2]2009 年的《国家安全总统指令与国土安全总统指令》指出美国在北极地区海洋运输上的首要着重点在于保护海洋商业活动和海洋环境。[3]2013 年 4 月 16 日，奥巴马政府颁布了《北极地区国家战略》，提出环境保护与资源开发并行，使北极的开发具有可持续性。[4]《国家海洋政策执行计划》则强调要在环境安全领域防患于未然。

（三）推行关于北极航道的国际合作

美国的北极战略强调国际合作的重要性，希望借助国际合作实现美国利益，具体包含三个层面的合作：一是寻求与加拿大、俄罗斯等北极理事会成员国的合作；二是寻求与欧盟、北约、联合国等国际组织的合作；三是寻求与中国、印度等世界新兴国家的合作。[5]北极理事会是目前北极地区最大的合作平台，由北极八国组成，作为成员国，美国重视在北极理事会平台中与其他北极国家的合作。除积极领导和参与北极理事会工作组的项目工作外，2011 年 5 月，时任美国国务卿希拉里出席了在格陵兰岛努克市举办的北极部

---

〔1〕 George . W. Bush, National Security Presidential Directive and Homeland Security Presidential Directive.

〔2〕 白佳玉、李静："美国北极政策研究"，载《中国海洋大学学报（社会科学版）》2009 年第 5 期。

〔3〕 George . W. Bush, National Security Presidential Directive and Homeland Security Presidential Directive.

〔4〕 National strategy for the arctic region, 2013, p. 5.

〔5〕 刘雨辰："奥巴马政府的北极战略：动因、利益与行动"，载《中国海洋大学学报（社会科学版）》2014 年第 1 期。

长级会议，并签署了《北极航空和海上搜寻与救援合作协定》，这是美国历史上第一次内阁成员出席北极理事会。美国在担任北极理事会轮值主席国期间，还倡导和推动了《北极科学合作协议》的制定和签署。

美国出于维护本国在北极航线附近海区和北极地区各种利益的考虑，一方面公开反对加拿大与俄罗斯两国对西北航道与东北航道的掌控，另一方面主动拉拢其他国家参与北极航线的综合管理与利用。[1]美国于1988年和加拿大签订了《北极合作协议》，于1994年和俄罗斯签订了《美国政府和俄罗斯联邦政府关于防止北极地区环境污染的协议》。美国积极参与北极航线治理，与俄罗斯联合提议在白令海峡划定安全海道，并获得国际海事组织的通过，这是北极国家在北极航线的重要航段的管理和规制上取得的合作成果。2013年，中国、新加坡、日本、韩国、印度和意大利成为北极理事会观察国，纳入更多共同商讨北极航线的开发利用和环境保护问题，美国参与的北极合作机制更加多元化和全球化。

（四）提升北极航行的助航设施

美国重视在极地冰区的航行安全问题，并利用其军事和技术优势发展先进的助航设施设备，为极地环境下的航行提供保障。北极航道中有的海冰有10英尺厚，即使是破冰船航行也存在危险，而北极海域不可能存在航道的标记浮标等导航设施，所以船长多依靠北极调查的冰图等信息，但是这些图表有着一定的滞后性。针对这些挑战，美国加强破冰船的建造和通行船只的卫星图像航空侦察能力，建立船舶和岸边的通讯设施，加强宽带网络连接和数据处理技术，以保障船舶通行的安全。

美国空基有测量冰层厚度的激光雷达、测量海冰上面雪厚度以及绘制陆冰结构的雷达，海基有各类浮标、海洋自动平台、无人潜水器、声波通信和导航器、电缆海底观测系统等。[2]美国海洋运输委员会（National Ocean Council）提出要优先提升信息基础设施的建设，包括天气预报、海图，船舶跟踪和急救反应能力等。美国的保险公司也在不断完善对北极航线的风险评估能力。

---

〔1〕　孙凯、潘敏："美国政府的北极观与北极事务决策体制研究"，载《美国研究》2015年第5期。

〔2〕　王佳存："美国2013—2017年北极研究计划"，载《全球科技经济瞭望》2013年第9期。

第四节 北欧国家

北欧是一个政治地理名词,特指北欧理事会的 5 个主权国家:丹麦、瑞典、挪威、芬兰和冰岛。5 个北欧国家都属于北极国家,相比俄、美、加 3 个大国,北欧国家的力量相对弱小,凭借地理、历史、经济、文化等方面的紧密联系,北欧国家在北极事务中的利益诉求和政策立场具有较大的相似性,形成相对稳定的利益共同体,在北极治理中的发挥重要作用。

一、挪威

挪威本土狭长,在北冰洋和北大西洋海域拥有曲折漫长的海岸线,是北极国家中的重要一员。挪威频繁地出台北极战略和政策文件[1],确定其高北事务的重点发展方向,持续推进高北战略的发展和实施。

高北地区是挪威最重要的战略优先领域。随着高北地区对挪威的重要性逐渐得到认可,挪威 2006 年出台了《高北地区战略》。"高北地区"包括挪威北部及毗邻海域,向北延伸至格陵兰海,西面包括扬马延岛,向东到巴伦支海,包括斯瓦尔巴群岛。挪威政府的政策目标是提升北方知识,增加在高北地区的活动和存在,促进可持续的经济社会发展。[2]作为具有较长海岸线的北冰洋沿岸国家,挪威十分重视对巴伦支地区海洋活动的管理。挪威政府在2006 年的高北战略中就指出,随着北极航线的开通以及沿岸油气资源开发活动的扩大,高北地区的海上交通量会逐渐增长,确保实施海上安全的高标准、提供搜救服务及溢油应急处理以保护海洋环境,既符合挪威的利益,同时也是沿岸国的责任。[3]2009 年挪威出台的高北战略列出的战略重点包括:发展北极气候和环境方面的知识,加强监控、应急响应和海事安全系统,促进离岸油气和可再生海洋资源的可持续利用,促进陆上产业发展,发展基础设施

---

〔1〕 包括《向北战略!北方地区的挑战和机遇》(2003)、《挪威政府高北地区战略》(2006)、《北方新基石:政府北方战略的下一步》(2009) 以及《高北地区:愿景和战略》(2011)。整体的政策分析参见刘惠荣主编:《北极地区发展报告 (2014)》,社会科学文献出版社 2015 年版,第 103~124 页。

〔2〕 New Building Blocks in the North: The next step in the Government's High North Strategy, 2009.

〔3〕 The Norwegian Government's High North Strategy, 2006, p. 59.

建设等。

挪威关注海上运输增长对其海岸线带来的环境和安全风险，因此采取多项措施提升其北方海域的监测和溢油应急反应能力，改善海事安全系统。例如，渔业和海洋事务部和外交部联合开发综合性的监测和通知系统，一个综合性全国网络系统将会从各部门系统中获取数据，可以为公务部门优化管理以及私主体及时获取信息提供服务。[1]2006 年挪威向国际海事组织提议，在其领海外部分海域建立船舶定制线和分道通航方案。得到批准后，挪威于2007 年在沃尔德（Vardo）建立了船舶交通服务中心，适用自动识别系统（AIS）监控航运，确保通行沃尔德和勒斯特（Rost）航段的船舶遵守强制性定制线和分道航行规则。[2]挪威还积极参与国际海事组织的工作，推动北冰洋专门立法列入国际海事组织的议程，支持形成具有法律拘束力的极地航行规则。与此同时，挪威的渔业和海洋事务部也积极提供资金增加应急拖轮服务的数量，修订避难港名单。[3]

据预测，挪威高北地区有丰富的油气资源尚未开发，挪威希望油气开发活动带动相关产业的发展，促进北方地区经济和商业发展。巴伦支地区经济开发及北极航线的开通会给挪威带来新的发展机遇，东北航线通航量的增长会提升对沿线国家海事服务的需求，挪威濒临挪威海，东北航线的利用使其作为港口国直接受益。因此挪威一方面注重加强对海洋活动的监管，另一方面也积极发展船舶融资、海上保险、海事法、港口服务等海事服务产业，以带动北极航运，促进经济的发展。挪威当局密切关注北极航运的发展，保证沿岸基础设施满足航行需要，加强国内各港口之间的协调，为北极航线的大规模利用做准备。挪威还在巴伦支海域与俄罗斯开展合作提升电子航行信号的覆盖范围，在北太平洋的北部和巴伦支海域与冰岛等国家合作建立区域中心，协调区域海事交通信息。挪威将《港口法》的规定从挪威本土扩展适用

---

〔1〕　New Building Blocks in the North: The next step in the Government's High North Strategy, 2009, pp. 13-14.

〔2〕　New Building Blocks in the North: The next step in the Government's High North Strategy, 2009, p. 15.

〔3〕　New Building Blocks in the North: The next step in the Government's High North Strategy, 2009, p. 16.

于斯瓦尔巴群岛，并考虑在斯瓦尔巴周围建立自动识别系统的监测，加强对斯瓦尔巴水域的海事安全管理。

二、丹麦

丹麦本土并不在北极圈内，凭借格陵兰和法罗群岛两个海外自治领地而成为北极国家，由于格陵兰濒临北冰洋，丹麦被视为北冰洋沿岸国之一。2008 年 11 月 25 日格陵兰举行自治公投，2009 年 6 月 21 日格陵兰取得了更大的自治地位。由于格陵兰和法罗群岛享有自然资源管理、司法警察权等广泛的自治权，因此丹麦王国的北极战略必须联合格陵兰政府和法罗群岛政府共同制定，使其北极政策能够体现自治政府的利益关切和政策目标。丹麦在冷战结束后积极参与北极事务，积极推动北冰洋沿岸五国之间更加紧密的合作，其目的是加强丹麦作为北极地区一个全球性行为体的地位和影响力，同时平衡格陵兰和法罗群岛不断强化的自治法律地位。[1]

丹麦视海事安全为建立和平、稳定和安全北极的基本优先事项。受北极夏季海冰消融的影响，其北极交通量有了明显增长。据统计，2010 年，43 艘游轮在格陵兰港口停泊，较 2009 年的 32 艘涨幅明显。法罗群岛水域的贸易航行量 2008~2010 年期间增长了 5~6 倍，每年有 40~50 艘游轮停靠在法罗的港口。[2]鉴于北极海域依然极端的气候和危险的海冰状况，丹麦认为在北极水域航行的船舶必须实施预防性的安全措施，要求对船员培训和船舶安全采取预防措施，从而提升海上航行安全，最大限度地预防海上事故的发生，减少对环境的破坏。

为此，丹麦积极推动和参与海事安全事务合作，在国际海事组织体系内加强极地航行规则的磋商制定，并在北极理事会中与其他北极国家开展搜寻救援的区域合作。对内，丹麦采取多项措施加强海事管理，例如对计划驶入格陵兰的游轮进行进一步的港口国控制；建立了运输委员会，研究应对北极航运所需基础设施的建设需要；加强水文测量，并对格陵兰海图进行更新并实现数字化操作；扩大对格陵兰北方水域气候条件和冰情状况的预测和信息

---

〔1〕 刘惠荣主编：《北极地区发展报告（2014）》，社会科学文献出版社 2015 年版，第 127 页。

〔2〕 The Kingdom of Denmark's Strategy for the Arctic 2011-2020, 2011.

发布；加强对北极海上交通的监控，要求驶入格陵兰的船舶必须向指定站点系统汇报航行信息，并推动通过实施新技术提升监控水平。

在经济发展方面，丹麦强调旅游业的拓展、矿产资源的高标准开发、可再生能源的利用以及生物资源的可持续开发。丹麦认为格陵兰地区矿产资源开发具有良好的前景，资源开发可以促进格陵兰的经济发展，格陵兰政府也期待丹麦公司与国外合作者共同建立成熟的开发项目。格陵兰大陆架油气资源的开采规模不大，到 2009 年，格陵兰南部和西部海域发放的勘探和开发许可证有 20 个，覆盖超过 20 万平方公里的区域，2010 年又在巴芬湾发放了 7 个新的勘探许可证，法罗群岛大陆架自 2000 年起也陆续发放了勘探开发许可证。丹麦希望在油气开发领域继续推行投标竞争的许可证政策，在更多陆架区域发掘新的油气田。但另一方面，格陵兰格外重视良好的矿产资源管理，要求矿产资源的开发应当符合最高的安全、健康、环境、应急响应和透明度的标准，要求资源开发产业应当重视脆弱的北极环境影响，实现健康的经济发展。可见，丹麦希望北极开发的浪潮可以带动格陵兰地区的投资、贸易和当地经济社会的发展，相比之下航运业并非丹麦的优势产业，丹麦也并未制定促进北极航运发展的相关产业措施。

三、冰岛

冰岛处于北大西洋和北冰洋交界、北美洲与西北欧之间，较早关注到气候变化及其对北极航运的影响。北极航行条件改善，未来俄罗斯北极地区油气资源的开发和出口也将增加，北极航运在未来具有发展前景的国家之一。1987 年关于北极航运可行性讨论的国际会议就在雷克雅未克召开。后来冰岛外交部建立了专门工作组，研究北方海航道的开通及其对冰岛的意义，并于 2005 年发布了《航运业与北极的未来》[1] 政策研究报告。报告指出，冰岛可以作为北方海航线在北大西洋的中转港，如同白令海峡南部的阿留申群岛是设立太平洋端口中转港的理想选择。位于北大西洋的中转港将缩短使用冰级船舶运输的航程，在中转港转换普通船舶运输，从而使得整个运输航程更加经济。冰岛提供中转港可以为北美东岸和北欧的运输提供服务，在竞争成为

---

〔1〕　North Meets North, Navigation and the Future of the Arctic, 2006, pp. 33-34.

北大西洋中转港时，冰岛具有多个优势[1]：就近跨大西洋航线、就近北俄罗斯和北美之间的原油航线、就近北方海航线的大西洋终端、具有容纳大型船舶的天然条件、有淡水河电力供应、专业劳动力和良好的服务、就近国际机场、保障港口安全的良好条件。

对于北极地区经济开发活动的勃兴，冰岛主张北极矿产和能源资源的开发应当鼓励对环境保护，实现负责任、可持续的资源管理，在国内推行可再生能源的开发并通过国际合作与其他国家分享经验和专业技术。冰岛尤其重视加强与格陵兰和法罗群岛在北极贸易、能源、资源开发、环境和旅游等议题的合作，试图通过推进西北欧政治经济一体化提升成员的国际和经济地位以及政治安全；希望加强与北极地区国家的贸易管理，使冰岛人民可以参与到北极地区日益增长的经济活动中。[2]在国家实践方面，冰岛先后在法罗群岛（2007 年）和格陵兰（2013 年）设立了总领事馆；强调北极理事会作为北极区域合作最重要的论坛，支持域外国家申请成为观察员国；积极参与并签订了北极区域海事合作协议，并研究建立国际搜救港的可行性；支持北极理事会成立环北极商业论坛任务组，并发展为北极经济理事会，以提升北极地区商业合作的水平；2013 年在雷克雅未克成立政治中立和开放性极强的北极事务交流平台——北极圈论坛（Arctic Circle Forum），自成立以来吸引了大量来自北极域内外国家的政府官员、商业人士和科研人员等参加。冰岛与中国在极地科学研究领域有良好的合作，2012 年中冰两国签署了《中冰海洋和极地科技合作谅解备忘录》，中国极地研究中心和冰岛研究中心在冰岛建立了联合极光观测台，并已投入使用。

四、芬兰

芬兰国土的三分之一位于北极圈以内，属于北极国家，然而其海岸线集中在波罗的海沿线，在北冰洋一侧并无海岸线，因此并不属于北冰洋沿岸国家，其参与北极航线利用的方式与沿岸国、港口国有所差异。

在北极事务中，芬兰是多边合作与治理的积极倡导者，在芬兰的筹备和

---

[1] North Meets North, Navigation and the Future of the Arctic, 2006, p. 41.

[2] A Parliamentary Resolution on Iceland's Arctic Policy, 2011.

组织下，北极八国于 1991 年在罗瓦涅米部长级会议上通过了《北极环境保护战略》，八个北极国家针对北极环境议题开展区域合作，为后来北极理事会的建立奠定了基础。此外，芬兰还致力于推动在欧盟框架内的北极事务对话与合作，1997 年提出北方政策（Northern Dimension）倡议，经过欧洲理事会批准，1997 年发展为欧盟北极政策。2008 年 5 月北冰洋沿岸五国召开北冰洋会议并发表《伊卢利萨特宣言》，宣称北冰洋沿岸五国在处理北冰洋事务方面处于独特地位，推动了芬兰政府明确其国家北极利益关切和政策立场。[1]芬兰政府于 2010 年发布《芬兰北极地区战略》，2013 年又迅速修订出台了更新的北极地区战略。

作为一个北极国家、具有先进的北极专门知识、可持续发展和环境保护以及国际合作共同构成了芬兰政府北极政策的四大支柱。这四个方面奠定了芬兰在北极地区的作用，其目标是在顾及环境保护的基础上促进经济增长、提升竞争力。[2]芬兰有意愿同时也有能力参与到北极地区的开发活动中，推动北极地区的安全、稳定与可持续发展。

巴伦支地区的经济开发活动及北极航道的通航量在逐渐增长，带动海洋工业和造船业发展，推动港口、铁路、公路、渠道等基础设施建设，芬兰希望凭借其先进的技术和北极环境知识参与到北极的开发进程中。北极矿产资源开发方面，芬兰寻求国外对其矿藏开采的投资，同时还计划通过承担开采项目、制造破冰船、输出矿区水管理和地质工程技术的方式参与俄罗斯、格陵兰等其他北极地区矿藏和油气资源的开发和运输。

芬兰是北极海洋工业和航运界的领军者之一，有长期冬季航行的经验和先进技术。例如，芬兰 Aker 技术公司负责世界半数以上破冰船、许多极地科考船、货船和极端气候条件下工作的海上结构的设计，Arctech 赫尔辛基造船厂专门从事北极航行船舶的建造，并已经有超过 150 多年的历史，世界各地的现役破冰船中有 60% 都是由该厂建造的。2010 年和 2014 年船厂与俄罗斯航运公司 Sovcomflot 先后签订了两艘极地海工船和三艘备用破冰船建造合同。芬兰 Arctia 船务有限公司的破冰船船队具有超过百年的破冰经验和航道冰封时

<hr>

〔1〕　刘惠荣主编：《北极地区发展报告（2014）》，社会科学文献出版社 2015 年版，第 149~150 页。
〔2〕　Finland's Strategy for the Arctic Region 2013, Government resolution on 23 August 2013, p. 7.

的处理技术，沿着海岸线作业，为通行波罗的海的船舶提供协助和导航，确保冬季商业航道的畅通。[1]这些技术和经验也可以应用于北极航行中。

面对北方海航道通航量的逐步增长、北极航道未来的通航前景，芬兰的利益考量是将北方海航道开放为国际海上航线，沿岸管理当局收取的交通费用于保障航行安全而不得构成对交通的阻碍。[2]芬兰认为应当加强北极海上运输活动的安全和环境规制，然而考虑到航运的国际属性应当在国际海事组织内制定相关规则。芬兰积极参与北极航行规则的制定工作，对《极地规则》中的环境保护和船舶冰级划分规则的制定做出了重要贡献。

2018年3月，芬兰交通与通讯部公布，计划与挪威合作在北极圈内修建一条连接挪威希尔克内斯口岸与芬兰涅米市的铁路，这一"北极走廊"建成后，将打通芬兰现有铁路网至北冰洋的交通运输线，将欧洲大陆与北冰洋相连，再经由北冰洋东北航线与东北亚联通。[3]芬兰关注北极航道的航运前景，愿意成为"冰上丝绸之路"向北欧和欧洲大陆延伸的门户国家，希望通过利用和开发东北线增加北冰洋方向与北欧国家间的贸易运输量。

五、瑞典

北极国家中，瑞典同芬兰一样并不属于北冰洋沿岸国。气候与环境、经济发展以及北极居民生活状况的改善是瑞典北极政策的三个优先事项，其中又以气候和环境为首要政策领域。[4]

瑞典特别强调北极事务合作的重要性，推动国际海事组织、北极理事会、巴伦支地区、欧盟内部、北欧部长级理事会等全球、区域、次区域的多层次合作，确保北极的安全与稳定；主张新兴北极活动应当以共同而强有力的规制框架管理，最重要的是关注环境可持续性。基于此，瑞典致力于推动温室气体在全球范围内大幅度减排，协助增强北极地区及其环境对气候变化的长期适应能力，促进北极生物多样性的保护和可持续利用，更大范围内实施环

---

〔1〕 陶润元："芬兰——破冰船设计与建造的引领者"，载《中国远洋航务》2016年第3期。

〔2〕 Finland's Strategy for the Arctic Region, 2010, p.27.

〔3〕 "欧洲'北极走廊'计划初见雏形"，载新华网，http://www.xinhuanet.com/2018-03/10/c_1122516426.htm，最后访问日期：2018年5月7日。

〔4〕 Sweden's strategy for the Arctic region, 2011.

境影响评估，建立北极动植物保护区网络。在北极开发过程中，瑞典先进的环境技术可以应用在各行各业。

对于北极经济活动的增加，瑞典强调应保证自然资源的开发活动以保护环境、符合经济性以及社会可持续的方式开展，海上运输应当实施更严格的安全标准。瑞典积极参与并推动减少航运碳足迹的规则制定，支持目前在国际海事组织中开展的相关工作，促进减少船舶航行温室气体排放的技术开发，也推动欧盟出台限制航运业碳排放的政策。考虑到北极游轮旅游活动的增加以及北极海域救援力量的薄弱，瑞典支持提升对海上交通的监测，采取预防措施，提升跨国界的海空搜索救援合作，2013年与其他国家一起签署了北极国家的航空和海上搜索救援合作协议。极夜和极寒条件下的北极海事操作对船员和设备的要求非常高，而瑞典在北极航运领域拥有领先的专业技术，其航运业具有在波的尼亚湾和亚北极条件下的操作经验，而且其破冰船可以为北极商业运输提供支持，并协助监测海洋环境，开展北极科学研究。

第八章

域外主体北极航运政策及实践

　　全球气候变暖和经济全球化正在给北极地区带来前所未有的发展机遇，冰冷的北极在越来越多人眼中正在变得"火热"，北极已经开始被多国纳入全球战略布局之中。随着北极自然气候改变，北极地区的地缘战略地位提升，其影响范围不再局限于北极周边国家，越来越多北极圈外的国家也开始关注自身的北极利益。特别是近北极的欧洲和东亚国家，较早在北极开展相关活动，在贸易、投资、经济发展的驱动下，对北极航线事务的参与比较积极，并纷纷制定了北极政策，为北极航线开发利用做准备。

第一节　欧　盟

　　目前，欧盟成员国中共有三个北极国家，芬兰、瑞典和丹麦；英国脱欧以后，欧盟成员国中有六个国家已经是北极理事会观察员成员国：法国、德国、荷兰、波兰、西班牙、意大利，它们是欧洲参与北极事务的主要非北极国家。绝大多数欧洲国家都已加入欧盟，欧盟的北极政策基本反映了欧洲国家在北极问题上的利益诉求和政策立场。欧盟认为自己是一个"北极实体"，希望国际社会承认其北极利益，并一直积极寻求北极理事会的正式观察员地位，参与北极治理。欧盟制定了多个北极政策文件，北极航运是其关注的要点之一，欧盟与中国在北极利益以及面临的处境上有许多相似之处，其在北极航道问题上的政策和实践对我国有重要的借鉴作用。

一、欧盟的北极航运利益

近年来人们日益关注气候变化对全球各个地区造成的影响，而北极地区则是受气候变化影响最为显著的地区。全球变暖对北极海域最直接的影响就是海冰覆盖面积减少。在 2005 年之前，北极冬季海冰最大范围的变化大约为每 10 年减少 1.5%，而北极永久冰盖（多年冰）的变化大约是为每 10 年减少10%。北冰洋的多年冰覆盖从 1979 年的 820 万平方公里退缩至 1999 年的 670万平方公里。[1] 进入 21 世纪以来，北极地区冰雪融化速度大大提升，2007年其海冰面积比 2006 年整整缩小 27%，海冰面积锐减至 360 万平方公里，比1999 年锐减了 47%。减幅之大、变化速度之快都大大超过了科学家的预期。随着全球气候变暖加速、北极海冰融化，北极航线的通航条件有所改善，夏季通航期相对延长，使得北极航线作为沟通亚、欧、北美重要航线的潜力日益凸显。与此同时，随着科学技术的发展和研究调查的深入，科研人员对于北极航线的了解日渐增加，越来越多的气候水文资料帮助人们更好地运用北极航线。气候环境变化带来的北极航线航行条件的改善使得欧盟看到了北极航线未来发展的可能。

欧洲经济的兴起和繁荣受益于新航路的开辟，可以说欧洲的经济发展就是建立在发达的航运业基础之上。欧盟成员国拥有世界上最大的商业船队，如果按照载重吨位计算，欧洲公司的商船载重吨位（DWT）占到全球商船载重吨位的41%；2011 年，全球贸易的 14% 是从欧盟成员国出口的，15.5% 的全球进口贸易量是由欧盟成员国完成的，而且这些进出口的 90% 是依靠海运实现的。[2] 发达的航运业保障了欧盟的出口和进口，成为欧盟参与经济全球化的重要联系桥梁。

近年来，随着亚洲地区特别是东亚地区经济的快速发展，欧盟与东亚地区的经贸往来日益频繁。根据欧盟统计局的统计，2015 年中国继续成为欧盟第二大贸易伙伴，中欧商品进出口贸易总额为 5210 亿欧元，中国和欧洲对外

---

〔1〕　北极问题研究编写组：《北极问题研究》，海洋出版社 2011 年版，第 142 页。

〔2〕　杨剑："北极航道：欧盟的政策目标和外交实践"，载《太平洋学报》2013 年第 3 期。

商品贸易发展迅速,其占比从 2012 年的 7% 迅速提升到 2015 年的 15%。[1]
2017 年,中国已经成为欧盟最大的进口贸易伙伴和第二大贸易出口对象国,
欧盟成员国中,荷兰自中国进口最多,德国向中国出口最多。[2]2009 年 7 月
德国布鲁格航运公司的货船首次完成了穿越东北航线的航程,这次在北极航
运史上具有重要意义的航行在一定程度上宣告了一条新商业航线的诞生,东
北航道的商业航行开始迎来一个新的时代。经济发展的动力使得欧盟对可能
出现的通往亚洲和美洲地区的新航线倍感兴趣。与此同时,传统航线日益增
大的航运压力和竞争程度也使得欧盟寻求其他解决的方法。因此北极航道的
发展前景关乎欧盟经济未来的发展走向,如果北极航道的商业通航成为现实,
对于未来欧盟的对外经贸发展将产生巨大的推动力,这一因素将为疲态渐生
的欧洲经济注入一针新的强心剂。

二、欧盟的北极航运政策和实践

欧盟成员国拥有世界上最大的商船队,海冰融化为北极航线的开通利用
带来了机遇,北极航线将缩短欧洲与太平洋之间的航程,气候变化对北极的
影响引发了欧盟对北极的关注,成为北极政策的重要议题。欧盟的多个北极
政策文件中都涉及北极海上交通方面的政策建议,并发布过关于北极航运法
律问题的研究报告,彰显了欧盟关于北极航运和交通的政策和立场。

(一) 欧盟的北极航运政策

2008 年欧盟通过了《欧盟和北极地区》[3]政策通讯,是欧盟针对北极事
务发布的首个正式文件,围绕保护和保全北极及其居民、促进北极资源可持
续开发和利用、加强北极多边治理三个主要的政策目标,阐述了欧盟在北极
的利益,并为成员国和有关机构制定了行动建议。保护和保全北极及其居民
涉及四个方面:环境和气候变化,支持原住民和当地居民,研究、监测和评

---

〔1〕 "中国积极成为欧盟第二大贸易伙伴",载中国财经网,http://finance. china. com. cn/news/gnjj/20160405/3661482. shtml,最后访问日期:2018 年 6 月 20 日。

〔2〕 "中国是欧盟最大的进口贸易伙伴",载中华人民共和国商务部网站,http://www. mofcom. gov. cn/article/i/jyjl/m/201805/20180502747329. shtml,最后访问日期:2018 年 6 月 20 日。

〔3〕 Commission of the European Communities, Communication from the Commission to the European Parliament and the Council: The European Union and the Arctic Region, COM (2008) 763 final.

估，促进北极资源可持续开发和利用（包括油气资源、渔业资源、交通、旅游）。

针对北极交通议题，欧盟认为其利益在于探索和改善北极航行的条件以逐步引入北极商业航行，同时促进更严格的安全和环境标准以避免有害影响。同时，会员国和欧盟应当捍卫航行自由原则和在新开通的航线和区域中享有的无害通过权。为实现上述政策目标，应当采取以下行动建议：促进北极航行规则、海上安全、航线系统和环境标准有关义务的充分执行，特别是 IMO的规定；强调必须避免任何北极沿岸国家对第三国商船的歧视性做法，尤其是在收费、强制性服务、管理规则等方面；提升北极地区的海上搜救巡航能力，并更快更好地应对突发事件；在遵守竞争法规则的前提下，保持欧洲造船厂在北极特殊条件所需技术方面的竞争优势；探索支持北极沿海国家根据IMO 规则提议指定一些北极航路为特别敏感海域；支持 IMO 提升适用于北极水域的环境和安全标准的工作。

在此基础上，2012 年欧盟委员会发表了《发展中的欧盟北极政策：2008年以来的进展和未来的行动》等几个有关北极政策的文件，基本延续了 2008年确定的政策要点。2014 年，欧洲理事会和欧洲议会要求欧盟委员会和外交与安全政策高级代表就北极事务制定一项综合政策，并为欧盟的行动和资助方案制定一个更连贯的框架。为此，2016 年 4 月 27 日，欧盟发布了《欧盟综合北极政策》[1]，提出欧盟北极政策的三个优先领域，包括气候变化和保护北极环境、北极及其周边地区的可持续发展以及北极事务的国际合作，并且特别强调要重视研究、科学和创新，因其将在三个优先领域都发挥关键性作用。这一综合北极政策是对 2008 年政策框架的进一步更新推进，重点更加突出，行动方案更加明确具体。面对日益增多的北极航运活动，欧盟应支持加强在北极水域的航行安全，主要途径是通过技术创新和开发北极海上活动的监测工具，获得这类知识对评估航行风险以及制定减缓措施至关重要。此外，为了确保在北极海域开展搜寻救援行动，欧洲海岸警卫队论坛（European Coast Guard Functions Forum）应与北极海岸警卫队论坛加强密切合作，促进

---

〔1〕　European Commission, Joint Communication to the European Parliament and the Council: An integrated European Union policy for the Arctic, JOIN（2016）21 final.

安全和负责任的北极地区海事活动。

鉴于利用北极航线进行商业航行符合欧盟的利益，同时北极水域和北极航线的法律地位等存在争议，为了主张和捍卫欧盟成员国的航行权利，欧盟委员会在统一海洋政策框架内专门研究了北极航行的法律问题。研究报告[1]考察了适用于北极海域航行的国际机制，指出了与北极航运相关的海洋法上的争议，包括加拿大北极群岛外围直线基线的合法性，西北航道水域的法律性质，北方海航道水域的法律性质，《联合国海洋法公约》第234条的空间适用范围及其与国际航行海峡制度之间的关系等。面对上述与北极航行密切相关的法律争议，欧盟委员会强调了IMO框架内的改革事项，如制定保障北极航行安全和防止污染的标准等，虽然报告没有明确声明欧盟对上述争议的立场，但提出了在IMO框架之外的建议措施，如开展关于北极航行的国际磋商，解决沿海国和船旗国关于在北极航道适用何种航行制度的争议。

（二）欧盟北极航运政策实践

虽然欧盟在北极航运中拥有巨大的自身利益，其也有意愿参与到北极航运的未来发展中，但欧盟参与北极事务时面临身份障碍。欧盟并非单一的环北极国家，因为加拿大的反对迟迟未被接纳为北极理事会正式观察员；具体到北极航运的管控和治理，欧盟成员中没有北冰洋沿岸国，以加拿大、俄罗斯为代表的北冰洋沿岸国对北极航行实施严格的管控，欧盟对北极航运治理的参与只能聚焦于船旗国和港口国的身份，不断强调开展国际合作的重要性。

为保障自身的北极航运利益，欧盟通过运用多种方式参与北极航道的开发利用和治理。在提升保障安全和负责任的北极航行方面，欧盟成员国在IMO多边框架下积极参与和推动国际极地水域航行规则的制定出台，针对北极航行的特殊需求制定必要的安全措施和较高的环境标准，在有关环保组织的努力下，继续推动各国通过IMO禁止北极水域航行船舶使用和运载重燃油。欧盟还积极开发全球导航卫星系统，为北极海域提供定位和监测，建立海底绘图数据平台，并加强与北极沿海国海上警卫队的沟通协作，积极参与保障

---

〔1〕 European Commission Maritime Affairs and Fisheries, Legal and socio-economic studies in the field of the Integrated Maritime Policy for the European Union: Legal aspects of Arctic shipping Summary Report, 2010.

北极水域航行安全的监测、搜救等相关服务。此外，欧盟一直在积极推动应对气候变化的国际磋商进程，2016 年欧洲议会批准气候变化《巴黎协定》，制定各行业减排措施，其中对航运业的减排政策包括了履行船舶碳排放监测和报告职责、征收航海碳税等措施。

杨剑将欧盟在北极航道上的外交实践归纳为以下几个方面：克服法律障碍，强调北极航道治理的全球性机制；克服政治障碍，增强欧盟参与北极航运治理的合法性与合理性；彰显自身科技能力和制度优势，积极提供北极航运治理必需的各类公共产品。[1]这些政策及实践为中国参与北极航运治理提供了借鉴和参考。

第二节　亚洲国家

亚洲是目前全球经济发展较快的区域，是全球贸易中的重要力量，北极航线开发利用对东亚国家有直接影响，中国、日本、韩国等国均密切关注北极地区的形势变化，积极参与北极事务。中国、日本、韩国、新加坡、印度五个贸易大国重视对北极事务的参与，纷纷申请北极理事会观察员地位，并于 2013 年统一被接纳为北极理事会正式观察员。同为北极域外亚洲国家，中日韩等国的北极利益诉求有相同之处，尤其是在北极航线的开发利用上，研究他国的政策实践可以为我国制定北极航线战略提供参考。

一、日本

（一）日本的北极航运政策

日本是最早关注北极地区的亚洲国家，其在北极领域的科学研究可追溯到 1921 年，是第一个对北极进行科考的亚洲国家，科考积淀深厚。作为一个正在谋求国际大国地位和发展新机遇的国家，日本依靠其长期积累的极地科考经验，对北极事务表现出越来越浓厚的兴趣。从 2008 年东京召开第一届北极研究国际讨论会，到 2018 年 2 月针对制定第三期海洋基本计划召开关于北

---

〔1〕 杨剑：“北极航道：欧盟的政策目标和外交实践”，载《太平洋学报》2013 年第 3 期。

极未来的研讨会，日本政府和学术界对北极地区的关注度持续升温。

作为近北极国家和世界主要的经济和贸易国，日本在北极有着自身的利益诉求，北极地区丰富的自然资源和北极航线的发展促使日本越来越关注北极地区。日本安倍政府于 2015 年 10 月通过首个北极政策，将全球环境、原住民、科学技术、法治和国际合作、航线、自然资源和国家安全列为优先领域。其中，利用北极航线开展海上运输符合日本的经济利益，围绕北极航线的开发利用，日本的北极利益体现为航运、能源与矿产资源、科学研究以及地缘政治四个方面。

作为世界上最为依赖海运的国家之一，北极航线对以出口导向型经济为主的日本及其企业至关重要。对日本本土来说，北极航线的开通利用将会带动日本海的通航量大幅度增加，使位于日本海的各港口和相邻城市受益。尤其因中国和韩国通过这一航线的货物运输量很可能会大大提高，作为国际航道的津轻海峡和自阪神大地震以来遭受重创的神户港，有望借助北极航道开通的契机恢复日本港口物流基地的地位。北极航线的开通利用能够对日本经济产生刺激作用，通过提升日本海域的航运量，带动日本港口的发展，从而进一步增加城市人口聚集，带动周边城市的振兴。北极航道的开通利用还能够便利北极沿岸能源资源向日本运输，开拓日本的海外能源进口来源。着眼于北极航道开通对日本的重要意义，日本分别与俄罗斯和加拿大进行磋商谈判，争取在东北航道和西北航道的双边甚至多边合作。此外，自 20 世纪 90年代开始，海洋政策研究基金会就着手评估北极商业航线的技术可行性，这一关注早于其他非北极国家，研究肯定了北极航线在技术上的可行性。虽然许多不确定的因素使得日本航运公司近期难以获得实际的经济效益，但国土交通省一直在开展关于北极航线的小规模项目，其眼光比民间团体更加长远。日本希望借由官方活动逐步建立有利的北极制度环境，待北极航线在技术层面和经济层面都可行时，能够及时参与其中。

日本本土面积狭小，资源相对匮乏，经济发展和社会生活严重依赖海外能源和资源供应，保障能源供应安全是日本的重要利益，且如今这一需求比以往更加迫切。2011 年日本关东大地震及核事故后，日本关闭了 54 个核电站中的大部分。这就要求日本电力公司在短时间内购买大量的液化天然气，这一需求使得其购买的液化天然气价格明显高于正常水平。较高的电力生产成本最终反映在国内电力价格上，这引起了日本制造业的不满。从日本经济产业 2016 年 5 月份的资料来看，日本的电力、天然气公司的液化天然气进口量位居世界第一，占世界总进口量的 36%，高达 8800 万吨，位居第二的进口国为韩国[1]。迄今为止，日本是俄罗斯液化天然气的最大进口国，2014 年日本采购了约 800 万吨液化天然气，约是库页岛天然气产量的 80%。日本第五大贸易公司丸红公司于 2013 年 4 月宣布，与俄罗斯就远东地区的液化天然气项目以及油气共同勘探开发达成战略协议。北极航线的开发利用将便利俄罗斯北极油气资源和北极矿产向日本的运输，使其海外能源供给渠道更加多元化。

（二）参与北极航运事务的举措

2010 年 9 月，日本外务省在原有的行政框架之外组建"北极工作组"（Task Force on Improved Connectivity in the Arctic），专门负责制定包括北极法律以及北极各国外交政策在内的跨领域工作框架，并不定时组织与北极问题相关的研讨会，推进北极政策的协商、调整，加大参与北极事务的力度。[2]

2013 年 3 月 19 日，日本外务省设立"北极担当大使"一职，负责与各国就北极问题交换意见，由原本负责文化交流活动的外交官西林万寿夫兼任。[3]西林大使上任之初就以临时观察员国代表身份出席北极理事会高官会议和其他相关的北极问题会议，为日本申请北极理事会正式观察员国而不断奔走，并与各国北极政策的代表交换意见。2015 年 6 月 26 日，白石和子被任命为妇女、人权人道事务大使兼北极事务大使，在负责人权和人道主义国际事务的同时，作为日本参与北极事务的大使与其他国家就北极事务交换意见、出席北极理事会等国际组织的国际会议。同年 10 月，白石和子在第三次北极圈论坛中介绍了日本的首个北极政策，意图树立日本在参与北极事务中"保护原住民人权""共赢"的国际形象。此后，白石和子在北极问题参与上，以该政策为基础，强调日本先进的科研技术，期待与其他国家进行国际合作。

---

〔1〕"日俄利用北极航道共同开发俄罗斯液化天然气"，载国际极地与海洋门户网站，http://www.polaroceanportal.com/article/1260，最后访问日期：2017 年 3 月 9 日。

〔2〕日本外务省网站，http://www.mofa.go.jp/mofaj/gaiko/bluebook/2013/html/chapter3/chapter3_02_02.html，最后访问日期：2017 年 10 月 3 日。

〔3〕日本外务省网站，http://www.mofa.go.jp/mofaj/press/release/25/3/press6_000016.html，最后访问日期：2017 年 12 月 1 日。

2013 年 7 月，日本内阁秘书处、内阁办公室、内部事务和通讯部、外交部、教育部、文化部、体育部、科技部、农业部、林业和渔业部、经济部、贸易和工业部、土地部、基础设施部、交通部、旅游部、环境部和国防部成立了"关于北极问题联合委员会"（Liaison Committee among Ministries and Agencies on Various Issues Related to the Arctic），负责利用北极航线与行政体制，应对环境问题；开展科考活动；促进国际合作；推动资源开发；推动与北极理事会的合作。[1]在该委员会举行的多达 10 次的会议中，"探索北极航线和资源开发的经济潜力"是重要议题之一。

作为自然资源相对匮乏的岛国，日本对于北极地区资源开发和北极航运发展抱以极大的兴趣，日本的北极政策关注北极周边的资源开发以及北极航道的航运价值，鼓励政府与民间开展合作，积极利用这些价值。长期以来，不管是日本政府还是民间企业都在以多种方式参与北极事务。日本民间财团多年来资助开展了多项有关北极航道的项目。日本财团（the Nippon Foundation）船舶与海洋基金会资助了始自 1993 年为期六年的大型国际研究计划——北方海航线计划[2]（International Northern Sea Route Programme），这一多学科的研究计划是为了调查北方海航道的利用潜力、国际利用等各方面，建立关于北方海航道的广泛的知识基础。这一计划由日本、挪威和俄罗斯联合资助，吸引了来自 14 个国家的 450 名学者参与，成果包括出版了 167 份主题广泛的技术报告以及数据库等产品。1999 年 11 月，项目主要合作者还在挪威组织了北方海航线用户会议，向航运业和其他潜在的航线用户及利益相关者发布船舶航道研究计划的结果。日本财团还支持了"制定北方海航线可持续利用战略"项目，日本笹川和平基金会海洋政策研究所（OPRI-SPF）分别于 2013 年、2014 年和 2016 年举办了北方海航线可持续利用的主题国际研讨会。[3]通过专题研讨会，邀请俄罗斯北方海航道管理局的负责人提供航道最

---

〔1〕 刘惠荣主编：《北极地区发展报告（2014）》，社会科学文献出版社 2015 年版，第 213 页。

〔2〕 该项目的具体情况参见 A Review of the International Northern Sea Route Program（INSROP）-10 Years on, https://www.fni.no/publications/a-review-of-the-international-northern-sea-route-program-insrop-10-years-on-article517-290.html，最后访问日期：2019 年 4 月 7 日。

〔3〕 活动信息参见该基金会网站，https://www.spf.org/e/topics/topics_20897.html，最后访问日期：2017 年 10 月 24 日。

新信息，加强与来自北极国家专家的沟通和交流，在全球局势变化背景下讨论北方海航道利用的中长期前景；并且邀请日本国内专家，基于日本通过的北极海洋政策探讨日本利用北方海航道的战略。

为了确保拥有稳定的海上运输体系，日本在关注北极航道开发的同时，积极促进与有关国家、航运公司和托运人等方面的合作，继续开展有关造船、港口建设和维护、海上交通线的准备以及海员安全培训等多方面工作。一方面，日本因国际航运的全球环境变化和对世界经济的积极贡献继续推进平衡竞争，通过国际谈判建立有序的竞争环境。另一方面，日本致力于推广高环保性能的船舶技术，建立一个低碳、循环型海上运输体系，加强日本航运业的竞争力和经营基础。与此同时，日本加强环境性能高的船舶技术开发，促进行业结构调整，加强造船业的竞争力。

日本政府层面也积极参与北极航运的相关治理进程，日本派代表参与了IMO 关于《极地规则》的磋商制定，结合本国相关行业意见，就极地水域的航行安全、海洋环境保护和船员资格标准提出建议，参与相关海事公约的修订。立足于 2013 年 5 月取得的观察员资格，日本将增派专家和政府人员参加北极理事会的相关会议，加强对北极理事会活动的贡献程度，并且积极出席北极前沿等北极事务相关的国际会议，表达本国观点，宣传北极观测和科学研究方面取得的成绩。

日本重视北极科学研究，充分利用其科技优势参与北极地区的开发与保护。2012 年，日本气象信息公司发射小型实用卫星，用于观测温室效应下的北冰洋海冰状况，并根据观测数据探测北极航线，日本文部科学省也首次向北极派遣调查小组，调查北极变暖进程及冰层等情况。[1] 日本 2015 年开始推进新的北极区域研究项目（ArCS 项目），把握北极环境变化及其对全球的影响，致力于向北极利益攸关方传达自身的研究成果，同时开展更为先进的观测设备研发，强化其严酷环境下持续作业的特质。对国内的研究机构和大学进行整备，共同利用卫星、研究船、计算机等基础研究设施，推进北极问题相关课题的研究。

---

〔1〕 "日本发射卫星探测北极航线，韩国破冰船将入北极圈勘探"，载人民网，http://world. people. com. cn/GB/1029/42354/17908074. html，最后访问日期：2016 年 3 月 9 日。

日本重视与北极国家开展双边和多边北极事务合作，将开展国际合作视为其增强自身影响、宣传贡献能力及水平的重要途径。日本首相安倍晋三于 2016 年 3 月 10 日在官邸会见芬兰总统尼尼斯托，双方就推进蕴藏丰富资源的北极圈开发、合作利用有望成为亚欧间最短航路的北冰洋航路等问题达成了一致，两国首脑在会谈后发表了写入会谈成果的联合声明。安倍晋三在联合记者会上表示：“围绕北极达成合作共识是重大成果。为了国际社会的和平与繁荣，将与芬兰开展密切合作。”[1] 在日本看来，作为非北极国家，希望参与北极事务，必须在现有规则中取得一定的身份和资格，才能在北极治理中发挥影响，保障自身利益。今后能否在北极资源开发及航道利用方面获益，取决于自身对北极的贡献，包括事务中的参与度贡献以及更重要的科学成果、技术水平贡献。

有研究专门考察了非北极国家在北极监测与评估工作组（AMAP）中的参与情况，分析了科学报告成文阶段和基于科学报告提出政策建议两个阶段中各国科研人员和国家代表的参与情况，一定程度上反映了观察员国家在北极理事会中的活动情况。[2] 在科学报告阶段，1998~2005 年，美国、加拿大和挪威的科学研究人员构成了研究网络中的核心力量，非北极国家专家的参与限于少数几个在北极地区有长期利益的欧洲国家，包括荷兰、德国、英国以及不是观察员国的奥地利。2006~2015 年，研究网络扩大且发生变化，北极国家仍然处于网络中心位置，非北极国家中荷兰、德国、英国和奥地利继续参与，另外 10 个非北极国家的专家也参与了至少一个报告的工作，如意大利、西班牙、日本。政策建议阶段，1999~2005 年，非北极国家对工作组会议的参与非常有限，荷兰是唯一一个持续参会的国家，2006~2015 年，参与工作组会议的非北极国家代表增多，其中荷兰和日本是参与最多、参与程度最高的两个非北极国家。

---

〔1〕 “安倍会晤芬兰总统就合作开发北极圈资源达共识”，载环球网，http://world. huanqiu. com/exclusive/2016-03/8691348. html，最后访问日期：2016 年 4 月 12 日。

〔2〕 Jennifer Spence, "Finding a Place in the Arctic Council for Non-Arctic Actors: A Social Network Analysis of the Arctic Monitoring and Assessment Programme", *Arctic Yearbook* 2016.

二、韩国

韩国对北极事务的关注时间不长，但是参与积极性高、参与能力较强，韩国主动参与北极合作，参与北极治理，并自 2008 年起积极申请成为北极理事会观察员成员国。2011 年韩国举办了第 12 届北极科学高峰周，次年韩国加入《斯匹次卑尔根群岛条约》。2013 年韩国与中国、日本等国家一起被北极理事会接纳为北极理事会观察员。2013 年李明博政府出台了本国的《北极政策基本计划》。2015 年朴槿惠政府颁布了《2015 年北极政策执行计划》，进一步落实韩国北极政策计划。

（一）韩国的北极航运政策

韩国早期并没有过多的关注北极地区，1999 年，韩国通过搭乘中国的"雪龙"号极地考察船进行了首次北极科考。受气候变化影响，北极环境发生了重大变化，给北极地区带来新的发展机遇，这引起了韩国的重视。韩国对北极地区的关注与其经济利益密切相关，其中北极航运占有重要地位。

韩国目前是世界排名第六的出口大国，对外依存度高，其经济发展高度依赖国际市场，而且海运和造船业属于其支柱产业。自遭遇国际金融危机以来，韩国经济一直萎靡不振。北极航线的开发利用能够为韩国带来新的发展机遇，新航线的开发利用能够缩短韩国与欧洲、北美的航运距离，减少航运成本，而且随着北极地区资源的开发兴起，韩国有机会进入与北极开发相关联的航运和物流市场，带动韩国航运和造船行业的发展。

北极航线特别是途经俄罗斯沿岸的东北航线还能够为韩国带来新的油气资源供应。韩国国土面积小、资源能源不足，严重依赖从海外进口，其致力于寻求能源的来源多元化，以确保本国能源安全。韩国是世界第十大能源消费国和最大的原油进口国，2012 年韩国能源的 96.4% 来自进口，中东石油供应对于韩国仍至关重要，韩国希望通过能源多样化降低对单一产地的依赖。韩国政府 2008~2030 年国家基本能源计划为此制定了方向，该计划强调了长期能源外交的必要性，并列出了三个目标：确保能源稳定、扩大需求和增加供应。韩国表达了其对于探索北极新能源的兴趣，表示渴望参与和投资北极的能源开发项目。

2012 年 9 月，韩国政府举办了北极战略政策论坛，当时的韩国交通运输部海洋政策主管提出中长期北极开发计划和商业模式，强化"双极"研究能力，为未来北极政策的制定奠定基础。[1]随后，时任韩国总统李明博访问了格陵兰岛和挪威，签署了一系列谅解备忘录。2013 年 5 月韩国取得北极理事会正式观察员国身份，7 月，海洋事务与渔业部联合相关部门制定并公布了"北极综合政策推进计划"，将开拓利用北冰洋航线作为首要任务。该计划指明了使韩国成为开创北极可持续未来的领先国家的愿景，提出构建北极合作伙伴、加强科学研究和组建新的北极产业三个主要政策目标，并确定了加强与北极圈的国际合作、加强北极科学研究活动、开发北极商业模式以及完善法律和制度基础四个主要战略。

以此计划为蓝图，韩国政府经过讨论于 2013 年 12 月公布了韩国北极政策总体计划，围绕上述四个战略领域、针对韩国的不足之处，制定了 2013～2017 年应当完成的 31 项任务，其中 8 项在国际合作领域，11 项在科学调查和研究领域，10 项在北极商业领域，2 项在法律和制度领域。[2]开发和推广北极商业这一战略领域被细分为开发北冰洋航线、资源开发合作、造船和海上设备技术的发展以及有关渔业资源的合作，事实上无论是北极资源开发还是海上设备技术的发展都与北极航线的利用息息相关。

（二）参与北极航运事务的举措

韩国参与北极航运事务的主要措施有：支持北极航线航运和港口工业发展；支持资源开发合作和造船与海洋工程技术的发展；建造极地航运船舶；与《极地规则》协调发展北极航运技术。

韩国积极探索北极航线开发利用的可行性和经济性，持续开展北极航线的试航活动。2009 年 7 月，两艘德国货船从韩国东海岸蔚山港出发，经白令海和北冰洋抵达鹿特丹港，此次航行开创了商业船只利用北冰洋航线连接亚欧大陆的先例，此后每年夏季，都有从韩国沿海港口起航通行北冰洋运输的

---

〔1〕　Yeon Young - Jin, the Direction of the Arctic Policy, the First Policy Forum for an Antarctic Strategy, Seoul, Korea, 2012.

〔2〕　Dongmin Jin, Won-sang Seo & Seokwoo Lee, "Arctic Policy of the Republic of Korea", *Ocean and Coastal Law Journal*, Vol. 22, 2017.

货船。[1]在政府支持下，2013 年 10 月，韩国物流企业现代格罗唯视（GLOV-
IS）株式会社租用了一艘瑞典耐冰油轮，运载 4.4 万吨重油从俄罗斯出发经
北冰洋航线抵达韩国。这是韩国国内首次通过北极航线在亚欧地区进行商业
运输，国内航海工程师和专家在航海过程中积累了北冰洋的航行经验。[2]
2016 年底，韩国首尔举行了第三届统一金融会议。韩国交通研究院下属的亚
欧大陆基础设施研究所所长安秉珉在会上发言说道："在亚洲众多的枢纽港当
中，按照对北极航道的利用度进行排序，釜山港将是获益最大的港口"，并且
强调"应与俄罗斯等国加大联系，积极促进北极航道的'激活'进程"。[3]

　　韩国政府和以财阀集团为代表的国内企业长期合作，政府和企业在规划
长期和短期经济可能性方面互相补充。短期内，韩国的航运和资源行业认为
在北极地区开展业务并不可行，而相对持长远观点的中央政府或港口城市则
进行着一些实际工作，比如通过国际合作和研究活动积极加强韩国与北极的
联系。韩国政府从长远发展需求出发，鼓励本国海运公司通过开展试航积累
经验，为鼓励民间航运公司积极开拓北冰洋航线，采取了以下措施：派海运
专家和极地专家上船与货轮同行，帮助海运公司总结积累北冰洋航行经验；
派出专门人员向俄罗斯学习相关航海技术；对利用北冰洋航线的货轮采取减
免国内港口使用费的优惠措施；为了应对未来的航运需求，决定开始研究建
造第二艘破冰船。[4]

　　韩国船企充分发挥在液化天然气（LNG）船舶建造领域领先的优势，积
极开拓北极航运的船舶市场。韩国船企占据了将近 80% 的 LNG 船舶市场，这
也使得韩国船企主导了全球浮式液化天然气生产储卸装置（FSRU）市场。[5]
韩国现代重工业公司致力于开发海上开采设施和破冰船，目前世界上大多数

---

〔1〕 "韩国实施北极综合政策推进计划"，载环球网，http://finance.huanqiu.com/data/2013-08/
4207450.html，最后访问日期：2017 年 12 月 4 日。

〔2〕 "韩籍海运公司成功完成北极航线试运行"，载人民网，http://korea.people.com.cn/205155/
205166/8434008.html，最后访问日期：2016 年 12 月 4 日。

〔3〕 "韩国政府积极推进'激活'北极航道事务，建设釜山枢纽港地位"，载国际极地与海洋门
户网站，http://www.polaroceanportal.com/article/1344，最后访问日期：2017 年 3 月 4 日。

〔4〕 "韩国实施北极综合政策推进计划"，载环球网，http://finance.huanqiu.com/data/2013-08/
4207450.html，最后访问日期：2018 年 3 月 20 日。

〔5〕 "韩国主导高端市场，中国船企如何'打怪升级'"，载搜狐网，http://www.sohu.com/a/
207736399_214055，最后访问日期：2018 年 3 月 20 日。

的破冰船都是由韩国造船厂生产的，韩国 2011 年就建成了世界最大的商用破冰船。2014 年，韩国大宇造船公司在俄罗斯、日本和加拿大共计签订了 15 艘破冰 LNG 船订单，总价值约为 48 亿美元；2017 年 3 月，大宇造船成功交付为俄罗斯船东 Sovcomflot 建造的破冰级 LNG 船 "Christophe de Margerie" 号，这是全球首艘北极专用 ARC7 冰级 LNG 破冰船，能够在冰厚达 2.1 米的冰区航行。该船厂计划在 2020 年之前交付剩余 14 艘破冰 LNG 船。[1] 大宇造船海洋有限公司副社长表示，"因为预测北极资源开发会愈加活跃，所以我们从 2008 年开始就先发制人地进行了极地用船舶的研发和投资"，并且 "通过这次 LNG 破冰船的顺利完工，今后在极地用船舶市场上，可以确信我们公司有着一枝独秀的竞争力"。

此外，韩国将参与北极治理视为一种战略投资，希望借助参与北极治理来提高本国的国际地位，助力韩国成长为世界一流国家。因此，韩国积极参与北极治理，成功申请成为北极理事会观察员国，参与北冰洋中央区域渔业多边磋商。2009 年韩国建造了本国第一艘破冰船 "亚伦" 号后，每年都赴北冰洋开展勘探活动，主要用于科学考察和救援任务，并重视同北极国家间的科学研究合作。韩国政府与挪威外交部合作举办 "2016 北极合作周"（Arctic Partnership Week 2016）。通过一系列政治外交活动，韩国将北极地区作为韩国展示其国家综合实力、塑造优质国际形象的国际政治竞技场，也是其通过科学、技术、经济等非政治方式，在亚洲国家中发挥领导作用的舞台。[2]

三、新加坡

作为另一个严重依赖海运的国家，新加坡对北极地区的新发展一直保持关注。2009 年起，新加坡国内开始探讨北极地区形势的变化可能对新加坡带来的影响，2011 年新加坡向北极理事会提出申请，希望成为北极理事会观察员国，2013 年新加坡正式成为北极理事会观察员国。新加坡非常关注未来北极航运可能对新加坡航运枢纽地位造成的挑战，并且也重视对新加坡十分重

---

〔1〕 "大宇造船交付全球首艘破冰级 LNG 船"，载搜狐网，http://www.sohu.com/a/131093919_618586，最后访问日期：2018 年 3 月 20 日。

〔2〕 肖洋："韩国的北极战略：构建逻辑与实施愿景"，载《国际论坛》2016 年第 2 期。

要的近海和海洋部门的商业潜力。不同于其他需要能源的北极理事会亚洲观察员国，新加坡对自然资源的勘探和开发没有太多兴趣，也没有资源和能力参与。

（一）新加坡的北极航运利益

与许多参与北极活动的亚洲国家不同，新加坡没有开展极地科学的历史传统，没有在北极进行任何具体的科学研究或考察。新加坡在 21 世纪初才开始涉足北极地区事务，航运、能源和气候变化为其核心利益，这源自北极航线开通后可能会对新加坡作为全球航运中心的地位带来潜在挑战。

关于北极航线的利用前景及其对新加坡的影响，主要有两种观点：一种观点认为，亚洲的北方港口可能从北极航线的开通中获益，会对目前新加坡的国际航运枢纽地位产生冲击，严重影响新加坡的国家利益。由于目前过境马六甲海峡的船只中，中国、日本和韩国的进出口货物占很大比重，北极航道的开通会分担部分航运量。而且，马六甲海峡是东亚国家进口能源的重要供给线路，北极地区的能源蕴藏量可观，北极航道的开通利用会促进北极能源的勘探开发和出口，可能会改变东北亚能源结构，减少上述亚洲国家从中东等传统能源基地的进口，减少途经新加坡的能源运输量。另一种观点则认为，这种威胁程度并不会太大。关于北极航线的航行安全、能力限制、季节性限制、不确定的沿岸国管理政策、现有基础设施的不完备使得近期北极航运难以高度正规化[1]。而且就算北极航线开始全面运作，新加坡港务集团（Port of Singapore Authority）在近十年也已国际化，新加坡在主要港口设施经营方面的广泛经验会使新加坡港务集团在北极沿岸港口发展中展示优势，把握新机遇。

新加坡虽然申请获得了北极理事会观察员身份，并公开表示将扩大对北极事务的外交努力，但其并没有出台正式的北极政策。2012 年，新加坡外交部任命了一位北极事务特使，就新加坡对北极地区的兴趣发表了一系列声明，并出席了北极前沿和北极圈等地区的活动。总的来讲，北极航线对新加坡短时间内不会造成太大挑战，但新加坡采取积极的方式参与北极治理体系是一

---

〔1〕 Lasserre, Frédéric, and Sébastien Pelletier, "Polar Super Seaways? Maritime Transport in the Arctic: An Analysis of Shipowners' Intentions", *Journal of Transport Geography*, vol. 19, 2011.

种未雨绸缪。新加坡希望借此理解和影响北极事务的发展，使未来国家及国民经济能够适应新变化，降低国家核心利益领域所面临的风险。

新加坡是世界领先的海洋国家之一，拥有世界第二大国际港口，作为一个区域性航运中心，70%～80%运往中国和日本的石油要经过马六甲海峡，新加坡在港口管理、海上贸易和航运技术方面拥有丰富的专业知识，这些知识不仅包括技术，还包括其在全球海洋和海运管理机制中的经验。[1]新加坡政府和私营企业表示有兴趣与北极运营商、港口城市和相关利益者分享这方面的专业知识，为北极地区的可持续发展提供技术和知识。

新加坡在近海与海洋工程领域有着全球领先地位，这也是新加坡经济战略的关键部门。新加坡海事和港务局主席曾在演讲中将北极与新加坡近海和海洋工程联系在一起。他表示，近海和海洋工程领域必须放眼于目前的能力和产品之外，必须投资和进行新的研发工作，着眼于全球海上石油和天然气行业未来所面临的技术挑战，其中包括边缘地区、深海和极端环境条件下的北极地区的油气开采。从这一角度来看，新加坡将北极视为潜在的新兴市场，希望未来自身能够在其中发挥所长，保持其技术和专业领先地位。

不同于其他亚洲近北极国家在北极地区的航运、资源和科研利益需求，新加坡特殊的国家体量和国家实力使得其无力全面参与北极事务。然而鉴于新加坡在航运港口等方面的技术优势，新加坡希望能够以技术力量等方式参与到北极航线的未来发展中，以避免北极航线可能对自身利益造成的冲击，同时通过参与北极航线确保新加坡的利益。

（二）参与北极事务的举措

新加坡取得北极理事会观察员国身份后，广泛参与北极理事会工作组的项目，并与许多北极国家在北极项目上开展双边合作，派代表参与北极圈论坛和北极前沿大会，举办小型专题论坛会议，参与 IMO 框架内《极地规则》的磋商制定，并发挥了积极作用。新加坡努力成为北极理事会永久参与方的能力建设伙伴，邀请北极原住民到新加坡学习气候变化适应课程，开展文化交流讨论可持续发展和保护原住民文化，设立研究生奖学金项目，允许北极

---

[1] Singapore, The Arctic Institute, https://www.thearcticinstitute.org/countries/singapore/，最后访问日期：2018 年 5 月 20 日。

原住民学生在新加坡学习公共政策、公共管理和海事研究。

新加坡的几家私营企业对北极非常感兴趣，也已经展示了相应的能力和行业资历。新加坡吉宝集团（Keppel Corporation）在建造破冰船和建造海上钻井平台方面积累了专业知识，专注于环境管理，已经为俄罗斯卢克石油公司（Lukoi）制造了冰级船舶，用于北极的原油运输。新加坡的科学、技术和研究机构正在与当地大学合作，研究开发应对极地极端操作环境下油气勘探开发挑战的方法，为康菲石油在波弗特海域设计近海和海洋设备。新加坡在港口建设和管理方面的专业知识也为其与其他国家在北极开发领域的合作提供了机会，以新加坡国际港务集团有限公司为代表的港口管理公司对投资探索北极兴趣浓厚。还有一些其他领域的新加坡公司也在北极寻找新市场，如专注于高科技工具的 Thornton 公司，正在从事开发用于土著语言学习的 IOS 和安卓应用程序。

四、印度

印度是《斯约》的缔约国，但直到 2007 年才开始关注北极事务，并于 2012 年底提出北极理事会观察员身份的申请。印度外交部在 2013 年发布的政策文件中表示，印度在北极地区的利益是"科学、环境、商业和战略"。[1] 2014 年 8 月印度外交部部长就"加入北极理事会对印度有何益处"这一问题作出回答，他表示："就北极地区正在发生的变化及其影响、应对这些变化的经验和最佳做法进行科学和专家级别的交流，将有助于印度更好地了解其本地区的气候变化进程及其在本地区的环境和经济影响。"[2]

（一）印度的北极利益

印度倾向于以南极的角度来看待对北极事务的参与，其更愿意将北极视为与南极类似的全球公域。印度的地缘政治学家 Chaturvedi 则认为，在气候变化的作用下，北极发生的物理—生态变化，可能导致意料之外的区域或全球

---

〔1〕 "India and the Arctic", Ministry of External Affairs Government of India, 2013, http://mea. gov. in/in-focus-article. htm? 21812/India+and+the+Arctic，最后访问日期：2017 年 3 月 3 日。

〔2〕 India Ministry of External Affairs, http://mea. gov. in/lok - sabha. htm? dtl/23837/q + no3991 + arctic+council，最后访问日期：2017 年 2 月 28 日。

地缘经济和地缘政治变化。[1]印度经常强调，基于对气候变化问题科学方面的关注，印度在该地区有合理的利益，但印度所提到的"战略"利益仍然不清楚。印度现今的这种外交政策，有学者称其特点是"非凡的实用主义和深刻的意识形态承诺"，但缺乏战略眼光。[2]这是因为印度在制定外交政策时是高度个人化的：虽然外交政策决定权赋予了总理办公室、国家安全委员会和外交部，但实践中印度外交官顶替了这些部门的作用。印度外交官员有高度自主权，并可以作出个人决定，这就导致了印度自下而上的、缺乏长远和战略眼光的外交政策。[3]

（二）参与北极事务实践

印度对北极事务的参与主要体现为北极科学研究和与北极相关的政治活动。2008 年 7 月，印度在斯瓦尔巴岛新奥尔松地区建立了其第一个北极考察站 Himadri，在北极科考站，印度的科学家进行大气科学、冰冻圈与气候、以气候变化为重点的生物地球化学、极地生态环境等领域的研究工作。2012 年 4 月，印度加入了国际北极科学委员会，并有计划建设研究专用的破冰船。

2014 年 10 月印度总统访问芬兰，在向芬兰议会的致辞[4]中提到，印度很乐意成为北极理事会的观察员，印度承诺会与会员国和永久参与方合作，进一步深化其参与程度，印度将继续利用自身重要的极地研究能力和科学认识，参与北极理事会的工作。2015 年 6 月印度总统访问瑞典期间，双方签署了一系列协议和备忘录，[5]其中包括一项极地科研的合作意向书，鼓励印度地球系统科学组织（Earth System Science Organisation，ESSO）、印度地球科学部同瑞典的极地研究秘书处（Polar Research Secretariat，SPRS），就南极、北

---

〔1〕 S Chaturvedi, "India and Antarctica: Towards Post-Colonial Engagement?", in *The Emerging Politics of Antarctica*, ed. by Anne-Marie Brady, London: Routledge, 2013, pp. 50-74.

〔2〕 Jain, B. M. *Global Power: India's Foreign Policy*, 1947-2006, Lanham: Lexington Books, 2008.

〔3〕 Miller, Manjari Chatterjee, "India's Feeble Foreign Policy: A Would-Be Great Power Resists Its Own Rise", *Foreign Affairs*, vol. 92, 2013.

〔4〕 Address by President to the Parliament of Finland, http://mea. gov. in/Speeches-Statements. htm? dtl/24101/address+by+president+to+the+parliament+of+finland, 最后访问日期：2017 年 2 月 28 日。

〔5〕 List of agreements/MoUs signed during the State Visit of President to Sweden, http://mea. gov. in/bilateral-documents. htm? dtl/25303/list+of+agreementsmous+signed+during+the+state+visit+of+president+to+sweden, 最后访问日期：2017 年 2 月 28 日。

极和海洋调查研究方面展开合作，包括互助增强科研能力，开展联合科考活动，以及加强教育、培训和研究方面的信息交换等。2015 年印度-俄罗斯发表联合声明[1]，其中两次提到北极：俄罗斯方面提出关于向印度提供北极液化天然气的 JSC NOVATEK 计划，欢迎印度合作伙伴参与；考虑到北极理事会中俄罗斯的成员国地位和印度的观察员地位，双方强调了在该框架内联合活动的重要性，表示今后可能在北极地区（特别是在斯匹茨卑尔根的俄罗斯科学中心）开展联合科学考察。之后普京访问印度时再次表示为了进一步加强石油和天然气合作，俄罗斯方面有兴趣邀请印度石油公司参与俄罗斯联邦近海-北极油田的联合项目。[2]但印度对此没有做出明确回应。

印度对北极事务的参与更多是在地缘政治驱动下进行的，除了对气候变化的关注外，印度的主要考量是不想落后于亚洲其他国家，因此基于务实考虑提出了北极理事会观察员地位申请。印度对外表态，承认北极地区需要更多的国际合作，印度也需要更加积极主动，然而其事实上的北极事务参与实践并没有太多实质性进展，北极理事会工作组中也少有印度的身影。一些印度学者提出要将北极和喜马拉雅山即世界的"第三极"联系起来，但这个想法仍然停留在概念阶段。

从北极国家的角度来看，亚洲国家在北极的作用是双面的，一方面有人担心亚洲国家对北极地区的兴趣和投资及其经济和军事实力的增长，可能造成未来北极地区资源开采及军事领域的竞争局面；另一方面有人认为，亚洲国家所关切的北极利益不仅限于经济方面，也包含科学研究和技术发展、地缘政治以及国家安全等方面，如果亚洲国家的利益得到妥善回应，亚洲国家在北极的活动就不会对北极国家和人民造成损害。现阶段，亚洲国家进一步参与北极事务的趋势已经显现，北极国家也已经意识到亚洲国家是未来世界

〔1〕 Joint Statement between the Russian Federation and the Republic of India: Shared Trust, New Horizons（December 24，2015），http://mea. gov. in/bilateral－documents. htm? dtl/26243/joint＋statement＋between＋the＋russian＋federation＋and＋the＋republic＋of＋india＋shared＋trust＋new＋horizons＋december＋24＋2015，最后访问日期：2017 年 2 月 28 日。

〔2〕 India－Russia Joint Statement during the Visit of President of the Russia to India: Partnership for Global Peace and Stability, http://mea. gov. in/bilateral－documents. htm? dtl/27482/indiarussia＋joint＋statement＋during＋the＋visit＋of＋president＋of＋the＋russia＋to＋india＋partnership＋for＋global＋peace＋and＋stability，最后访问日期：2017 年 2 月 28 日。

经济发展的重要组成部分，在北极事务上无视亚洲是不现实的。然而，如何调节这些北极域外国家与北极国家之间的利益冲突，协调双方进一步合作，促进北极地区的发展依然需要双方共同努力。

第四编

中国北极航线战略评估与制定

第九章

中国参与北极航线利用的战略空间分析

近些年来，全球气候变暖造成的北冰洋海冰融化引发了对北极航运越来越多的关注。伴随着北极航线可通航性的日益提升，北极航线的航运价值逐步提升。中国是全球第二大经济体，充分利用北极航线有利于我国进一步开拓能源进口渠道，节约航运成本，提高航运安全，促进我国航运整体水平的发展，助力我国实现海运强国的目标。然而北极地区的自然条件、基础设施、法律法规、地缘政治环境等具有特殊性，作为域外航道利用国家，我国参与北极航道开发利用既面临机遇，也面对挑战，因此，正确认识中国利用北极航线的制约因素，并在此基础上探寻我国应对的合理路径，对我国充分实现北极航线的战略价值具有重要意义。

本章旨在全面考察和评估我国参与北极航道利用的战略空间，为制定我国北极航线战略奠定基础。本章首先考察中国参与北极航线开发利用的现状，梳理近年来我国商船试航北极航道的历程和收获，结合试航收获和体验分析我国开展北极航行面临的多种现实挑战；然后基于前述章节对北极航运法律秩序以及相关利益方北极航运政策的分析，阐述中国参与北极航线开发利用的法理依据和相关合法权益，剖析我国开发利用北极航道面临的法律制约，评估中国参与北极航线利用和治理面临的地缘政治环境。

第一节　中国参与北极航线开发利用的现状

北冰洋夏季海冰消融显著，通航条件改善，德国、挪威、芬兰、瑞典等国的商船已经开始尝试使用东北航道开展海上运输，通行东北航道的船舶数量呈上升趋势。作为北极航线的潜在使用者，中国也非常关注北极航线的利用前景，航运企业积极探索北极航线的开发利用，积累航行经验，我国政府也在采取一系列措施，为开发利用北极航线提供保障。

一、我国利用北极航线的商业活动

着眼于北极航线开通的前景，我国航运企业积极开展穿越北极航道的试验性航行，积累极地和冰区航行经验，提前为利用北极航线开展大规模商业航运做准备，力争抓住未来北极航运市场的发展机遇。此外，北极地区油气资源的开发运输与北极航线的开发利用相互带动、相互促进，我国企业投资俄罗斯北极油气资源勘探开发项目，并已经实现资源向国内输送，这是我国利用北极航线开展商业活动的重要体现。

（一）我国利用北极航线的历程

商业货轮试航北极航道是我国直接参与北极航道开发利用的体现，而中远海运集团率先探索极地航行，自 2013 年起派遣多艘货船多次完成东北航道的试验性航行，积累了较为丰富的极地航行经验，为开拓北极航运市场、促进北极航道的开发利用发挥了重要作用，旗下中远海运特运公司成为目前全球唯一具有南北极运营经验的航运公司。

2013 年，中远海运集团"永盛"轮成功穿越北极东北航道，这是中国商船首次成功经由北极东北航道达到欧洲，开启了中国商船极地航行的先河。"永盛"轮的冰级为中国船级社 Ice Class B1，相当于俄罗斯的 Arc 4 级。2013 年 8 月 15 日，"永盛"轮从江苏太仓港装载出口钢材和设备开航，8 月 27 日通过白令海峡到达东北航道的起始点，之后向西经过楚科奇海、德朗海峡、东西伯利亚海、新西伯利亚群岛北部、拉普捷夫海、维利基斯基海峡、喀拉海、新地岛北部、巴伦支海，9 月 5 日抵达挪威北角附近，9 月 10 日靠泊荷兰鹿特丹港，完成北极航道首航任务。整个航程为 7931 海里，航行 27 天，比传统经马六甲海峡、苏伊士运河的航线缩短航程 2800 多海里，航行时间减少 9 天。[1]

---

〔1〕 "中国商船永盛轮成功首航北极东北航道"，载网易新闻，http://news.163.com/13/0916/13/98T80PPN00014JB5_ all.html，最后访问日期：2016 年 5 月 25 日。

2015 年，中远海运集团"永盛"轮成功往返北极东北航道，实现首次北极航道往返双向通行，开辟了中国商船往返欧洲的新航线。2015 年 7 月 8 日，"永盛"轮在大连港起航，经过 55 天、近 2 万里航行后，两次穿越北极东北航道，成功往返欧洲和中国，于 10 月 3 日抵靠天津港。为了探索和积累独立航行经验，"永盛"轮回程中没有向俄罗斯管理当局申请引航员和破冰船护航，回程中独立穿越了东北航道。

2016 年，在"永盛"轮两次航行东北航道的经验基础上，中远海运特运公司实施"永盛+"计划，即"永盛"轮继续采用北极往返的形式航行，公司另外派出多艘船舶利用冰区航行窗口期实施单航次航行，以进一步扩大东北航道商业化运营的规模。2016 年共有 6 艘船舶参与该项目，全部完成东北航道航行任务。2016 年 7 月 16 日，"永盛"轮满载风电设备从天津港出发，取道东北航道，经过 29 天航行于 8 月 14 日抵达英国格拉斯哥港；9 月 8 日，从英国希尔内斯港启程，沿东北航道返回国内，10 月 4 日抵靠大连港。7 月 27 日，半潜船"夏之远 6"轮装载 4 个天然气开采模块从天津起航，途径东北航线自东向西航行，8 月 24 日抵达北极圈内的俄罗斯萨贝塔港。同样途径东北航道，8 月 5 日，"天禧"轮装载 30 000 吨纸浆从芬兰科特卡港起航，9 月 9 日抵达青岛港；半潜船"祥和口"轮于 8 月 23 日在俄罗斯萨贝塔港启程，9 月 17 日抵达青岛港；半潜船"祥云口"轮于 8 月 29 日从青岛起航，9 月 21 抵达俄罗斯萨贝塔港。

2017 年，中远海运特运公司推进北极项目化、常态化航行，共派出 5 艘船舶利用窗口期往返北极，全部通过北极东北航道。2017 年 8 月 1 日，"莲花松"轮装载着中国首次出口欧洲的 3 台地铁盾构机和 40 件风电设备，从连云港出发，8 月 22 日"大安"轮从天津新港出发，8 月 31 日，"天健"轮从连云港出发，装载着出口欧洲的盾构机和风电设备等货物，取道东北航道前往欧洲。9 月 2 日、9 月 5 日，"天乐"轮、"天福"轮装载着纸浆、游艇、农产品等货物分别自挪威和丹麦启程东行经北极东北航道回国。基于前期积累了一定的北极航行经验以及当年东北航道冰情较轻等原因，5 艘船舶中只有首发船"莲花松"轮雇请了破冰船引航，其余 4 艘船舶均独立航行通过冰区，节省了高昂的破冰船服务费用。[1]

中远海运集团在积极开展北极航线试航的同时，还订购了具有一定抗冰能力的冰级船舶，以满足日益增长的冰区航行需求。中远海运特运公司于2016年6月与上海船厂签约建造3艘冰级36 000吨多用途船舶，冰级为中国船级社 Ice Class B1 级，相当于劳氏船级社 Ice Class 1A 级，其中"天恩"号和"天惠"号已于2017年底相继投入营运，第三艘"天佑"号也于2018年6月交船。加上"永盛"轮在内，目前中远海运集团1A冰级多用途船舶已达4艘，进一步增强了极地冰区航行的实力。[2]

2018年，中远海运特运公司加大推进极地航线常态化、项目化、规模化运营的力度，继续在东北航道夏季可行窗口期内安排8~10艘船舶开展北极航道航行。2018年7月18日，"天佑"轮装载风电设备、钢材等货物从江苏盐城大丰港出发，西行经东北航道前往欧洲。[3]8月4日，"天恩"号货轮从连云港起航，将经过白令海峡，穿行东北航道前往欧洲。未来中远海运集团还将继续派出船舶，实现北极航线常态化商业运营。

我国商船通过实际走航东北航道，不仅获得了真实的海运里程和航行时间数据，有利于对北极航道商业价值进行客观评估和预测，更重要的是积累了北极航行的经验，能够带动我国企业参与北极商业化运输，推动东北航道的利用。在航行期间，试航船舶实现了对航向、航速、风向、风速、温度、能见度、海冰分布等要素进行实测，获得了有关北极航行的宝贵的航行数据；积累了丰富和宝贵的极区航行、冰区航行经验，储备了前沿的船舶设计、建造、管理和操控技术，储备了极区航行人才，为北极航线实现常态化运营打下了坚实基础。[4]其试航积累的知识和经验为我国交通部中国海事局组织编

---

〔1〕 "中远海运特运5艘船舶全部通过北极东北航道"，载中远海运特种运输股份有限公司网，http://www.coscol.cn/News/Detail.aspx? ID=11417，最后访问日期：2017年10月22日。

〔2〕 "'冰雪三姊妹'今聚齐，2018北极行再添新兵"，载中远海运特种运输股份有限公司网，http://www.coscol.cn/news/detail.aspx? ID=11727，最后访问日期：2018年7月3日。

〔3〕 "'冰雪姐妹'拉开特运今夏北极航行大幕"，载中远海运特种运输股份有限公司网，2018-07-18，http://www.coscol.cn/news/detail.aspx? ID=11756，最后访问日期：2018年8月3日。

〔4〕 "探索北极 冰海搏击——永盛轮船员群体"，载中国网，http://www.china.com.cn/haiyang/2016-02/16/content_ 37798557. htm，最后访问日期：2016年8月7日。

撰《北极航行指南（东北航道）》[1]提供了重要参考。

（二）中国在北极的相关商业投资

除了直接参与北极航道商业运输外，中国还参与了北极能源开发项目，北极能源向外运输也会带动北极航道的利用。中国近年来在北极的投资项目主要集中在矿产、能源资源、港口建设等领域，主要项目包括中国有色矿业在格陵兰参股的 Citronen Fjord 锌矿，中国海洋石油集团有限公司参股冰岛在扬马延岛附近海域的大陆架能源开采，以及中国石油天然气集团有限公司（以下简称中石油）、中投集团等与美国阿拉斯加州天然气开发公司签署促进液化天然气开发的 430 亿美元的合作协议，然而，目前进度最快、投资额度最高、规模最大的项目当属位于北极圈内的亚马尔液化天然气项目。

亚马尔项目是目前北极地区开展的全球最大的液化天然气工程，属于世界特大型天然气勘探开发、液化、运输、销售一体化项目，由俄罗斯诺瓦泰克公司、中石油、法国道达尔公司和中国丝路基金合作开发，投资总额约 270 亿美元；中方提供资金并参与建设，中石油和丝路基金分别拥有该项目 20%和 9.9%的股份。根据合作协议的规定，亚马尔项目在第二条、第三条生产线投产后，中石油将从 2019 年起每年进口亚马尔项目 300 万吨液化天然气。[2]2017 年 12 月，亚马尔液化天然气项目首条生产线投产，2018 年 8 月，第二条生产线于萨别塔港完成首次装船，第三条生产线也于 2018 年 12 月 11 日正式投产，比计划提前一年。

北极能源开发与运输为北极航道的开通利用提供了需求和动力，亚马尔天然气项目的建设和生产将促进东北航道的通航利用。亚马尔天然气项目建设过程中超过 60%的模块和零部件经过白令海峡、通过东北航道运输，平均用时 16 天左右，比通过苏伊士运河节省近 20 天。[3]

---

〔1〕　中华人民共和国海事局：《北极航行指南（东北航道）》，人民交通出版社 2014 年版。

〔2〕　"中俄亚马尔项目第二条生产线液化气首次装船"，载人民政协网，http://www. rmzxb. com. cn/c/2018-08-13/2138311. shtml，最后访问日期：2018 年 11 月 16 日。

〔3〕　"中俄合作'亚马尔项目'正式投产，开辟北极航道助推'冰上丝绸之路'"，载搜狐网，http://www. sohu. com/a/209540361_ 825427，最后访问日期：2018 年 4 月 18 日。

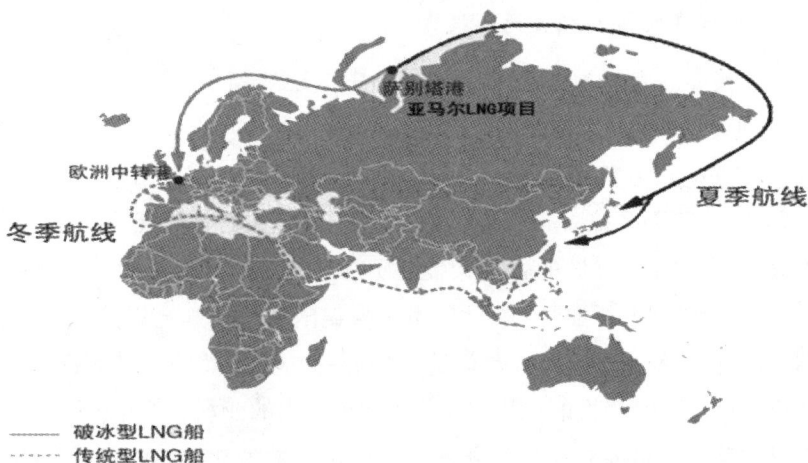

图 9-1　亚马尔 LNG 项目夏季航线和冬季航线[1]

　　2018 年 7 月，亚马尔液化天然气项目向中国供应的首船液化天然气通过东北航道运抵中国。6 月 26 日，破冰 LNG 油轮"弗拉基米尔·鲁萨诺夫"号从俄罗斯亚马尔半岛的萨贝塔港出发，沿着北极东北航道，穿越白令海峡，于 7 月 7 日到达江苏如东 LNG 接收站。图 9-2 是通过合成孔径雷达卫星（SAR）追踪油轮的行进路线形成的航线图，油轮从萨贝塔港出发后，船舶向东航行，依次经过喀拉海、拉普捷夫海、东西伯利亚海、楚科奇海直到白令海峡，航程约 10 700 公里，比常规苏伊士运河航线节约了约 13 400 公里，用时 21 天。[2]

―――――――――

　　〔1〕"中国投资后，俄罗斯邀安倍上门谈北极天然气项目"，载观察者网，https://www.guancha.cn/economy/2018_ 05_ 15_ 456901.shtml，最后访问日期：2018 年 6 月 3 日。
　　〔2〕陈甫："首船北极天然气抵达中国，它是如何穿越北冰洋的"，载国家海洋局极地考察办公室网站，http://www.chinare.gov.cn/caa/gb_ news.php？id=2185&modid=01001，最后访问日期：2018 年 9 月 3 日。

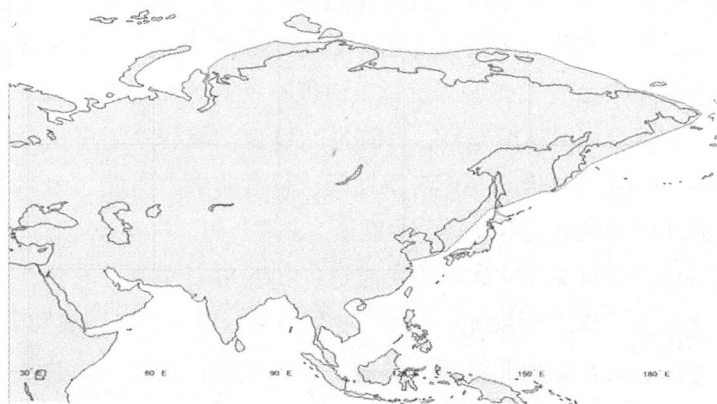

图 9-2 "弗拉基米尔·鲁萨诺夫"号穿越东北航道的航线图

二、我国政府的相关举措

科学考察是我国在北极地区的主要活动，通过多年的北极科学考察和探索，不断提升和深化对北极的科学认知和了解，为我国参与保护、利用和治理北极创造有利条件。

"雪龙"号科考船是我国目前唯一一艘具备抗冰能力的科考船，1999 年中国以"雪龙"号科考船为平台开始了第一次北极科学考察，截至 2017 年底，我国科考队利用"雪龙"号已经成功完成八次北极科学考察，2018 年 7 月已正式开启第九次北极科学考察，自 2004 年中国在斯匹次卑尔根群岛的新奥尔松地区建成北极黄河站以来，我国也已开展 14 个年度的黄河站站基科学考察。中国1996 年成为国际北极科学委员会成员国，积极开展北极科学国际合作，加强北极科学数据和信息交流。借助船站平台，中国在北极地区逐步建立起海洋、冰雪、大气、生物、地质等多学科观测体系，并且不断开辟中国北极科学考察的新区域，开展全程气象和海冰观测，布放观测浮标采集相关气象、冰雪和海洋环境数据，为我国企业参与北极航道利用提供了科学信息服务。

在赴北冰洋海域开展科学调查的行程中，"雪龙"号科考船还先后完成了对三大北极航道的穿越，成为我国试航北极航道的开路先锋，为我国商业船舶试航北极航道积累了经验。2012 年，中国第五次北极科学考察中，"雪龙"号首次成功穿越北极东北航道，成为我国航海史上第一艘穿越北极东北航道的船舶。"雪龙"号经日本海、白令海到楚科奇海，穿越东北航道，到达冰岛。因当年夏季东北航道东端海域海冰较为密集，"雪龙"号在穿越北地群岛与维利基斯基海峡之前参加编队航行，由俄罗斯破冰船提供领航服务，在海冰消融明显的西段海域冰情较轻，"雪龙"号独立航行穿越喀拉海和巴伦支海。2017年中国第八次北极科学考察期间，科考队乘"雪龙"号科考船先后成功穿越北冰洋中央航道和北极西北航道。8月上旬，科考船穿越冰情复杂的北冰洋公海区，成功穿越北冰洋中央航道；8月30日至9月6日，进入戴维斯海峡，途径巴芬湾、兰开斯特海峡、皮尔海峡、维多利亚海峡和阿蒙森湾，进入波弗特海，成功穿越北极西北航道，中国船舶首次成功试航北极西北航道。[1]科考破冰船的率先试航探索了北极高纬度海域，增加了我国对北极航道通航状况的了解，为我国商船通航北极航道积累了航行经验。

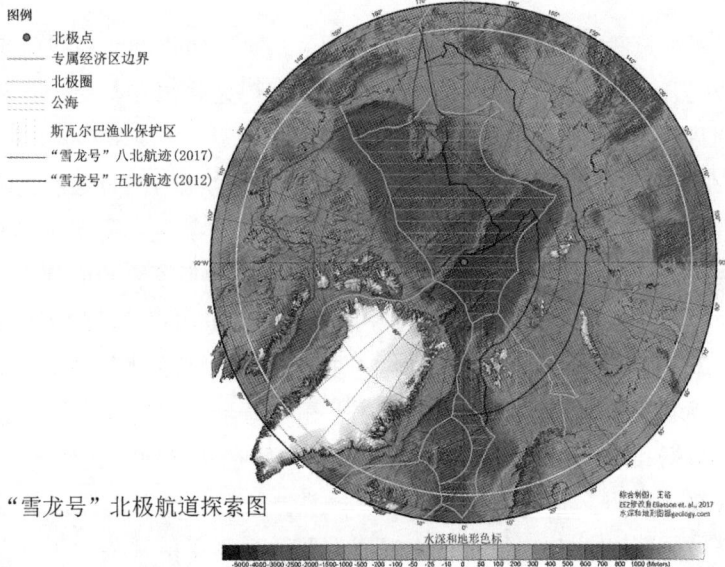

"雪龙号"北极航道探索图

图9-3 "雪龙号"北极航道探索图[2]

---

〔1〕 "'雪龙'船成功穿越北极西北航道"，载中国海洋在线网站，http://www.oceanol.com/tupian/201709/08/c68195.html，最后访问日期：2018年6月23日。

〔2〕 杨海霞、张侠："经略北极 尽早行动——专访中国极地研究中心极地战略研究室主任张侠"，载《中国投资》2018年第7期。

为了满足我国极地科学考察和物资运输的需求，国家决定自主建造首艘极地破冰船"雪龙2"号，这艘破冰船由国内外联合设计、国内建造，13000吨级，结构强度满足PC3级要求，具备双向破冰能力，是能够到达北极点的中型破冰船。[1]计划于2019年上半年交船，与"雪龙"号一道组成我国极地科考船队。

考虑到北极航道试航通航的实际需求，我国政府在提供北极航行信息和服务等方面开展了大量工作，以期为我国商船利用北极航道提供必要的政策引导和安全保障。在2012年"雪龙"号首次穿越东北航道、2013年永盛轮首次试航东北航道的基础上，交通运输部中国海事局统一部署、组织编纂了《北极航行指南（东北航道）》，2014年9月出版。这一指南的制定考虑了我国的国情及实地试航经验，内容包括海图、航线、海冰、气象、航行方法、引航破冰服务、应急、沿岸国法律法规等，旨在为计划航行北极东北航道的中国籍船舶提供全方位航海保障服务。天津通信中心是我国目前离北极航道地理位置最近的航海通信保障部门，2015年该中心就依托相关科研机构在全国率先开展了北极航线船岸通信研究，并随船收集大量数据，此外还与国内气象机构合作，为航行北极的船舶提供更准确、详细、实时的气象信息服务。2017年12月，交通运输部北海航海保障中心编制完成了《北极东北航道通信指南》，介绍了总图通信概览、分台站业务情况介绍、船岸通信参考三个部分，以图文结合的形式，标注了自中国东部沿海出发经白令海峡至北极东北航道沿岸17个主要海岸电台分布及业务开放情况，分为中国、韩国、日本、俄罗斯、欧洲5个部分，有助于行船人员充分了解东北航道的通信保障状况，为北极东北航道船舶运输提供船岸通信参考。[2]

我国还大力提升北极观测能力及观测数据的分析和应用，以期为北极航道的开发利用提供支持。我国已经发射"风云一号"（FY-1）和"风云三号"（FY-3）两颗极轨气象卫星，服务于全球模式下的数值天气预报以及气候观测、监测大范围自然灾害、研究全球生态与环境变化、探索气候变化规

---

〔1〕"中国自主建造首艘科考破冰船"，载中国网，http://news.china.com.cn/2018-03/29/content_50765006.htm，最后访问日期：2018年8月14日。

〔2〕"北海航海保障中心完成《北极东北航道通信指南》初稿编制及样本印刷工作"，载搜狐网，http://www.sohu.com/a/212191334_99921063，最后访问日期：2018年8月14日。

律，并为气候诊断和预测提供所需的地球物理参数，特别是气象卫星极地和高纬度观测的任务，主要由穿越极地的极轨气象卫星承担。中国科学院遥感地球所建有我国首个海外遥感卫星地面站——北极站，其运行实现了我国数据能力的重大提升，可为"一带一路"倡议特别是"冰上丝绸之路"的实施提供重要的基础支撑。遥感地球研究所与具有长期北极科研工作经验的芬兰气象研究所（FMI）签订了合作协议，建立"北极空间观测联合研究中心"，为掌握北极气候、生态等要素开展深入研究。[1]此外，为了促进科学研究更好地为决策和实践服务，中国科学院还与中国远洋等商业航运机构达成意向，在地理信息、遥感、导航等方面开展合作，让最新的信息资讯服务于有志在北极开展业务的各行各业。

三、我国利用北极航道面临的环境和技术障碍

尽管北极海域受气候变化的影响正在发生重大变化，海冰消融明显，但是北极地区特殊的气象、水文条件仍然使得通航北极航道面临着比开放水域更多的挑战，对通行船舶本身、装备、船员资质等提出了更高的要求。在现有极区环境条件下实现安全稳定的商业通航，还需要航道沿线国家联合航道利用国在基础设施、助航设备、信息服务等方面提供充足的航行保障。此外，我国在极地航行装备、技术和经验方面的力量还比较薄弱，这些都是制约我国开展大规模北极航运的重要因素。

（一）航线沿线自然条件恶劣

浮冰、浓雾、低温等恶劣的自然条件给船舶航行安全带来重大威胁，通行北极航道的船舶必须要应对恶劣的自然环境，开展极地航行面临巨大的挑战。IMO 出台的《极地规则》正是针对极区航行的特殊危险而制定的，以确保船舶在极地水域航行的安全和环保。

极区航行最大的挑战在于海冰，北极海域覆盖了大面积的海冰，冬季冰情最为严重，只有重型破冰船才能破冰通行，夏季北极海冰有所消融，但各海区的情况差异较大，即使通行条件较好的东北航道沿线，在夏季也存在重

---

〔1〕 "中芬签订北极空间观测联合研究合作协议"，载科学网，http://news.sciencenet.cn/htmlnews/2018/4/409457.shtm，最后访问日期：2018 年 8 月 6 日。

冰区、轻冰区和无冰区等海冰密集度不等的海区。特别是一些近岸区域海冰的生长过程受风的挤压，会形成厚度较大的冰脊，即使海冰有所消融，但大块漂浮和流动的碎冰依然会给通航船舶带来较大的安全风险。海冰的变化受到气象条件、洋流、地质等多种因素的综合影响，因此，暂时无法做到准确预测具体海冰的范围和变化情况，不确定的冰情会给通行北极航道带来风险。除海冰、浮冰的威胁外，北极海域还常见大雾等恶劣天气，浓度大且持续时间较长，浓雾天气使能见度降低，增加了现场观测冰情和交通状况的困难；低温时船上仪器容易结冰，设备容易发生故障。为了应对极地冰区恶劣的自然条件，保障船舶通行北极航道的安全，避免北极水域发生重大的环境污染事故，通行船舶必须事先采取相应的预防和保障措施。

北冰洋位于高纬度地区，由于地球磁场在极地地区的特殊变化以及极昼极夜等地理现象，使得无线电及天文导航等引航措施在北极地区经常失效。由于存在通信盲区，导致北极海域航行的船舶可能无法及时接收气象信息、海冰范围、密集度、厚度等数据，缺乏实时、最新的航行保障数据，进而影响航行过程中进行科学决策，给航行和作业安全带来非常大的挑战和危险。北极地区存在着地磁暴现象还会影响导航定位设施的工作，GPS 导航仪和其他助导航仪器在北极使用时存在很大限制；陆标定位、天文定位、无线电定位也有很大的困难；在北纬 75°以北，除铱星电话外，其余通讯设备不能接收同步卫星的信号，从而严重影响船舶在北冰洋冰区的航行通畅程度。[1]

人类开发利用自然的规模和强度不断强化，给地球环境带来了深刻变化，当前全球变暖主要是由人为因素造成的，这对北极地区的环境造成了重大影响。据科学家估计，未来 100 年间，北极陆地年平均气温可能上升 3.89～7.22 摄氏度，海域年平均温度则可能上升 7.22～10 摄氏度。[2]研究还表明，过去的几十年，北极地区平均温度的升高是世界其他地区的几乎两倍，其他证据，如北极冰川及海冰的大面积融化，降雪季节的缩短等，也表明北极地

---

〔1〕　李振福、李娜、闫力等：“北极航线通航环境分析”，载《港口经济》2012 年第 10 期。

〔2〕　IPCC. Conclusions of the Third Assessment of IPCC. 2001. 转引自北极问题研究编写组：《北极问题研究》，海洋出版社 2011 年版，第 12 页。

区正在变暖。[1]随着气温升高带来的北冰洋海冰大量融化，北极航线通航的价值日益显现，但是航线自身的水文环境、气象环境和水域环境的适航情况相较于其他海域仍旧不容乐观。以海冰影响通航期限为例，东北航道方面，即便通过纵向比较我们可以看出2003年以来海冰面积逐渐缩小，[2]但综合海冰厚度和海冰密集度分析看来，每年从10月底到次年的6月，海冰依旧覆盖东北航道的大部分海域，此时段船舶不能正常航行；7月底，东西伯利亚海北部和喀拉海东部海冰密集度较大，航行依旧较困难；只有到9月，东北航道所经海域的海冰才能基本融化，此时船舶的航行安全才能得到较大程度的保障。西北航道方面，其南线开通期主要集中在8月上中旬至10月上旬，开通总天数多在50~60余天，西北航道北线近12年仅有4年开通，开通时间主要集中在9月。[3]北极航道的适航时间相对较短，而且受当年的实际气象和海冰条件影响，船期难以保证，不利于对船期要求严格的集装箱船的通行，且安全风险较大。如何克服恶劣的自然环境是中国船只通行北极航道应着力应对的难题。

（二）航海安全保障不足

鉴于北冰洋海域特殊的水文、气象条件，利用北极航道开展商业航运依赖可靠的基础设施为保障，包括气象和水文数据、港口建设、助航设施、通讯、破冰船护航以及事故救援等，然而现阶段，北极航道航海保障的基础设施还非常薄弱，维护北极航道商业通航安全需要加快各项航海保障设施建设。

海图资料方面，由于航道大部分区段处于人烟稀少、自然环境恶劣的区域，海上交通设施数量少，绘制海图需要较大投资，加之北极海域天气海况复杂多变，导致目前北极地区的水道测量覆盖范围不全，精确度低，北冰洋海域许多区域的海图现状无法满足目前和将来海上航行的需求。以卫星照片为基础制作的部分，大部分水域并没有进行过合理的探测，海图上的地貌和

〔1〕 Robert W. Corell、蔡明红、程文芳："从北极看全球气候变化的挑战"，载《AMBIO-人类环境杂志》2006年第4期。
〔2〕 解国强："北极东北航道航行环境及安全航行研究"，大连海事大学2014年硕士学位论文。
〔3〕 李春花、李明、赵杰臣等："近年北极东北和西北航道开通状况分析"，载《海洋学报》（中文版）2014年第10期。

其他航海信息基本缺失，使得海图的实际参考价值有限。[1]2009年发生的英国货轮"埃德蒙顿"号和2010年一艘加拿大油轮在北极航道搁浅的事故原因几乎都可以归结为"搁浅风险"在地图上没有标识。[2]

北极航道沿岸地区，各类保障设施相对滞后，不仅港口、码头、铁路、公路等基础设施非常缺乏，目前俄罗斯等航道沿岸国家提供的陆基支持设备均呈老化态势，港口建设也难以满足大型船舶的停靠和维修需要。[3]助导航设施方面，由于海冰的存在增加了航标建设和维护的难度和成本，对于船舶航行安全至关重要的助导航设施也不足，航标、灯塔及海岸电台等通信导航设施尚不完善，难以满足商业通航的需要。通信保障对于遇险报警、事故救援等具有至关重要的作用，应当保障船舶在航行时可以获得沿岸必要的协助与支持，当遇到突发危险时可以寻找到安全的避难场所并进行及时的营救。然而北极高纬度航道通信存在短板，北极部分航道海事卫星无法覆盖，船舶遇险报警、船岸间的有效通信难以保障，中远永盛轮试航东北航道期间就遇到过海事卫星通信信号中断的状况，虽然铱星电话可以实现全球通信，但其在通信质量上不能完全满足船舶航行安全要求。[4]

（三）我国极地航行装备及技术滞后

中国开发利用北极航道不仅需要克服自然条件及保障设施的种种限制，更亟待攻克的是自身极区航行船舶、装备及技术能力薄弱的短板。

极地船舶建造方面，我国目前仅"雪龙"号一艘船具备在极地冰区开展航行的能力，该船由乌克兰20世纪90年代生产的极地区运输船改造而成，破冰上限为1.2米（含20厘米的雪层）。一般来说，北冰洋中央区域夏季海冰厚度达到2米以上，"雪龙"号的破冰能力有限，不能满足北极航线的全线通航。2013年9月10日作为第一艘经过北极东北航道完成亚欧航线的中国商船"永盛"轮并非专为极地航行建造，而是在航行前采取了加固措施。2016

---

〔1〕　解国强：《北极东北航道航行环境及安全航行研究》，大连海事大学2014年硕士学位论文。

〔2〕　任明："北极航区：'蜀道'之险"，载《珠江水运》2016年第3期。

〔3〕　郭培清、管清蕾："东北航道的历史与现状"，载《海洋世界》2008年第12期。

〔4〕　"四载逐梦前行 聚力北极航线通信前沿"，载中国水运网，http://www.zgsyb.com/html/content/2017-12/22/content_683019.shtml，最后访问日期：2018年3月16日。

年，我国第一艘自主建造的极地科学考察破冰船正式开工投产，预计 2019 年正式投入使用。该破冰船属于 PC3 级，采用前后双破冰装置，将满足全球无限航区航行需求，虽然有效弥补了我国自行生产建造大型破冰船只的空白，但我国在极地船舶的数量和等级上与俄、美、加等北极大国相比仍然存在很大差距。

目前北冰洋航道全年多数时间只能通航有加厚船壳的抗冰货轮，而全球此类货轮为数不多。当北极航道在某些时间段海面出现封冻而致普通船舶无法通航时，为保证安全，商船需要破冰船的引导，并且须保持低速航行。因此，我国船舶走北极航道从事运输，则需要根据《极地规则》的要求，在船舶设计、建造和装备上予以加强，达到海商法中对海上运输所要求的"能够抵御合同约定的航次中通常出现的或者能合理预见的风险"的适航水平。否则，根据海商法的规定，承运人将对因船舶不适航而造成的货损或人身伤亡承担法律责任，这对于船公司是极为不利的。为了提升北极通航的规模和能力，中远海运特运公司于 2016 年与上海船厂签约建造 3 艘冰级多用途船，目前都已交付使用。

极地冰覆海域的航行条件非常独特，气象、海冰状况变化多端，开放海域的航行经验不足以应对极地冰区海域面临的特殊困难和挑战，极地航行不仅要求通行船舶具备相应的抗冰能力，而且要求船上驾驶人员能够在海情变化多端的北冰洋中寻找优化的航线，尽量避开后冰区，这就要求其具备在冰区实际操作和航行的能力和经验。经过几年的试验性航行，我国航运企业已经积累了一定的极区航行经验，培养了一批具有极区驾驶和操作经验的船员，但是，我国北极航行的相关技术和经验依然有限，与北极国家相比有较大差距，如何进一步突破技术障碍是抢占航线开发利用先机的关键性因素。

第二节　中国参与北极航线利用的法律基础及其限制

北极事务没有统一适用的单一国际条约，《联合国宪章》《联合国海洋法公约》《斯约》等国际文书为处理北极问题提供了基本法律框架，北极国家和北极域外国家依法享有权利并承担义务，在北极开展活动应当遵循现有的国际法框架，中国维护以规则为基础的北极治理体系。中国在北极不享有领土主权，但依据《联合国海洋法公约》等国际条约和一般国际法，我国在北冰洋公海等海域享有科研、航行、飞越、捕鱼、铺设海底电缆和管道等权利，在国际海底区域享有资源勘探和开发等权利。此外，作为《斯约》缔约国，中国国民有权自由进出斯瓦尔巴群岛及相关水域，并依法在该特定区域内享有平等的开展科研以及从事生产和商业活动的权利。

一、中国参与北极航线利用的法律依据

《联合国海洋法公约》被誉为"全球海洋宪章"，我国是《联合国海洋法公约》的缔约国，享有公约所赋予的科学考察权益、航道权益、资源权益和环境权益。[1]航道权益不仅是一项独立重要的权利，也是实现许多其他权益的基础。根据现有的国际法规则，北冰洋沿岸国拥有内水、领海、毗连区、专属经济区和大陆架等多种管辖海域，此外，北冰洋中央还存在公海和国际海底区域，待北极沿岸国大陆架外部界限确定后，北冰洋海底的国际海底区域范围也将确定。海洋法上的航行权规则为中国开发利用北极航线提供了法律依据，详细考察中国不同种类的船舶在北极海域的航行权利，是我国开展北极航运、参与北极航线事务的前提和基础。

根据《联合国海洋法公约》的规定，从海岸线向海洋一侧依次推进，沿海国管辖权逐渐减弱，其他国家享有的航行权逐渐加强，从海洋向陆地一侧推进，沿海国管辖权逐渐加强，其他国家享有的航行权逐渐减弱。对采用直线基线新划定的内水，外国船舶享有通行领海的无害通过权。通行一国领海，外国船舶须遵守沿海国有关航行安全、海上交通管理、防止污染等有关无害通过的法律规章，但对于外国船舶的设计、建造、人员配备或装备，沿海国的法规应限于执行一般接受的国际规则或标准。[2]专属经济区海域是沿海国管辖权和其他国家航行自由交叉的一个区域，外国船舶享有航行自由，但同时应尊重沿海国主权权利和对自然资源养护和管理、海洋科学研究等事项的管辖权。在公海海域内，所有国家享有航行和飞越自由。

中国还是《斯约》的缔约国，该条约是北极地区的第一个"硬法"。《斯

---

〔1〕 中国的北极权益空间及法律保障详细阐述，参见刘惠荣、董跃：《海洋法视角下的北极法律问题研究》，中国政法大学出版社 2012 年版。

〔2〕 《联合国海洋法公约》第 21 条第 2 款。

约》约定了各缔约国在斯瓦尔巴群岛领土及领水内的权利义务，根据条约规定，各缔约国国民可以自由进入斯瓦尔巴群岛及其领海水域、峡湾和港口，且该条约平等地适用于各缔约国的国民。中国是《斯约》的缔约国，中国国民享有自由进入群岛及其周边水域，开展科学和经济活动的权利。目前，挪威在群岛周围主张了200海里渔业保护区，尚没有对北极水域的航行自由加以限制，因此中国船舶在斯瓦尔巴群岛周边水域享有的航行自由尚未受到影响。1982年《联合国海洋法公约》的生效引发了《斯约》的条款是否可以应用到斯瓦尔巴群岛扩展的领海、大陆架、渔业保护区的争论，目前围绕斯瓦尔巴群岛领海外水域的法律地位及缔约国权利义务分配存在争议。[1]这个条约为中国参与北极事务提供了一个强有力的支撑，如果未来有可能重新对群岛周边领水外海域的法律地位进行谈判，该条约还为中国创造了一个参与群岛周边水域法律地位谈判的筹码。[2]

除了相关国际公约和条约外，包括国际海事组织、北极理事会在内的国际组织和平台也为中国进一步参与利用北极航道提供了多边机制。国际海事组织是联合国负责海上航行安全和防止船舶污染的一个专门机构，在促进各国政府和航运业界提升海上安全、防止海洋污染以及加强海事技术合作方面发挥了重要作用。中国于1973年恢复在国际海事组织中的成员国地位，从1989年第16届大会起连续担任该组织的A类理事国，是一系列国际海事公约的缔约国。此外，作为北极理事会观察员国，中国虽无投票权，但中国代表可以列席会议、参加工作组的工作，不仅能获得表达主张、建议的机会，而且可以更充分地了解和参与北极区域治理与合作。中国积极参与北极地区相关治理机制，为深入参与北极航道规制，维护北极航行权益提供了保障。随着中国逐步增强对北极治理的参与，中国在北极航道的进一步开发和利用上也将具有更多的优势。

二、中国参与北极航线利用面临的法律制约

开发利用北极航道的核心法律问题是航行权问题，即确定哪些船舶在何

[1] 卢芳华："《斯瓦尔巴德条约》与我国的北极权益"，载《理论界》2013年第4期。
[2] 郭培清、孙凯："北极理事会的'努克标准'和中国的北极参与之路"，载《世界经济与政治》2013年第12期。

种海域享有何种程度的航行权。北极航道有三条，每个航道又包含多条可能的航路，且要通行多个海峡。通行三个北极航道的法律环境不同，北极中央航道主要位于公海海域，通行船舶享有航行自由，而东北航道和西北航道要经过沿海国的管辖海域。其中，俄罗斯和加拿大两个国家分别把守东北航道和西北航道，都将北极航道视为国内交通线，俄罗斯和加拿大对航道沿线部分北极水域和海峡实施内水化管辖，受到了部分国家的反对。本节将分别剖析我国船舶通行东北航道和西北航道可能面临的来自于沿海国管辖和航行管控法规的制约，从法律规制的角度展示影响我国参与北极航道开发利用的制约因素，以便更好地趋利避害、制定我国的北极航线战略。

（一）通行东北航道面临的法律制约

通行东北航道的法律制约主要集中在俄罗斯管辖范围内的航段，俄罗斯主张其北极海峡为历史性水域，在海峡入口划定了领海基线，并且俄罗斯突破海洋法的海域制度，对整个北方海航道海域实施内水化管理，这一管理体制对东北航道的通航和利用具有重要影响。

俄罗斯主张部分北极海峡为其历史性内水水域，禁止无害通过，并曾出台管理规定，要求外国船舶在维利基茨基海峡、绍卡利斯基海峡、拉普捷夫海峡、桑尼科夫海峡四个海峡航行必须接受强制性领航和破冰服务。对此，美国反对的声音最为强烈，其多次抗议俄罗斯对北极海峡的内水主张，指责俄罗斯对领海基线的划定不符合传统国际标准，认为俄罗斯北部海峡应当适用国际海峡的航行制度。俄罗斯学者认为，鉴于俄罗斯的国家实践并未受到除美国外其他国家的强烈反对，其他国家的基线存在类似情形却未受到抗议，尚不能说俄罗斯的基线违反了国际法。[1]考虑到世界范围内过度主张直线领海基线的国家实践十分普遍，为了避免招致其他国家质疑本国划定直线基线的实践，其他国家对俄罗斯北方海峡的反对声音较少，未来不太可能引发重大的法律争议。在国际习惯法、国际公约相关规定模糊的情况下，当反对和抗议微不足道且在实践中其他国家无力阻止过度主张时，各国实践的结果可

---

[1]　R. Douglas Brubaker, "The Legal Status of the Russian Baselines in the Arctic", *Ocean Development & International Law*, vol. 30, 1999.

能会形成对现行规则的实质性扩张解释，最终导致过度主张直线基线成为合法。[1]

俄罗斯将位于其管辖范围内的北方海航道视为其国家交通干线，制定了专门针对北方海航道的航行规则。在程序上要求船舶计划进出其划定的航道水域须提出航行申请，获得批准后才可通行；在实体规则上，俄罗斯制定了不同冰级船舶进入各海区的时间表，并且要求在进出和航行过程中按要求提供航行报告，俄罗斯管理当局根据船舶的级别与不同区域的冰情条件提供强制性的破冰船助航服务并收取费用，同时要求配备符合条件的冰区引航员。俄罗斯对北方海航道的全面内水化管理必然会对通航东北航道产生影响，外国船舶利用东北航道开展国际运输受俄罗斯关于准入、报告、费用等国内法规则的约束。而且俄罗斯国内法语境下对白令海峡以西位置的法律地位解读比较微妙，如果俄罗斯对白令海峡加以内水化管制，则可能会偏离国际航行海峡的法律地位，妨碍其他国家船舶过境通行权的实现。

这些管理规则的实质是对进入该航道水域的船舶实施内水化管理，俄罗斯一方面承认北方海航道水域包含内水、领海、专属经济区等不同法律地位的海域范围，另一方面却对整个北方海航道水域实行统一管理，不加区别地将内水化管控措施实施于其划定的北方海航道水域，实际上突破了海洋法对不同性质海洋区域规定的多种航行制度。这种内水化的管辖无论是基于历史性因素还是冰封区域的环境保护需要，在国际法上都缺乏充分的法理依据。

俄罗斯有关北方海航道的部分法律规定或是缺乏法律依据，或是模棱两可、含义不明确，曾饱受争议，然而随着1991年北方海航道向外部开放以来，俄罗斯采取多种措施提高其航道政策的透明度、法律规则的明确性。20世纪90年代初就主动向其他国家公布和提供从俄文翻译而来的英文版管理规则，在气候变化的新形势下，俄罗斯于2013年重新修订了北方海航道的管理法规，进一步明确了管控范围，修订后的破冰船助航等规则也更加合理，虽然事前许可等内水化管理制度的合法性仍然存在争议，但俄罗斯国内法规则日趋透明，更容易受到国际社会的监督和压力，对东北航道的利用有积极影响。

俄罗斯北方海航道管控法规的变化和发展与俄罗斯的北极政策导向有密

---

[1] 王泽林：《北极航道法律地位研究》，上海交通大学出版社2014年版，第240页。

切关联，俄罗斯的北方海航道法律政策与加拿大在西北航道问题上的主权立场有所差别，尽管管控北方海航道也有维护主权和国家安全的意义，但俄罗斯确保北方海航道管理权的重要目的是掌管航道的经济收益，而不是限制外国船舶航行。俄罗斯实行开放的北方海航道政策，向国际航运开放北方海航道进行商业化运营，内水化管理对航运权的影响主要不是限制通行权，而是通过收取破冰领航费等管理增加了通航的经济成本。与将北极航道政治化的规制相比，这种商业化北极航道的规制对国际航运的负面影响较小，商业通航船舶会将北极航道在缩短航程、节省费用方面的优势与助航通航费用等成本相抵，综合核算航道的经济性，从节省成本的角度评估和选择航道。实践中，绝大部分通行北方海航道的船舶都默认了俄罗斯对北方海航道的管辖，遵循了俄罗斯关于北方海航道通航的规则要求，按要求提出航行申请、按规定进行航程报告、接受破冰服务等，从侧面也契合了这一判断。

东北航道可以有多种航行选择，随着未来冰情状况的逐步改善，利用东北航道通行的船舶可以选择绕开俄罗斯北方海峡的南部航线选择靠北的航线，甚至可能选择法律局限较小的中央航道。

（二）通行西北航道面临的法律制约

通行西北航道面临的法律制约因素主要包括两点：一是加拿大对北极水域内水主张引发西北航道的法律地位争议，二是加拿大在其北极水域的航行管制措施超过现有的极地水域航行国际规则。

西北航道的法律地位争议在20世纪六七十年代就在美国和加拿大之间爆发过。一方面，加拿大主张其北极群岛水域为其历史性水域，并通过划定直线基线的方式将北极群岛内的水域划为内水；按照海洋法的规定，一个国家对其内水享有完全主权，原则上外国船只有经沿海国批准后才能进入一国内水。另一方面，美国主张西北航道属于用于国际航行的海峡，外国船舶享有过境通行权，无须获得沿海国的批准。美国与加拿大于1988年达成《北极合作协议》，针对美国破冰船通行加拿大北极水域做出了特殊安排，但协议的适用范围非常有限，不涉及商船。加拿大1986年在北极群岛周围建立直线基线，1996年《加拿大海洋法》以该基线为基准规定了领海、毗连区、专属经济区和大陆架权益。尽管美国多次提出反对，但由于直线基线、历史性水域及用于国际航行的海峡等概念在具体适用上存在模糊地带，因此为了避免反对他国的国家实践而招致本国的主张受到质疑，而且西北航道国际船舶的通行量还非常有限，不成规模，因此并没有特别关注西北航道的法律规则，导致在实践中加拿大对其北极水域的管辖并未受到国际社会其他国家的严重挑战。

在全球气候变化加速的形势下，如果西北航道的通航条件持续改善、通航量稳步提升，西北航道的法律地位问题可能会再次凸显出来。美国将西北航道通行权问题视为维护其在全球范围内航行自由的重要组成部分，加拿大的核心诉求在于国际社会认可其对北极群岛水域的主权立场，无意控制西北航道不向外国船舶开放使用。为了协调各方的利益诉求，美国等航道利用国家需要与加拿大进行谈判磋商，为通行西北航道制定一个满足双方核心诉求的特殊"海峡制度"。一个折中的方案是借鉴斯瓦尔巴群岛条约模式，由利益相关方就加拿大北极水域的法律性质及通行权达成协议，一方面，缔约国承认北极群岛水域为加拿大的历史性水域，另一方面，外国商船或政府船舶可以不经加方同意通行西北航道，在维护加拿大主权诉求的基础上实现外国商船通航。

尽管西北航道的法律地位存在争议，但其对我国参与北极航道开发利用的实际影响可能并不大，因此不宜过度担心和强调。短期内西北航道的通航条件并不理想，各国商船对西北航道的使用兴趣不大，在西北航道国际通航量微不足道的情况下，法律地位的争议不太可能被作为一个具有重大影响的问题加以处理。此外，西北航道部分航段的冰情甚至比位于公海的中央航道更为严重，按照最新的海冰预测，北冰洋最早有望在 21 世纪 30 年代末实现夏季基本无冰，这就意味着中央航道的季节性通航可能在 20 年后实现，到时中央航道凭借航程更短以及没有沿海国国内法制约的比较优势，可能会成为跨境运输中更具吸引力的北极航线选择。

第二个法律制约是加拿大针对其北极水域制定并实施了严苛的国内法规，严格管制进出其北极水域的船舶，提出了高于《极地规则》的排污排废标准，这对通行西北航道的外国船舶具有重要的制约作用。例如，加拿大通过国内法将北极水域划分为 16 个航行安全控制区，规定了不同冰级船舶的建造标准，制定了各类冰级船舶进入其管辖海域的时间表；早在 1970 年就制定和实施了北极海域废物零排放的规则；交通管理上，2010 年建立了通行北极海域的强制性全程报告规则，并要求某些船舶或某些情形下必须配备冰区导航员。加拿大制定单边管制措施援引的法律依据是《联合国海洋法公约》第 234 条"冰封区域条款"，这一条款赋予冰封区域沿海国不经相关国际组织干涉、单方制定和执行超越国际标准的环保规则的权利；但这项特殊环境管辖权的实施有严格的条件限制，相关法律和规章应适当顾及航行，并以现有最可靠的科学证据为基础，并以保护和保全海洋环境、避免因海洋环境污染造成生态平衡的重大损害和无可挽救的扰乱为目的。

加拿大采取的上述单边措施虽有法律依据，但存在扩大解释适用冰封区域条款的嫌疑，在国际海事组织制定了专门适用于极地水域的国际航行规则后，加拿大仍然保留了一些高于《极地规则》的国内法标准和要求。这意味着，外国船舶通行加拿大北极水域，应当在遵循国际统一规则基础上额外满足加拿大在污染物排放和航行安全措施上的国内法要求，提高了船舶通航的装备要求、增加了通行西北航道的通航成本。这些国家在管理航道方面的单边主义政策，给中国参与北极航运治理以及北极航道的开发利用带来一定阻碍。

第三节　中国参与北极航线利用的地缘政治环境

北冰洋是连接亚洲、欧洲与北美强国的最短海上和空中通道，战略地位特殊且重要，历来被美国、俄罗斯等国家所重视，是北约军事部署和防御的重要前线。随着冷战的结束，美苏在北极地区的争霸成为过去，但地缘政治和权力政治的影响并未随之终结。进入 21 世纪以来，北极地区正经历着深刻变化，这些变化导致北极和其他地区的经济与地缘政治联系日益紧密。[1]在气候变化的背景下，北极航道及北极能源资源的战略价值逐渐凸显，北极国家和域外利益攸关方利益交织，既有合作又有竞争，北极地区地缘政治格局处于变化中，这影响着中国参与北极航线的开发利用。

---

〔1〕　于宏源："气候变化与北极地区地缘政治经济变迁"，载《国际政治研究》2015 年第 4 期。

一、中国参与北极航线所面临的地缘政治环境

影响北极地缘政治格局的主要力量包括世界超级大国美国、军事强国俄罗斯、重要的北极航道沿岸国加拿大、北欧国家以及中国等域外大国，不同力量在北极的利益诉求和关注不同，推动着北极地缘政治格局的变化。

俄罗斯是最大的北极国家，并且是东北航线最主要的沿岸国，是北极地区地缘政治格局的核心力量之一，其北极政策对北极地缘政治环境有着重要的影响。2008年俄罗斯发布了《2020年前俄罗斯联邦北极地区国家政策原则及远景规划》，这是俄罗斯第一部关于北极地区的全面综合规划，也是迄今最重要的官方政策文件。2013年俄罗斯又通过了《2020年前俄联邦北极地区发展和国家安全保障战略》，对俄罗斯联邦北极战略的执行做了更为详细的补充。俄罗斯北极政策的原则主要包括环境保护原则、国家安全原则和社会经济发展原则。当前，俄罗斯已经将北极开发提升到国家战略的层面，正在积极实施北极开发战略，强化自身在北极的军事存在，扩大其在北极地区的政治权力。[1]作为"黄金水道"，北方航道对于俄罗斯的战略意义不言而喻，早在1991年俄罗斯政府就颁布了管理北方航道通航的《北方航道水域航行规则》，2013年俄罗斯联邦运输部发布了《北方航道水域航行规则》修正案。[2]

相比于俄罗斯，美国曾被视为北极事务"不情愿的参与者"或北极地区"弱势"的一方。在美国的全球战略中，北极地区的分量难以同亚太、中东、欧洲等地区等量齐观。然而，随着气候变化的影响逐渐增强，北极地区的战略意义日益凸显，推动北极地区在美国全球战略中的地位有所上升。作为世界上唯一的超级大国，美国拥有北极国家和霸权国家的双重身份，这使得美国的北极战略不同于其他北极国家的北极战略。[3]不同于俄罗斯、加拿大对于北极航道的态度，美国反对加拿大和俄罗斯对北极水域的部分单边管制措

---

〔1〕 杨海霞、张侠："经略北极 尽早行动——专访中国极地研究中心极地战略研究室主任张侠"，载《中国投资》2018年第7期。

〔2〕 郭培清、曹圆："俄罗斯联邦北极政策的基本原则分析"，载《中国海洋大学学报（社会科学版）》2016年第2期。

〔3〕 郭培清、董利民："美国的北极战略"，载《美国研究》2015年第6期。

施，要求维护北极航道的自由航行权。尽管美国对北极的重视不如俄罗斯，但美国作为当今世界唯一的超级大国，凭借其强大的军事、经济实力，依然是影响北极地区的核心力量。

俄美北极地缘政治关系是影响北极航道发展主要的不确定因素之一，冷战与后冷战时期美俄关系主导的北极地缘政治二元结构没有发生根本变化，是美俄在全球层面上关系变化的简单投射。[1]近年来，美俄双边关系虽然保持着一定的稳定性但却波折不断，特别是由于此前的乌克兰危机以及叙利亚问题，美俄双边关系持续走低，美俄双方国内对立情绪高涨。2016 年特朗普在当选美国总统初期曾表示希望推动美俄双边关系的恢复和发展，但随着美国国内出现"通俄门"事件，特朗普深陷旋涡颇受掣肘。2018 年特朗普与普京在荷兰进行双方首脑会晤，这是自 2013 年以来美俄领导人第一次全方位议题的双边首脑会谈。[2]

除了作为北极地缘政治内在驱动的美俄北极关系外，对北极航线利用有直接影响的是航道沿岸国的政策，俄罗斯和加拿大是东北航道和西北航道的实际控制者，两国的国家政策对北极航道通航秩序有决定性影响。目前俄罗斯与加拿大通过国内立法对东北航道和西北航道所在的管辖水域实行严密的管控，俄罗斯实施内水化管理使北方海航道成为其控制下的国内交通线。除美国、俄罗斯、加拿大外，以冰岛、挪威、芬兰为代表的北欧北极国家在北极地缘政治格局中的影响力也在逐步增强。相比较传统的北极大国，北欧北极国家实力相对较弱，对引入域外力量参与北极地缘发展持较为开放的态度，希望借助外部力量支持本国北极地区经济的发展。当前，中国已经在科学考察、交通、资源、旅游等方面与北欧北极国家展开了广泛的合作，北欧北极国家是中国参与北极治理的重要支点。

欧洲和亚洲一些域外国家对北极的关注度不断提高，投入有所增加，参与北极事务的能力也在不断提升。域外亚洲国家积极参与北极事务，重视与北极国家开展双边合作，进行经济投资，中日韩之间在北极问题上也加强了

---

〔1〕　张侠、杨惠根、王洛："我国北极航道开拓的战略选择初探"，载《极地研究》2016 年第 2 期。

〔2〕　"特普会：美俄双边关系能否重启"，载《新民晚报（数字报）》，http://xmwb. xinmin. cn/html/2018-07/05/content_ 23_ 1. htm，最后访问日期：2018 年 9 月 20 日。

沟通与合作，逐渐凸显为影响北极航线地缘政治环境的重要因素。2015 年中国、日本和韩国发布《东北亚和平与合作共同声明》，启动中日韩北极事务高级别对话，2016 年中日韩三国在韩国首尔举行首届中日韩北极事务高级别对话。2017 年第二轮中日韩北极事务高级别对话顺利召开，中日韩三国明确聚焦增强三国之间的科学合作措施，切实增强三国在北极问题上的合作。[1]

二、中国参与北极航线可利用的地缘政治环境优势

北极地区是全球气候变化的预警系统和主要作用地区，而气候变化作为人类共同关注事项深刻影响着包括中国在内的世界各国，气候变化的全球治理必然包含北极问题。[2]北极地区的环境与地球系统中其他区域的环境息息相关，气候变化、生物多样性及持久性有机污染物的扩散等影响北极生态系统的环境问题是由全球范围内的人类活动造成的[3]；另一方面，北极海冰消融又进一步加速了全球范围内气候变暖的速度，影响全球其他地区的气候、环境、农业等，这导致一些北极事务只能在全球层面进行治理。不仅如此，在经济全球化影响下北极正逐步融入世界体系中，北极地区油气资源的市场以及北极航道的利用者聚集在东亚等地区，相当数量的北美原住民群体的动物毛皮制品的市场在欧洲，这些域外地区和国家的相关行动和政策导向对北极当地经济社会的发展有重要影响。[4]在气候变化的形势下，世界进入对北极经济再发现的历史进程，[5]为中国参与北极航线开发利用提供了机遇。

在气候变化的视野下，北极生态环境保护、生物和非生物资源的开发养护以及北极航道利用等问题已不仅仅是北极国家的问题，更关系到北极圈外

---

〔1〕 "第二轮中日韩北极事务高级别对话联合声明全文"，载环球网，http://w. huanqiu.com/r/MV8wXzEwODQxMDQ5XzEzNF8xNDk3NDM2MDMw，最后访问日期：2017 年 9 月 16 日。

〔2〕 刘惠荣、陈奕彤："北极法律问题的气候变化视野"，载《中国海洋大学学报（社会科学版）》2010 年第 3 期。

〔3〕 Oran R. Young, "If an Arctic Ocean treaty is not the solution, what is the alternative", *Polar Record*, vol. 47, 2011.

〔4〕 Oran R. Young, "The shifting landscape of Arctic politics: implications for international cooperation", *The Polar Journal*, 2016.

〔5〕 张侠、屠景芳："北极经济再发现下的国际合作状况研究"，载《中国海洋法学评论》2011 年第 2 期。

国家的共同利益。北极地区的自然环境及地缘政治、经济社会发展与全球其他地区的联系越来越密切，许多北极区域治理的问题呈现"跨区域"（transregional）的属性，需要北极域内外国家共同应对。北极的气候变化、环境、科学考察、航道利用、资源勘探与开发、安全、国际治理等问题，关系到世界各国和人类的共同生存与发展，与包括中国在内的北极域外国家的利益密不可分。[1]域外国家纷纷加入国际北极科学委员会、北极理事会等合作平台，参与北极治理与合作。随着北极逐渐向世界体系开放，域外力量和因素对北极区域治理的影响将日益显著，北极治理结构不得不对此作出回应，更大程度上吸收对北极经济社会发展有重要影响的域外国家参与。多种国际政治行为体竞相参与，北极地缘政治的发展呈现"准全球化"趋势。[2]

观测表明，北极气温的快速升高，科学家预测北冰洋最早将在 21 世纪 30 年代末出现夏季基本无冰的状况，这就意味着中央航道的季节性通航可能在 20 年后实现。除气候条件外，开发利用北极航线还需要巨大的资金和技术支持，加拿大、俄罗斯等北极航线周边国家需要寻求合作伙伴共同开发北极航线。作为全球经济市场中重要的新兴大国，中国将与北极国家和地区的经济发生密切关联。日益强盛的中国所具备的市场消费能力、海外投资能力、基础设施建设能力、海上航运能力已日益成为中国与北极国家开展经济往来，共同开发北极，实现北极可持续发展的优势。[3]中国作为全球第二大经济体、北半球最重要的工业国，是推动北极航线开发的重要参与者。我国作为能源消费大国和北极航线潜在使用方，与北极国家有广泛的利益汇合点，开展经济合作是中国等非北极国家参与北极事务的有效方式。未来围绕着北极航道将形成新的经济带，东北航线沿岸国家俄罗斯、挪威、冰岛等国会有加强基础设施建设的需求，将给中国的投资者带来新的机会，中国与北极国家在资源利用领域的利益体现在资源采购、资源开发、资源和能源运输等方面。[4] 2015 年俄罗斯副总理米特里·罗戈津在参加国际论坛"北极的现在与未来"时首次提出欢迎中国参与北方航道基础设施建设。时隔两年在北京举办的

〔1〕《中国的北极政策》白皮书。
〔2〕陆俊元："北极地缘政治竞争的新特点"，载《现代国际关系》2010 年第 2 期。
〔3〕杨剑："稳步推进冰上丝绸之路国际合作"，载《中国社会科学报》2018 年 6 月 14 日，第 1 版。
〔4〕杨剑："稳步推进冰上丝绸之路国际合作"，载《中国社会科学报》2018 年 6 月 14 日，第 1 版。

"一带一路"国际合作高峰论坛上，俄罗斯总统普京正式提出要将北极航道同"一带一路"连接起来，打造亚欧地区新的交通格局。2017年俄罗斯驻华大使杰尼索夫谈道："不管是在欧亚经济联盟和'一带一路'倡议对接中，还是在俄中双边务实合作的框架下，北方航道的建设都可以成为一个重要的工作方向。我们希望中国的合作伙伴能够更加积极地参与到北方航道的发展与运营。"气候变暖所带来的北极航线开发机遇促使包括俄罗斯在内的北极国家开始接纳域外力量，这为中国参与北极航线的开发利用提供了外部地缘环境优势。

多元化的北极合作机制为我国参与北极事务对话和交流提供了灵活的机制和平台。1987年戈尔巴乔夫谈话拉开了北极区域合作的序幕，随后，北极科学委员会建立，《北极环境保护战略》签署，北方论坛、巴伦支-欧洲理事会、北极理事会等区域合作机制成立，北极国家开启实质性的环境保护和科学研究合作。进入21世纪，气候变化对北极的影响受到关注，区域合作进一步扩大和加强，北极理事会加强组织建设，吸纳新的观察员国，北极八国达成两个海事安全合作协定，国际海事组织制定极地航行规则，北极经济理事会、北极圈论坛成立。特别是近年来，随着北极向世界体系开放，域外力量和因素对北极区域治理的影响日益显著，北极治理结构不得不随之作出回应，纳入更多对北极经济社会发展有重要影响的域外国家参与北极治理。目前，中国已经在多个层面中参与到北极的航运治理。作为国际社会中的重要一员，中国是联合国安理会常任理事国，是《联合国海洋法公约》的缔约国，是国际规则的重要参与者和建设者，是国际海事组织的A级理事国，是北极理事会的观察员国，参与这些国际组织，为中国参与北极航运治理提供了重要的平台。[1]

北极地区的政治格局为域外国家参与北极事务提供了一定的空间，北极国家具有共同利益的同时也存在利益分歧，导致北极国家在某些北极事务中的政策立场存在冲突。北极八国并非是永恒的同盟者，基于不同的利益诉求，北极八国之间存在着不同的利益集团。例如，在北冰洋公海捕鱼问题上，以

---

〔1〕 孙凯、刘腾："北极航运治理与中国的参与路径研究"，载《中国海洋大学学报（社会科学版）》2015年第1期。

美国、加拿大、俄罗斯、丹麦、挪威等组成的北极五国与冰岛、芬兰、瑞典的北极三国之间存在着明显的利益分歧；在北极航道的法律地位和通行制度问题上，美国对加拿大、俄罗斯的主张和管辖提出了明确挑战；在斯瓦尔巴群岛的海域性质和权利义务分配问题上，挪威与俄罗斯等国家存在分歧。中国与北极国家不存在海洋边界、管辖权、法律问题上的冲突和争议，并且一贯尊重北极国家的主权、主权权利和管辖权，这为中国参与北极航道开发合作提供了一定的有利条件，中国可以发挥自身在资金、市场等方面的优势，加强与北极国家的合作，实现优势互补，参与北极航道开发利用。中国深入参与北极航道开发、扩展北极航道合作领域，还能在一定程度上改变和塑造北极现有的地缘政治环境，进一步推动北极治理朝着更加开放和多元的格局发展，推动北极治理从区域治理融入全球治理，维护北极地区的和平与稳定。

三、中国参与北极航线所面临的地缘政治环境劣势

从当前北极区域治理的实践看，北极国家始终是北冰洋区域治理规则发展的主要推手，主导着规则制定、机制建设和相关磋商进程。在全球性合作平台上，北极国家提议制定极地水域的航行规则，将其利益诉求和航运管控经验融入国际规则中；目前形成的北冰洋区域合作协议多数局限于 8 个北极国家之间，例如海空搜救、溢油预防反应以及科学合作协议，体现出一定的排外性，实际上会进一步维护和强化北极国家在北极治理中的主导地位。2011 年北极理事会努克会议发布了《北极高官报告》，报告提出了"努克标准"，要求所有北极理事会观察员国必须承认北极沿岸国家在北极地区的主权、主权权利以及管辖权。近年来，北极国家制定北极政策和战略，明确其主权和相应的管辖权，同时通过北极理事会等区域性组织加强沟通协调。

在北极区域治理现有结构下，域外国家对北极区域治理的参与和政策影响力十分有限，即使被接纳为北极理事会的观察员国，仍无权参与任何决策，参与工作组等附属机构的活动也受到等级分明的规则限制，北极域外国家对北极事务的合理诉求和关切并未完全得到考量。作为域外国家，中国在参与北极航线开发时面临着天然的身份劣势，特别是北极国家对于中国参与北极事务始终抱有疑虑，"中国威胁论"更是在一些领域甚嚣尘上，这无疑给中国

参与北极航线带来了不利影响。中国需要破解参与权难题，参与北极治理，特别是在相关规则的磋商和制定中，提出中国主张，维护自身的合法权益。

北极地缘政治环境呈现以美俄为核心的区域政治格局，作为北极地区最为重要的两个国家，美国和俄罗斯对中国参与北极治理的态度深受国际政治的影响，对于美俄而言，北极事务从属于其全球战略和整体国家利益，在中国参与北极航道问题上体现出摇摆不定的态度。对于中国进一步参与北极事务，美国秉持着"适度欢迎"的态度，但美国并不希望中国在北极地区拥有过大的影响力。特别是随着特朗普的执政，其对华政策总体走向对抗，中美贸易战引发世界关注，作为美国全球战略的一部分，特朗普政府是否会将中美相对对抗的态度引入北极，进而影响到美国在北极地区问题上对中国的接纳，依然值得观察。俄罗斯在对于中国参与北极航道的态度上变化较大。随着中国经济实力和综合国力的快速提高，俄罗斯已经开始感受到来自远东的压力。早期俄罗斯对中国参与北极治理心怀疑虑，排斥中国参与北极治理和北极航道开发。2013 年在中国申请成为北极理事会观察员成员国时，俄罗斯曾一度表示强烈反对。此后随着国际格局的变化，俄罗斯在乌克兰危机后饱受国际外部压力，在北极地区也面临着投资短缺等问题，俄罗斯转而积极支持中国参与北极治理，邀请中国与俄罗斯共同建设"冰上丝绸之路"。在此背景下，俄罗斯将中国作为其在北极地区进行合作的重要伙伴，希望中国参与东北航道的基础设施建设等项目。美俄双方对于中国参与北极治理摇摆不定的态度使得中国充分利用北极航线面临着地缘政治的挑战。

此外，航线沿岸国的政策也会对北极航线的利用产生重要影响。俄罗斯和加拿大两国都在其北极管辖海域实施严格管控，但两国对航道的政策有差异，对我国利用北极航道的影响也不同。俄罗斯在北极地区具有强大的冰区通航能力和管控实力，在保障北极地区安全的基础上，积极推动北方海航道的开发利用，作为其北方复兴计划的一部分，积极修改国内法律法规、提升助航设施助力北极航运，以提升北方海航道的竞争力、扩大北方海航道的通航量。加拿大方面的政策则有很大的不同，加拿大将维护北极主权作为其北极战略的重中之重，将维护其北方地区的主权作为北极外交政策的最优先事项。加拿大在北极水域的管控能力不足，促使西北航道的通航利用被政治化，其对推动北极航道的开发利用非常谨慎，担心西北航道的开发利用会损害其在北极地区的主权和国家安全。近年来，针对北极海域交通量有所提升的现象，加拿大要求通行北极水域的船舶提交全程航行报告，并且发展监测系统监控北极水域，其主要目的在于加强监控，而非促进西北航道的开发利用。加拿大政府对北极航道的政治化导向进一步抑制了外国船舶利用西北航道的热情。

第十章

中国北极航线战略的定位与规划

长期以来，我国奉行"内敛韬晦"的政治传统，政府最为关心的是与我国有着最密切联系的北极气候问题、环境生态问题以及科学考察权利，并未系统阐明中国的北极利益和政策。2018 年 1 月，我国发布《中国的北极政策》白皮书，阐述了当前我国的北极政策目标、基本原则和主要政策主张，总结前期北极合作的实践成果，提出依托北极航道的开发利用、与各方共建"冰上丝绸之路"的倡议，为我国制定北极航线战略指明了政策框架。我国制定北极航线战略、参与开拓北极航线，必须面对自然条件、技术装备、法律规制、地缘政治等多方面的制约因素，应提前筹划和应对，对外充分利用现有的国际和区域合作机制，参与北极航运治理与规则制定，对内采取多方面措施，为参与北极航道开发利用做准备。

第一节　中国参与北极航线事务的政策和法律立场

2015 年 10 月，中国参加了第三届北极圈论坛大会，并举办了国别专题会议。此次会议上，中国首次全方位地展示了中国"北极重要利益攸关方"的定位和"尊重、合作、共赢"的北极事务参与政策理念。[1]2017 年 1 月 18日，习近平总书记在联合国日内瓦总部召开的"共商共筑人类命运共同体"高级别会议上做了题为"共同构建人类命运共同体"的主旨演讲，他指出，

---

〔1〕"王毅部长在第三届北极圈论坛大会开幕式上的视频致辞"，载外交部网站，http://www.fmprc.gov.cn/web/wjbzhd/t1306854.shtml，最后访问时间：2017 年 6 月 7 日。

"要秉持和平、主权、普惠、共治原则，把深海、极地、外空、互联网等领域打造成各方合作的新疆域，而不是相互博弈的竞技场"。2018 年 1 月 26 日，中国政府发布了《中国的北极政策》白皮书，这是中国对外发表的第一份北极政策文件，全面介绍了中国参与北极事务的基本立场和政策主张，为我国参与北极航道开发利用提供了指导原则和政策框架。面对复杂的北极航行的法律制约因素，我国应当积极参与北极航运规则制定及相关治理活动，研究制定适当策略，减少相关法律争议对我国开展北极航运的消极影响，切实维护我国在北极水域的航行权。

一、中国参与北极航线事务的政策主张

北极的形势与变化是北极治理发展的动因，也是相关国家开展北极活动必须关注和尊重的客观形势。21 世纪以来，随着对全球气候变化的研究不断深入，越来越多的证据表明，气候变得更加温暖、湿润和多变，气温创纪录升高、海冰和冰雪覆盖减少、冰川和冰盖融化、永久冻土层融化。受全球气候变化以及其他人类活动等多种因素的影响，北极环境正在发生巨变，这不仅给生态系统以及当地居民的生活带来巨大的挑战，并且通过全球大气、海洋系统影响着北极以外其他地区。

我国是北极利益攸关方，这一身份定位包含三方面内涵：一是中国与北极在地缘上的临近关系及北极环境变化对中国气候及经济利益的影响；二是从国际法的角度看，中国在北极地区享有诸多合法权利；三是基于经济全球化、中国经济与世界经济相互依赖的现实，以及中国在北极地区开展多领域的活动和实践，已经使得中国在北极的利益与北极国家的利益交织交融。

我国的北极政策目标是认识北极、保护北极、利用北极和参与治理北极，维护各国和国际社会在北极的共同利益，推动北极的可持续发展。为了实现上述政策目标，中国遵循"尊重、合作、共赢、可持续"的基本原则参与北极事务。我国的北极政策是新时代中国特色外交政策在北极事务上的应用，体现了建立相互尊重、公平正义、合作共赢的新型国际关系和共建人类命运共同体的理念和追求。尊重是中国参与北极事务的重要原则和基础，中国尊重北极国家在北极的主权、主权权利和管辖权，尊重北极原住民的传统和文化，也包括尊重北极域外国家依法在北极开展活动的权利和自由，尊重国际

社会在北极的整体利益。合作是我国参与北极事务的有效途径，共赢是我国参与北极事务的价值追求，可持续是我国参与北极事务的根本目标。

我国参与北极事务的政策主张是坚持科研为先导，强调环境保护，主张合理利用，倡导依法治理和国际合作，并致力于维护和平、安全、稳定的北极秩序。北极地区资源丰富，但生态环境脆弱，我国依法合理利用北极资源的活动包括参与北极航道开发利用、参与油气和矿产等非生物资源的开发利用、参与渔业等生物资源的养护和利用、参与旅游资源开发几个方面。

全球变暖使北极航道有望成为国际贸易的重要运输干线，针对新形势下北极航道的开发机遇，中国提出依托北极航道的开发利用，与各方共建"冰上丝绸之路"。北极航道的利用必须在国际法框架下开展，在参与北极航道开发利用问题上，中国尊重北极国家依法对其国家管辖范围内海域行使立法权、执法权和司法权，主张其根据《联合国海洋法公约》等国际条约和一般国际法管理北极航道，保障各国依法享有的航行自由以及利用北极航道的权利；主张有关国家应依据国际法妥善解决北极航道有关争议。〔1〕

在国际法框架下，中国表示愿依托北极航道的开发利用，与各方共建"冰上丝绸之路"。参与北极航道开发利用的具体举措包括：中国鼓励企业参与北极航道基础设施建设，依法开展商业试航，稳步推进北极航道的商业化利用和常态化运行；中国重视北极航道的航行安全，积极开展北极航道研究，不断加强航运水文调查，提高北极航行、安全和后勤保障能力；切实遵守《极地规则》，支持国际海事组织在北极航运规则制定方面发挥积极作用；主张在北极航道基础设施建设和运营方面加强国际合作。〔2〕

二、中国参与北极航线事务的法律立场

北极航线具有重要的后备运输通道和北极能源运输通道的战略价值，中国作为一个贸易和航运大国，在北极航道实现商业通航后将成为主要的航道使用国之一。然而北极航道法律地位争议未决，北极沿岸国对外国船舶的航行管控强化，沿海国管辖权与航运国航行权的矛盾凸显，开发利用北极航线

---

〔1〕《中国的北极政策》白皮书。
〔2〕《中国的北极政策》白皮书。

需要回应相关法律挑战。在北极航道有望开通商业利用、北极航运法律规制处于变动发展期的背景下，中国作为全球最大的贸易国，应当关注北极事务，参与北极航线治理特别是有关航运规则的制定，切实维护我国的合法权益。

北极航线治理中的一个核心矛盾是沿海国管辖权与其他国家航行自由之间的冲突。北极航线沿岸国家基于沿海国主权、主权权利、管辖权以及港口国管辖权，在北极航线多层治理体系中掌握着主导权。作为北极域外国家，又是位于北半球的"近北极国家"，我国尊重北冰洋沿岸国依《联合国海洋法公约》以及其他适用于北极地区的国际法享有的权利，同时也重视和维护我国在北极海域依据《联合国海洋法公约》以及其他适用于北极海域的国际规则享有的航行自由等合法权益。长期以来，美国在北极海域及航道法律地位问题上竭力主张和推行航行自由，然而北极航线沿岸国中的俄罗斯和加拿大对其北极水域实施内水化管控，这种分歧一直存在。随着航行条件的改善，北极航线的开发利用增加将导致北极航线使用国的航行权与沿岸国管辖权之间的摩擦和矛盾日渐凸显。

中国对外贸易严重依赖海上运输，海上航线的开拓对维护中国经济的持续稳定发展具有重要意义，促进国际航行自由符合中国的长远利益，这就要求我国在世界主要海域的航行问题上有意识地将促进航行自由作为重要目标，这与美国的立场有一定程度的吻合。但同样是推进国际航行自由，中国主张的内涵与美国的观点存在重要差异。美国主张的航行自由突破了海洋法上的多种航行权的限制，主张军舰通过他国领海无须事前获得批准，不尊重和顾及沿海国主权权利和管辖权，推行北极水域航行自由是维护其全球海洋霸权战略的一部分。中国在北极海域追求的航行自由是尊重国际法规则基础上的航行权，尊重沿海国合法权益的同时尊重北极域外国家依法在北极开展活动的权利和自由，尊重国际社会在北极的整体利益，支持国际规则和标准在北极海域的适用。我国在参与北极航线治理的过程中，针对航道所在水域的性质、北极航道的法律地位、沿岸国实施内水化管控等法律议题可以采取以下策略。

第一，关于北极航线所在沿海国水域的法律性质争议。加拿大主张北极群岛水域为其历史性内水，在其外围划定了直线领海基线，类似的，俄罗斯以历史性水域为由将连接北方岛屿与大陆的几个重要海峡划定为其内水，这就使得北极航道部分航段途径两国的内水，外国船舶通行须取得沿海国的批准。为了维护其海上力量在北极海域的通行自由，也避免过度扩张地划定内水，上述做法发展成为普遍性的国家实践，美国对两国的直线基线和内水范围提出过直接抗议，而其他大部分国家并没有明确表态，这与历史性水域和划定直线基线的规则模糊及较为广泛的国家实践现实有关。以直线基线为例，其法律规则来源于公约和体现在司法判例中的国际习惯法两个渊源，由于缺乏更为具体的判断标准，"海岸线极为曲折""近邻海岸线存在一系列岛屿"的地理标准以及"基线的划定不应在任何明显的程度上偏离海岸的一般方向""基线内海域应充分接近陆地领土""实在和重要的经济利益"等限制条件在解释适用时容易产生不同的理解。而在国际实践中，各国在划定领海基线时广泛使用直线基线，且普遍从宽解释关于直线基线的规则标准。[1]为了避免本国的直线基线受到指责，大部分国家很少对与其利益关联不大的其他国家的直线基线提出异议，逐渐将直线基线的选择和划定视为一个国家的内政，对不明显违反国际法规则和国际公共利益的基线划定保持沉默。历史性水域的规则同样存在争议，由于没有写入国际公约，历史性水域的概念、构成要件及具体解释适用规则更为复杂和模糊。中国在划定内水时也使用了直线基线，同时有历史性水域的主张，不宜对法律上存疑的加拿大和俄罗斯内水主张提出反对意见。我国对俄罗斯、加拿大两国领海基线效力保持沉默并不意味着默认其内水化航行管控，用于国际航行的海峡制度很大程度上可以弥补直线基线过度使用对航行权的限制。如果北极航道及相关海峡构成用于国际航行的海峡，外国船舶在曾经不属于内水而由沿海国划定直线基线成为内水的范围内，依然可以享有过境通行权。我国可以通过增加利用北极航道的通航状况，推动北极航道成为用于国际航行的海峡的进程，维护我国在北极航道的航行权。

第二，关于北极航道是否构成用于国际航行的海峡。用于国际航行的海峡这一制度是为了维护国际通航自由而建立的，对这类海峡应当适用特殊的过境通行制度，外国船舶通行该海峡时享有比无害通过权更大的过境通行权。然而，西北航道以及北方海航道途径海峡是否构成国际海峡在学理和国家实

---

〔1〕 王泽林：《北极航道法律地位研究》，上海交通大学出版社 2014 年版，第 209~210 页。

践上均存在争议，加拿大和俄罗斯方面强调国际海峡应当在历史上用于国际航行并满足一定通行量，以没有达到国际海峡功能标准为由主张西北航道和俄罗斯北极海峡不构成国际海峡，美国认为西北航道和俄罗斯北极海峡具有用于国际航行的潜力，这就足以满足国际海峡的要求。双方对用于国际航行海峡的定义和判断标准存在不同的解释，一方强调历史和现状，另一方强调未来的可能性，两种解释具有明显的国家利益考量，如果仅聚焦于北极航道通航现状，这一分歧难以调和。实践中，俄罗斯和加拿大两国实际管控两条北极航道，中国作为北极航线潜在的利用者，现阶段对西北航道和若干北极海峡公开主张国际海峡的时机还不成熟，法理依据并不稳固，容易破坏与俄罗斯和加拿大等北极航道沿岸国的友好关系，故应以发展的眼光看待北极航道及相关海峡的法律地位，从实践层面推动北极航线的开发利用。北极航线所在海域常年覆盖海冰，在恶劣的气候条件和不发达的航海和造船技术条件下，通航量非常有限。然而作为全球气候变化的重灾区，北极地区气温升高、海冰融化，自然环境正在发生重大的变化，北极海域正从冰封逐步走向开放，通航条件的改善以及造船和航行技术的提升会吸引越来越多船舶穿行北极航线，国际航行的提升会使曾经不构成国际海峡的北极航道逐步走向国际化，从而成为用于国际航行的海峡。在这个过渡阶段，中国可以发挥积极作用，通过大规模的商船运输，推动北极航道逐渐满足"用于"国际航行的功能标准，为我国日后利用北极航道埋下有益的伏笔。[1]随着北极航线大规模通航的条件逐渐成熟，越来越多的航道使用国会共同争取和维护国际航行权益，北极航道的法律地位也会向国际海峡倾斜。

第三，加拿大和俄罗斯援引冰封区域条款对其北极海域实施内水化管控的争议。加拿大和俄罗斯依据冰封区域条款在北极海域建立了严格的航行管控制度，在其内水、领海和专属经济区海域推行无差别的航行管制，内水化特征明显，突破了海洋法海域分区制度及相应的航行权制度，在科学依据基础等方面也存在不足。加拿大和俄罗斯对北极航行实施管制援引的法律依据是冰封区域条款，然而从两国航行管控制度部分突破了该条款的要求可以看

---

〔1〕　白佳玉："北极航行：需多维度分析法律对策"，载《中国海洋报》2016 年 11 月 16 日，第 1917 期。

出，两国对该条款进行了扩大解释，并强调该条款在《联合国海洋法公约》中以及相对于国际海事规则的优先地位。加拿大和俄罗斯两国内水化的北极航行管制在法律依据上存在瑕疵，这种国家实践片面强调沿岸国家的主权和安全，以期通过严密的国内管控建立有效控制的事实，在未来关于北极航道的相关谈判中争取主动地位，使得其他国家争取北极航道成为国际海峡从而适用过境通行制度变得日益困难。为了维护我国未来利用北极航线的航行权益，避免这种不利效果的出现，我国应当主张限制北极沿岸国对冰封区域条款不合理的解释和使用，并积极参与到极地航运规则的制定中，推动多边规则逐步取代沿海国对北极航行实施的单边管制。

我们认为，在国际法体系中，冰封区域沿海国的单边管辖权有其外部限制。北极沿海国不能援引冰封区域条款肆意规避国际海事组织制定的管理规则，有关国家在建立航行管控措施时仍然应当遵循主管国际组织已有的程序和规则。[1]最新的具有法律拘束力的极地航行规则是 2017 年 1 月 1 日生效的《极地规则》，该规则建立在国际科学依据的基础上，是国际社会保障极地水域航行安全和生态环境的重要里程碑，它的出台会压缩冰封区域条款的适用空间。在北极水域航行国际规制不断加强的背景下，北极沿海国继续依据冰封区域条款推行高于国际标准的管控措施应提供更充分的理由，满足更高的要求。由于加拿大和俄罗斯极力维护冰封区域条款的特殊授权，冰封区域条款在可预见的期间内不会被废弃，但《极地规则》的生效将深刻改变北极海域航行的国际法制状况，削弱北极沿海国单边主义航行管控的合法性基础，降低依赖冰封区域条款对北极水域实施特殊保护的必要性，最终导致冰封区域条款的实际作用和价值逐渐衰微。而且，受气候变化的影响，北极海冰消融趋势明显，部分北极海域的通航条件在改善，冰封区域的范围需要重新评估，沿海国援引冰封区域条款必须提供和依据更加及时、可靠的科学证据，北极地区正在发生的自然环境变化也在增加冰封区域条款适用的不确定性。此外，我国还可以推动《极地规则》的国内实施和进一步发展，推动沿海国单边管制与国际规则并轨。作为船旗国和港口国，应强化对《极地规则》的遵守，呼吁北极航线沿岸国将《极地规则》转化为国内法或完善原有立法，

---

〔1〕 刘惠荣、李浩梅："北极航行管制的法理探讨"，载《国际问题研究》2016 年第 6 期。

使其与《极地规则》的要求相统一，避免通行北极航线的过程中遭遇不必要的法律冲突。[1]我国应当从保护国际社会公共利益的角度出发，在有关极地航行国际规则的制定过程中积极主张有利于维护我国北极航行权的利益诉求，支持国际海事组织出台的多边规则的落实，推动基于冰封区域条款的单边管控与国际规则走向融合，从而限制北极航线沿岸国作出超出合理范围的单边航行管控。

第二节　中国北极航线战略的国际参与

全球气候变暖所带来的北极气候变化是推动北极地区经济开发、航道商业运行的内在因素，经济全球化所带来的对于资源和航运能力的需求则从外部进一步推动了北极航道的商业开发。在内外因素的相互推动下，全球主要国家已经意识到北极地区及其资源的战略意义，纷纷在北极排兵布阵，力图抢占北极博弈的制高点。中国作为毗邻北极的大国和当今世界第二大经济体国家，是无可争议的北极重要利益攸关方，中国的自然环境、经济发展以及能源布局等国家战略无一不受到北极地区形势的影响，北极航道的最终开通将会对中国产生重要的影响。中国必须提前布局北极航道，持续参与北极航道治理，进一步拓宽中国参与北极航道治理的途径，最大限度地确保我国在北极航道上的权益。意识到参与北极事务对于我国长远发展的重要意义，近年来我国积极参与北极治理，探索北极航道的利用，以确保我国在北极航道的利益。

一、提升对国际海洋海事磋商机制的参与

随着北极航道的逐步开通及商业化运营的潜力不断提升，北极航运的治理提上国际议程，我国应当积极参与联合国框架下的海洋法合作与磋商机制，提升在国际海事组织框架内的参与能力，参与北极航运相关的治理进程及规则制定。

（一）国际海洋法合作与磋商机制

现代海洋法的核心是 1982 年《联合国海洋法公约》，该公约目前有 155

---

〔1〕　白佳玉："北极航行：需多维度分析法律对策"，载《中国海洋报》2016 年 11 月 16 日，第1917 期。

个缔约国。国际海洋法仍在不断发展和演变中，联合国大会 2015 年通过了第 69/292 号决议，该决议开启了针对国家管辖范围以外区域海洋生物多样性国际协定谈判的准备工作，目标是通过磋商和谈判在 1982 年《联合国海洋法公约》框架下制定具有法律拘束力的国际协定。新的海洋法规则和制度必然会深刻影响北冰洋海洋秩序，北极航运治理不可忽略国际海洋法的发展。

《联合国海洋法公约》规定了国际海底管理局、大陆架界限委员会、国际海洋法法庭三个实施机构，还规定了公约缔约国会议作为重要的议事机制。现代海洋法机制主要依托联合国框架讨论制定一般海洋法问题，对北极海域的国际规则有重要影响，联合国框架下的海洋法经常性进程不仅包括《联合国海洋法公约》缔约国会议，还逐渐发展了联合国大会关于"海洋和海洋法"决议的非正式磋商会议、联合国海洋事务与海洋法非正式磋商进程和全球海洋环境报告与评估等进程。《联合国海洋法公约》缔约国会议每年 6 月在联合国总部纽约举行，2016 年举行了第 26 届缔约国大会，听取、讨论和审议了秘书长《海洋和海洋法》报告、国际海洋法法庭年度工作报告、国际海底管理局以及大陆架界限委员会工作报告。联合国大会关于"海洋和海洋法"决议的非正式磋商会议，每年举行两轮会议，形成《联大海洋和海洋法决议》案文，为年底通过联大决议做准备。联合国海洋事务与海洋法非正式磋商进程，容纳包括国家主体之外的多个利益攸关方参加。全球海洋环境报告与评估经常性进程始于 2009 年，2014 年出台有关全球海洋环境综合评估的首份报告，这一技术报告对下一步海洋治理和立法的发展方向有着重要引导作用和影响，目前正在开启第二轮评估。除上述经常性进程外，2017 年 6 月联合国还举办了首次海洋可持续发展会议，这是旨在落实 2030 年可持续发展议程中第 14 个目标启动的新进程，由斐济和瑞典政府联合举办。

中国政府常年组团参加上述活动，越来越深入的参与海洋法发展的国际磋商进程，研究国际形势和我国的战略需求，积极提出议案、参与议题讨论，推动建立公正合理的海洋秩序。在目前有关国家管辖范围以外区域海洋生物多样性的讨论中，环保派代表欧盟希望出台有关公海保护区的设立和运行以及环境影响评价规则的全球法律文书，试图凭借已经积累的数据、经验和技术掌控全球海洋治理的主导权，但对刚刚有能力向深远海拓展海洋空间的我国来说，公海保护区和高标准的环境保护要求会限制我国公海渔业捕捞、海上航行以及海洋科学研究等海洋活动，挤压我国的发展空间。[1]我国应从经济社会发展的实际出发权衡利弊，充分利用国际协定的谈判拓展和确保我国在这些战略新疆域内的可得利益；作为《联合国海洋法公约》的缔约国，充分利用联合国框架内的多种海洋法磋商机制，拓宽自身参与北极航线治理的路径，维护公海海洋航行自由以及开发利用海洋和其资源的权益，为我国未来发展争取有利的空间。

（二）国际海事组织机制

国际海事组织是北极航运治理的全球性平台，是制定航运规则的权威国际组织，国际海事组织出台了专门针对极地水域的航行规则，逐步从建议性指南发展为具有法律拘束力的国际海事公约的组成部分，是制定北极航运规则的核心机制。2002年，国际海事组织海洋环境保护委员会及海上安全委员会先后批准通过了《北极冰覆水域船舶操作指南》，作为对既有的一般性国际航行标准的补充。2009年通过《极地水域船舶操作指南》，将北极航行规则扩展至包含南极水域在内的极地水域。2014年，国际海事组织通过了《极地规则》，2017年1月1日正式生效，取代了之前自愿适用的极地水域船舶操作指南。

作为国际航运治理的核心机制，国际海事组织为中国等北极域外国家提供了公平参与北极航运规则制定的平台。中国于1973年正式加入国际海事组织，同时在第9~15届大会上当选为B类理事国，自第16届大会起中国连续当选为国际海事组织A类理事国，加入到国际海事组织最重要的成员国之列。在确保海上航行安全、保护海洋环境等方面中国积极履行自身的法律义务和国际责任，积极参与和支持国际海事组织委员会和分委员会的工作，认真履行自身权利，为国际海事公约的制定和修订提出了诸多科学建议。2016年中国向国际海事组织下设的人的因素、培训和值班分委会提交了10个提案，这是中国政府在IMO单次会议中提出国家提案最多的一次。

尽管近年来中国积极参与北极航道治理以及北极航运规则的磋商制定，但总体上，我国对北极航运治理规则的实际贡献程度并不高。一方面，中国

---

〔1〕 郑苗壮、刘岩、裘婉飞："国家管辖范围以外区域海洋生物多样性焦点问题研究"，载《中国海洋大学学报（社会科学版）》2017年第1期。

作为非北极国家在北极航道的治理参与上存在历史短板，另一方面，与美国、加拿大、俄罗斯、挪威等北极航运强国相比，我国在冰区航行技术、船舶制造能力、专业人才培养以及航运历史经验等方面依然存在较大差距。这些不足和差距使得在极地航运规则起草和制定过程中，中国的实际参与程度与影响力依然不足，与国际海事组织中理事国的身份地位并不匹配，难以维护中国作为成长中的国际航运大国的长远航运利益。

中国作为《联合国海洋法公约》的缔约国以及国际海事组织的 A 类理事国，在国际社会制定北极航运治理机制的过程中，应该积极地利用《联合国海洋法公约》和国际海事组织这一平台，积极参与到北极航运国际机制的构建进程中，谋求中国北极航运利益的最大化。[1]在北极航运治理的国际平台中，中国应更加积极、主动地参与国际海事组织涉及北极航运治理规则的相关讨论，充分落实《极地规则》的相关内容和要求，在实践中为《极地规则》的发展积累专业技术和实践经验，为参与后续规则的制定及修订作铺垫，提升自身在北极航道治理中的话语权和影响力。

二、深化在北极理事会中的北极合作

"冷战"后美苏两极对峙的局面结束，笼罩在北极地区上空的紧张气氛开始逐渐消失，北极地区逐渐从美苏对峙前线走向缓和。特别是近三十年来，北极地区区域合作日益发展，包括北极理事会在内的涉及北极多个领域的合作机制纷纷建立，北极区域合作发展进入了新的阶段。1996 年成立的北极理事会是北极地区最重要的区域治理机制，是北极八国开展北极事务合作、协商和交流的政府间高级论坛。作为目前北极地区最为重要的区域合作机制，北极理事会在推动北极航运治理方面发挥了重要作用。

2009 年北极理事会发布了《北极海上航运评估报告》，从北极海上安全、北极海上基础设施建设以及保护北极居民和环境三个方面分析和提出了加强航运治理的措施，这一报告及其政策建议推动了保障北极航行安全、促进环境保护重大行动的开展，如北极沿海国家加强北极水域的基础设施建设，在

---

〔1〕 孙凯、刘腾："北极航运治理与中国的参与路径研究"，载《中国海洋大学学报（社会科学版）》2015 年第 1 期。

国际海事组织体系内推动制定具有强制拘束力的极地航行规则，达成海事安全合作协议等，加速了北极航运的治理进程。2011 年以来，北极国家通过北极理事会的合作平台陆续签署了《北极海空搜救合作协议》《北极海洋油污预防和应对合作协议》和《加强北极国际科学合作协议》3 个具有法律拘束力的区域合作条约，通过交流与共享提升海上能力建设，以提升北极科学考察水平、保障北极航行安全、防止和应对极区油污事故。

北极理事会以《北极海上航运评估报告》为发轫，通过对报告所提建议采取后续行动，推动了区域北极航运治理，但也应当看到，北极理事会在北极航运治理中的作用受到多重限制。一是受到成员国数量的限制。北极理事会是一个相对封闭的区域性论坛，成员限于 8 个北极国家，仅开放观察员身份给非北极国家和相关国际组织，非北极国家几乎参与不到政策层面的磋商和议定之中，更没有决策权。政策沟通协调限于北极国家之间，资源共享、政策的互惠和便利也主要局限于北极八国，不能很好地纳入域外北极利益攸关方的利益诉求，这对国际性显著的北极航线事务治理来说是一个重要的缺憾。二是北极理事会作为政府间高级论坛，不具备独立的法律人格，缺乏制定航运规则的权能，其主要治理模式是通过发布研究报告、提出政策建议，进而影响北极谈判的议题，国际海事平台才是制定北极航运政策和规则的核心机制。

在北极国家主导、域外国家被严格限制的北极合作与治理结构中，参与北极理事会工作组的具体合作项目是域外国家介入和参与北极区域合作的直接途径。有研究显示，非北极国家对北极理事会工作组的参与在增加，然而政策建议层面的参与仍然比较薄弱，且不连贯，非北极国家在经费支持、技术专长、建立网络等方面还有待加强，以便更加充分的利用北极观察员身份支持和影响北极理事会的相关工作。[1] 同为非北极国家，相比日本、荷兰等发达国家，中国在具体北极理事会工作组中的工作仍然有一定差距，我国应增加参与北极理事会具体工作组项目的投入，通过参与科学层面的多边交流与合作提升北极科学和技术领域的专业知识积累，通过深入科学研究加大对

---

〔1〕 Jennifer Spence, "Finding a Place in the Arctic Council for Non-Arctic Actors: A Social Network Analysis of the Arctic Monitoring and Assessment Programme", *Arctic Yearbook* 2016.

形成北极议题等政策问题的影响力。中国积极参与北极区域合作，还可以深入了解北极国家和原住民主体的政策关注和利益诉求，加强与原住民组织的沟通和联系，建立互信友好关系，为中国参与北极地区开发建设争取良好的政策环境。

三、加强同北极国家和其他北极利益攸关方的合作

在全球化背景下，北极历史经历了世界资本对北极的地理再发现、军事再发现到经济再发现的过程，当前北极正处于进入世界市场的战略准备阶段。[1]沿线油气资源的勘探开发是北极航线开发利用的一个重要动力，北极大陆架油气资源的勘探开发活动会促进北极航线的开通利用，也有助于沿线港口和其他基础设施的建设。北极地区油气资源是北极地区最有开发价值的能源资源之一，随着北极油气资源可开采性的提升，北极油气很可能对未来全球能源市场产生重要影响。

东北航线沿线北极油气资源储量丰富，开采条件相对优良，中国可积极尝试与俄罗斯开展合作，参与挪威和丹麦在巴伦支海和格陵兰东北部海域的油气勘探与开发。近年来，挪威芬马克郡近海天然气田已投入开发，目前正考虑另外数个新气田的开发，同时鼓励在巴伦支海南部不成熟的区块进行足够的勘探工作。与此同时，已有包括荷兰皇家壳牌石油集团、美国埃克森美孚公司，甚至马来西亚国家石油公司（Petronas）在内的12家公司参与到格陵兰岛周边海域的油气勘探之中。[2]俄罗斯作为北极地区最为重要的国家，已经将北极地区油气资源的开发和利用上升到国家战略高度。在此背景下，中国与俄罗斯在北极资源开发利用问题上有良好的合作基础。2014年初，中石油就与俄罗斯诺瓦泰克（Novatek）公司签署了战略合作协议，诺瓦泰克作为大股东持股60%，中石油和法国道达尔分别持股20%，而且中石油对亚马尔液化天然气（LNG）项目的参与不仅限于油气供销合同，而是参与到能源勘

---

〔1〕 张侠、屠景芳："北极经济再发现下的国际合作状况研究"，载《中国海洋法学评论》2011年第2期。

〔2〕 何剑锋、张芳："从北极国家的北极政策剖析北极科技发展趋势"，载《极地研究》2012年第4期。

探、开发、生产、工厂建设和运营的全过程开发。[1]中俄双方正就"经济合作伙伴关系协定"开展磋商,一致同意加强协调合作,并着手推进"一带一路"倡议与欧亚经济联盟战略对接。[2]

中国参与北极航道事务的治理不仅有利于中国利用北极航道,也符合北极国家以及国际社会的利益,比较容易与北极国家以及北极航道主要利益相关方取得共识。[3]中国应把握北极航道开发利用的恰当时机,针对航道的现状选择不同的发展与合作策略。目前,三条北极航道分别处于不同的发展阶段,具有不同的航运条件、航运需求和地缘政治、法律环境,我国北极航道开拓应采取"用一个、试一个、探一个"的发展思路,对东北航道做实质性投入,对西北航道做尝试性投入,对穿极航道做探索性投入。[4]对于北方海航道,其发展和基础条件相对较好,俄罗斯自身有巨大需求,并已将其纳入其北极战略中,我国选择合作"对接"策略更为适当,尤其应在与航运有关的基础设施建设配套领域,利用我国资金、市场和技术(冻土工程技术等)优势,参与航道的开发建设合作。[5]在国家政策方面,俄罗斯正在积极推动北方海航道的国际通航,修订了有关北方海航道的航行规则,使其更加规范化,力争增强与苏伊士运河等航道的竞争力;俄罗斯先后出台远东和北极地区发展战略,作为国家复兴战略的重要组成部分。对中国等潜在的航道使用国来说,北极航道的开通能够缩短与西北欧贸易运输的航程、节约时间,分散南部航线的运输压力,多样化海上通道选择。韩国、日本也十分关注北极航线的开发利用,中俄及相关国家共建东北航道具有良好的合作基础,能够形成东北亚地区乃至西欧、北欧的经济合作走廊,丰富和充实"一带一路"建设的布局和规划。现阶段西北航道通航条件严峻,难以进行商业通航,随

---

〔1〕 "亲身实探亚马尔:让中国用上北极气的超级工程",载搜狐网,http://www.sohu.com/a/124210252_114986,最后访问日期:2018年6月11日。

〔2〕 "王毅:俄罗斯是共建'一带一路'的重要战略伙伴",载中国网,http://www.china.com.cn/news/world/2017-05/27/content_40909864.htm,最后访问日期:2018年6月11日。

〔3〕 孙凯、刘腾:"北极航运治理与中国的参与路径研究",载《中国海洋大学学报(社会科学版)》2015年第1期。

〔4〕 张侠、杨惠根、王洛:"我国北极航道开拓的战略选择初探",载《极地研究》2016年第2期。

〔5〕 张侠、杨惠根、王洛:"我国北极航道开拓的战略选择初探",载《极地研究》2016年第2期。

着气候环境和北极经济的发展，这一现状可能会有所改变，因此我国也应当密切关注西北航道沿线经济开发的计划和政策动态，确保我国在西北航道未来发展中处于有利地位。

中国通过经济合作的方式参与到北极地区资源开发、港口、航运等基础设施建设中，既有助于增强中国与北极国家、地方政府及当地居民多层面的互信，也有利于提升北极航行保障能力，确保船舶航行安全。中国应发挥自身优势参与到地区开发的基础设施建设中，承担大国责任，保证负责任的北极开发，通过在北极地区提供航道基础设施等公共物品，为中国未来利用北极航道打下良好的基础。具体路径是由政府做好战略规划和具体政策的沟通协调，促进和引导商界和产业界在北极油气和矿产资源丰富的地区进行理性的商业投资，参与资源开发。

围绕东北航道的开发利用，中国与俄罗斯、挪威等沿岸国能够在港口和基础设施建设、海洋科学研究、船舶建造、能源开发、气候变化等方面开展合作。根据"一带一路"的战略布局，东北地区加强与俄远东地区陆海联运合作，推进构建北京—莫斯科欧亚高速运输走廊，建设向北开放的重要窗口。沿线港口及相关基础设施建设方面，2014 年 5 月，吉林省与俄罗斯最大的港口运营商苏玛集团签订了合作建设扎鲁比诺万能海港框架协议，这正是构建东北亚陆海联运的重要措施，有利于推进东北亚区域合作的通道建设，催生密切区域贸易联系的海上丝绸之路。[1]中国具有在寒冷高原冻土地区建造铁路公路的经验，在合作建设北极航道补给港口及相应基础设施方面具有特殊优势。能源开发方面，俄罗斯正大力推进北极大陆架油气资源的勘探开发，需要大量资金和先进技术的支撑，积极寻求国际合作，2013 年中石油入股俄罗斯亚马尔半岛的天然气项目，将东亚市场与俄罗斯能源基地有效对接。北极航道的开通还会带动造船和航运业的发展，韩国大宇造船厂 2014 年率先拿到用于俄罗斯亚马尔项目的破冰液化天然气运输船订单（总额达 28 亿美元），目前这种破冰运输船技术只有韩国公司掌握。[2]相比之下，我国在这一领域

---

〔1〕 "中俄将总投资 30 亿美元共建东北亚最大港口"，载财新网，http://www.caixin.com/2014-10-13/100737963.html，最后访问日期：2017 年 8 月 21 日。

〔2〕 "中石油参股俄罗斯北极油气田 韩造船业抢先切蛋糕"，载观察者网，http://www.guancha.cn/economy/2014_07_14_246642.shtml，最后访问日期：2017 年 8 月 21 日。

还有很大的发展空间。气候变化和科学研究方面，中国可以与沿线国家和地区共同设立海冰和气候观测站。

第三节　中国北极航线战略的国内规划

中国参与北极航线的开发利用，在国内层面，既要继续加强北极科学考察，提升极地科技水平，还要在积累航行经验、建造极地船舶、开展人员培训、加强航行保障、建立资金保障制度等方面采取措施，促进我国北极航运的发展。

一、加强极地科技能力建设

受气候变化的影响，北极环境正发生重大的变化，在北极变化的机理、范围、影响及应对方面还存在大量科学未知。科学研究是了解北极环境和资源状况的基本手段，北极航运安全和环保规则、北冰洋公海渔业规制均依赖科学研究提供依据，极地科研能力成为北极治理中的重要竞争领域。中国是《联合国海洋法公约》和《斯约》的缔约国，依据海洋法在北极海域享有多种海洋权益，并且可以进入斯瓦尔巴群岛地区建立科学考察站开展科学考察。在国际法上，中国享有广泛的北极权益，但在实践中，究竟能够享用多少国际法赋予的权利取决于中国在极地领域的活动能力和水平。

开展极地活动需要具备相当的科技实力，这给实际参与北极事务提出了较高的要求。例如，南极条约机制的参与权规则，区分了普通缔约国和协商国两种身份，只有在南极开展了诸如建立科考站或派遣科学考察队等实质性科学研究活动的国家才被接纳为协商国，有权委派代表参加南极条约协商国会议，通过这一议事和决策机制制定南极管理法规和政策。在当前由北极国家主导的北极事务治理结构下，中国作为域外国家参与北极事务治理时也面临着明示和隐形的多种科技壁垒。在北极理事会这一北极政府间区域合作机制中，域外国家仅能以观察员身份参加，观察员国应具备的条件包括必须展示其在北极的利益、兴趣和工作能力，并必须有对北极原住民进行财政支持的意愿和能力。这种实力界定权利的现象在科学研究合作领域更为突出，在国际北极科学委员会机制中，只有参与了北极科学考察的国家级科研机构才能申请加入，参与这一平台的国际合作。在实际参与层面，中国作为观察员国可以派员参与北极理事会工作组的工作，然而参与科学评估报告进程的中国专业技术人员非常有限，欧美发达国家是北极理事会科学报告和政策建议的主导者和主要贡献者。即使在一般性国际组织例如国际海事组织中，中国虽然具有 A 类理事国的身份，但真正参与到极地航运规则的制定时，话语权和影响力却受我国在极地水域航行和极区船舶建造领域的技术水平的制约。

极地事务的参与在规则和实践层面都具有较高的科技门槛，我国在极地科学技术方面与发达国家有较大差距，只有大力提升极地科学技术水平，才能打破参与北极治理的形式和实质壁垒，真正参与到北极航运及相关北极事务的治理中。我国应当制定北极科技战略，提升我国涉极地科技水平。北极国家大力开展北极科学考察和研究，并将其作为北极战略和政策的重要组成部分，参与北极事务的非北极国家也普遍增加财政投入、设立新的科研计划及研究资助方案、开展国际研究合作以及加强人才联合培养。我国尚未制定北极科技战略，北极科研投入不足，加之距离北极遥远、保障能力不足、技术手段有限、研究队伍弱小、科学积累薄弱，导致我国当前北极科学研究与国际前沿还有较大差距。[1]

发展我国的极地科技能力，一方面，我国应当在战略层面上重视和规划北极科学研究，加大极地科学考察和极地研究的投入，培养北极科学研究人才队伍，抢占北极科学问题凸显和变化的时机，实现极地科学领域的跨越式发展，增强科学研究的能力。极地科学研究离不开持续、全面的科学考察，而中国在北极地区的考察站仅有位于斯瓦尔巴群岛上的黄河站，除此之外缺乏海洋科考的陆基平台，对北冰洋开展综合科学考察目前只能依托"雪龙"号考察船进行短期随船考察，限制了中国参与北极科学考察的机会。为了加强北极科考的能力建设，我国"十三五"规划中计划实施的重大工程和项目列入了新建科学考察船以及在北极合作新建岸基观测站。2016 年 12 月，由我国自主研制的极地科考破冰船已开工建造，预计 2019 年建成，致力于打造中国开展极地海洋环境与资源研究的重要基础平台，科研人员可在船上开展极

---

〔1〕 赵进平："我国北极科考权的社会需求基础和国际维权对策"，载《中国海洋大学学报（社会科学版）》2015 年第 5 期。

地海洋、海冰、大气等环境基础综合调查观测，进行有关气候变化的海洋环境综合观测取样，在极地冰区海洋开展油气资源、生物资源调查。[1]另一方面，要加强极地勘探开发关键核心技术的创新研发，切实增强我国在极地的活动能力。无论是开展极地科学考察还是参与北极航道利用及资源开发，都需要能够适应极区环境的船舶、装备和工程技术提供支撑和保障，我国需要增强极地业务能力和活动能力。北极是特定科技领域技术突破的天然试验场，我国应加强北极探索，将科学监测和探测技术、适合极地环境的工程技术、适合北极冰区的造船技术和航行技术、冻土地区勘探和开采技术设备的研发作为重点研究方向，实现技术创新和知识储备，为参与北极资源及北极航道开发利用提供技术支撑。[2]

提升我国的极地科技水平，除了加强自主创新研发，还要充分利用现有的双边、多边和国际科研合作机制，加强北极科学研究的双边和多边合作。由于北极陆地领土分属沿线北极国家，中国在北极陆地和近海开展科学考察和研究工作受到沿海国家主权、主权权利和管辖权的限制，开展双边、多边和国际合作是拓展我国北极科学研究活动的重要途径。我国应继续加强和扩展与其他国家已有的双边科研合作关系，与北极国家开展联合科学考察和重大科学问题的研究，并积极参与北极理事会、国际北极科学委员会平台内的科学研究项目，推动科研信息、数据的沟通和共享，通过科学交流与合作积累北极的专门知识，在极地科学领域紧跟国际前沿动态和发展，为我国后续开发利用北极打下基础。

二、促进北极航运的开展

北极海冰融化，北极海域通航条件得到改善，特别是东北航道通航前景乐观，俄罗斯计划加快开发北方海航道，然而在目前条件下，我国利用北极航线开展北极航运仍然面临诸多实际挑战。现有的观测技术难以预测航道区域的冰情，从而增加了冰区船舶的航行风险系数；通航时间受气候和海冰情况的限制，每年只有在固定的时间段内可以自由通航，运输效率较低；加之

---

〔1〕　"中国首艘自主建造的极地科学考察破冰船正式开工"，载新华网，http://news.xinhuanet.com/tech/2016-12/20/c_1120154987.htm，最后访问日期：2017年5月28日。

〔2〕　杨剑："北极航运与中国北极政策定位"，载《国际观察》2014年第1期。

航道沿岸基础设施滞后，缺乏航行所需的各类安全保障及生活服务设施；缺乏富有极地航行经验的船员等等。为了保障安全有效的北极航运，我们必须针对这些制约因素采取积极的改善措施，为北极航线的大规模开放做好战略准备，积极开展试航，提升极地船舶建造技术和极区航行技术，提供航行保障技术和制度支持。

（一）积极开展北极航线试航

进行北极航运试验是获得真实航行数据、积累北极知识和极区航行经验、锻炼北极航行专业人才的重要方式。我国缺乏在冰区寒冷海域的航行历史和实践经验，北极海域正处于从冰融走向开放的阶段，这为我国提供了探索试航的窗口期。早在20世纪初俄罗斯就联合挪威、日本开展了北方海航道的航运评估，近年来我国政府科考船以及商船也积极开展了对东北航道的试航，宝贵的航行实践为我国商船在北极航道常态化运营积累了经验，提供了重要的航行数据支持。对于东北航道，可以继续探索和扩大中国商船项目化、常态化通航北极航道的规模。对于开发条件尚不理想且存在航道法律争议的西北航道，中国可优先选择依托科考船开展试航，待获得较为充足可靠的航行数据资料后，再逐步开展商业试航。

在开展北极航道航行试验的过程中，我国要重视加强同欧洲国家、日本、韩国等非北极国家的合作。中国与日本、韩国等亚洲国家地理位置相近，在开发与利用北极航道方面存在共同利益，开展双边和多边合作的基础较好。例如，日本在北极航运试航方面起步较早，发展较快，综合实力强，除政府层面制定了关于北极航道的开发国策外，其民间财团早年间与挪威、俄罗斯合作开展了"国际北极海航路开发计划"，已经取得了不少可借鉴的成果。我国可以与北欧、亚洲其他国家合作开展北极航道的航行试验，学习和利用他国先进的航行技术，共享导航、海图等航道信息，增强抵御北极航道严酷的自然环境的能力。

（二）提升极地船舶的制造技术

近年来中国国内部分企业已经关注到北极航道通航及其所带来的机遇和挑战，并开展了一些相关活动探索北极航道的通航利用。包括：参与北极地区的能源资源的开发，发展北极旅游业以及开展北极航道商业性运营的试航等。2013 年中国远洋总公司"永盛"轮顺利完成北极航道的航行成为中国船舶在北极冰区航行的标志性事件。但是总体而言，较之其他北极国家，当前中国适合在北极冰区航行的船只并不多，所进行的商业性活动以及试航活动等也处于探索阶段。

作为世界造船强国之一的韩国在冰区船舶设计建造方面遥遥领先，并频频接获订单，而另一造船强国日本则耗资 380 亿日元打造了继"宗谷"号、"富士"号和老"白濑"号之后的日本第四代极地考察船新"白濑"号。虽然欧美国家已经放弃了普通船舶的制造，但其仍然继续加强冰区船舶的研发能力，扩充冰区船队。[1]我国虽然已承接部分冰区船舶订单，还做了大型冰级船舶技术的预研开发，但是与芬兰等发达国家相比，我国冰区船舶的建造技术仍相当薄弱，已经开工建造的第一艘自主建造的极地科考破冰船是中国与芬兰北极公司联合设计的。为此，我国有必要从材料制造加工、基础试验、船型设计和相关船用设备制造等关键技术方面加强研究，开展与芬兰等技术强国的技术交流与合作，在学习国外先进船舶设计理念、建造工艺和经验的基础上加强自主研发，确保我国极地船舶的质量和科技含量，为发展北极航运提供坚强的装备保障。

（三）开展极地航行船员的专门培训

为保障北极航行安全，《极地规则》要求通行船舶配备的船员应当具有在极地海冰覆盖水域航行所需的基础知识和熟练技能，俄罗斯和加拿大的国内法也提出配备具有资质的冰区导航员的要求。利用北极航道应遵守这些规定，而我国目前极度缺乏具有极地航行技能和经验的船员，对资质要求和培训的相关研究也非常落后。针对这种技能需要，我国可以借鉴俄罗斯、加拿大、美国等国的极地船员培训经验，制定符合中国海运发展的极地航海员培养模式，并由专门机构进行极地航海教程和培训大纲的编写，建立严格系统的考核认证制度。

（四）加强航道信息、航行资料的获取

北极海域常年被海冰覆盖，水文、冰情状况复杂，我国有关北极航道的

---

〔1〕 胡琳琳："冰区船市场引群雄逐鹿"，载《中国船检》2010 年第 9 期。

航行资料和信息匮乏，加之沿岸基础设施、交通服务不完善，航行经验不足，我国商船利用北极航道面临重大挑战。为了弥补航行资料严重不足的问题，交通运输部海事局先后组织专家编撰发行了《北极东北航道航行指南》和《北极西北航道航行指南》，以期为计划航行北极航道的中国籍船舶提供海图、航线、海冰、气象等全方位航海保障服务。尽管如此，目前我国获取的航行资料仍很有限，存在诸多不足。例如，缺乏一手资料，西北航道海域的信息非常有限，北极航道的海图大都掌握在沿岸国手中，使用方支付高价才能获取。此外，海冰消融使得北极航道无冰期前后分布有大量浮冰、冰山等，需要对其进行实时动态观测以获取信息。为满足航道信息的需要，我国需要加大北极航道科学考察和研究的力度，广泛收集北极航道相关基础性数据，并且应注意与沿岸国开展北极海洋科学合作，建立比较完善的观测网，扩大信息共享，借助合作获取因地理位置所限而难以获取的数据。

（五）建立保险和基金等资金保障制度

从海商法角度看，我国利用北极航道从事商业运输，特别是油类货物和危险品运输以及海上邮轮旅游等，如果发生航海事故，航运公司要承担较高的赔偿责任。如果没有投保强制责任保险或由相关机构出具财务担保，环北极沿岸国家会拒绝我国商船出入其港口。在海事责任限制方面，如船舶所有人意图限制自己的赔偿责任，也须先行设立责任限制基金，而该基金数额多数情况下是根据船舶吨位计算的，而且北欧国家的赔偿限额都远远高于我国，这对航行于北极的我国船舶必然是一个很大的经济负担。

为了降低北极航运的成本和风险，我国应当针对北极航行可能遭遇的海上风险建立专门的保险制度，使得船东通过保险来分摊风险，为开展北极航运保驾护航。此外，我国还可以借鉴美国、加拿大等国的基金模式，设立基金保障机制。只有这样才能解除船东的后顾之忧，使其轻装上阵。

三、规划港口建设

北极航线的开发利用会带动沿线港口的发展，改变国际港口竞争格局，特别是会给我国北方港口带来新的发展动力，改变我国传统远洋运输格局。为了充分利用北极航运发展带来的航运机遇，参与建设北极航线沿线航运中心的国际竞争，我国应重视规划我国的港口布局和建设，制定合适的发展战略。优化港口建设与合理布局有利于提升我国开展北极航运的运输效率，在规划北极航线港口布局时应当注意考虑各自的优势特点和发展基础，确定每个港口的总体发展方向及定位，形成各港优势互补，相互协调支撑的发展格局。在港口建设方面，加强基础设施和集疏运能力建设，组建港口战略联盟，增强整体竞争力，加强同船公司的合作，开展北极航线试航运输。[1]除积极规划和建设我国能够承接北极航运的国内港口外，我国参与北极航线的开发利用时还应关注北极航线沿线重要支点港口的建设与发展。北极航线沿线港口数量稀少，且基础设施普遍老化，制约着北极航运的发展，为满足北极航线通航利用的需要，沿线北极港口面临重要的改造建设任务。东北地区已经率先采取行动，2014年5月，吉林省与俄罗斯最大的港口运营商苏玛集团签订了合作建设扎鲁比诺万能海港框架协议，目标是建成年吞吐能力达6000万吨的国际港。凭借在寒冷高原冻土地区建造铁路公路的经验，中国在合作建设北极航道补给港口及相应基础设施方面具有独特优势。

---

[1]　王丹、张浩："北极通航对中国北方港口的影响及其应对策略研究"，载《中国软科学》2014年第3期。

结束语

在气候变化背景下，北冰洋海冰消融明显，北极地区的可进入性、资源的可开采性、海上通道的可通航性提升，北极航道及北极能源资源的战略价值逐渐凸显，北极地区迎来新的发展机遇。气候变化和经济全球化双重力量推动着北极地区及其资源向国际社会开放，北极航运量作为北极经济活动的集中体现增加明显，北极航线开发利用前景广阔，特别是东北航线有望开发成为一条新的连接欧亚、沟通太平洋和大西洋的重要能源运输通道。北极航线开发利用对中国具有重要的战略意义，对国际政治经济格局将产生深远的影响，我国推进"一带一路"建设不能忽视北极航线。

法律的功能在于定纷止争，国际法在形式上是国际社会各行为主体之间开展国际交往的行为准则，而本质上说，国际法又是植根于各个主权国家国家利益基础之上的共同利益的一种反映，国际秩序的建构带来国际法的演进和发展。国际法蕴含公平正义价值，体现国家、国际组织乃至各种国际行为体的共同利益，国际法是国际社会治理的最主要方式。北极地区融合了北极域内的主权利益、原住民的利益，因气候变化这一"共同关注事项"域外国家乃至整个国际社会也与北极有着千丝万缕的利益关系。因此，包括北极航线问题在内的北极治理理应受到域外利益攸关方的关切。

《联合国宪章》《联合国海洋法公约》《斯约》等一系列国际条约和一般国际法适用于北极地区，其中，《联合国海洋法公约》是北冰洋法律秩序的核心基石，为规范海洋划界、资源开发、航行活动、海洋科学研究、海洋环境保护提供了基本法律框架。国际法赋予沿海国在相应海域的主权、主权权利和管辖权，冰封区域沿海国还享有在海洋环境保护方面特殊的管辖权；同时，国际法也赋予其他国家在北冰洋海域的多种航行权利。北极航运受到多层级的法律规制，各国应依据国际法共同参与北极航线开发的利用。《联合国海洋法公约》规定了航道沿海国以及航道利用国的权利和义务，国际海事组织出台的极地水域航行国际规则具有普遍拘束力，北极航道沿海国依据国际法制定的国内管控制度也会约束北极航道的通航利用。随着北冰洋从冰封走向开放，北极航运法律规制处于变化和发展中，开发利用北极航线应当遵守北冰洋海域的法律规则，而北极航运规则的制定、解释、适用和发展应当兼顾沿岸国的合法权利和其他国家在北冰洋海域的合法权益，维护各国和国际社会的共同利益。

中国依据国际法参与北极事务，遵循国际法和北极国家的国内法开展北极活动和北极相关合作。中国愿意参与北极航道开发利用，主张根据《联合国海洋法公约》等国际条约和一般国际法管理北极航道，尊重北极国家依法对其国家管辖范围内海域行使立法权、执法权和司法权，保障各国依法享有的航行自由及利用北极航道的权利，尊重北极原住民的传统和文化，维护国际社会在北极的整体利益。中国将本着依法、平等、共赢的原则制定北极航线战略规划。

参考文献

一、著作

（一）中文著作

1. ［澳］普雷斯科特：《海洋政治地理》，王铁崖、邵津译，商务印书馆 1978 年版。

2. 赵可金、倪世雄：《中国国际关系理论研究》，复旦大学出版社 2007 年版。

3. 郭培清等：《北极航道的国际问题研究》，海洋出版社 2009 年版。

4. 陆俊元：《北极地缘政治与中国应对》，时事出版社 2010 年版。

5. 刘惠荣、杨凡：《北极生态保护法律问题研究》，知识产权出版社 2010 年版。

6. 北极问题研究编写组：《北极问题研究》，海洋出版社 2011 年版。

7. 刘惠荣、董跃：《海洋法视角下的北极法律问题研究》，中国政法大学出版社 2012 年版。

8. 王泽林：《北极航道法律地位研究》，上海交通大学出版社 2014 年版。

9. 杨剑等：《北极治理新论》，时事出版社 2014 年版。

10. 刘惠荣主编：《北极地区发展报告（2014）》，社会科学文献出版社 2015 年版。

11. ［斐济］南丹、［以色列］罗森主编：《1982 年〈联合国海洋法公约〉评注》第 2 卷，吕文正、毛彬译，海洋出版社 2014 年版。

12. 上海海事局和上海海事大学编译：《极地水域船舶作业国际规则（极地规则）》，上海浦江教育出版社 2015 年版。

13. 白佳玉：《船舶北极航行法律问题研究》，人民出版社 2016 年版。

14. 刘惠荣主编：《北极地区发展报告（2016）》，社会科学文献出版社 2017 年版。

15. 肖洋：《管理规制视角下中国参与北极航道安全合作实践研究》，清华大学出版社 2017 年版。

（二）英文著作

1. Terence Armstrong, *the Northern Sea Route: Soviet Exploitation of the North East Passage*, Cam-

bridge University Press, 1952.

2. Butler W. E., *International straits of the World: Northeast Arctic passage*. Sijthoff & Noordhoff Publishers, 1978.

3. Donat Pharand and Leonard H. Legault, *The Northwest Passage: Arctic Straits*. Martinus Nijhoff Publishers, 1984.

4. Franklin Griffiths ed., *Politics of the Northwest Passage*, McGill-Queen's University Press, 1987.

5. DonatPharand, *Canada's Arctic waters in international law*, Cambridge: Cambridge University Press, 1988.

6. Bing Bing Jia, *The Regime of Straits in International Law*, Oxford University Press, 1998.

7. Mark R. Amstutz, *International Conflict and Cooperation*, Boston: McGraw-Hill, 1999.

8. E. C. H. Keskitalo, *Negotiating the Arctic: the construction of an international region*, London: Routledge, 2004.

9. R. D. Brubaker, *The Russian Arctic Straits*, Leiden: Martinus Nijhoff, 2005.

10. OS Stokke, and G Hønneland, eds., *International cooperation and Arctic governance: regime effectiveness and northern region building*, Routledge, 2006.

11. Aslaug Mikkelsen, Oluf Langhelle, *Arctic Oil and Gas: Sustainability at risk?* Routledge, 2008.

12. Jain, B. M. *Global Power: India's Foreign Policy, 1947-2006*, Lanham: Lexington Books, 2008.

13. Michael Byers, *Who owns the Arctic?* Douglas & McIntyer Publishers, 2009.

14. Berkman P A., *Environmental Security in the Arctic Ocean*, Routledge, 2010.

15. Griffiths F, Huebert R N, Lackenbauer P W., *Canada and the changing Arctic: Sovereignty, security, and stewardship*, Wilfrid Laurier University Press, 2011.

16. Myron H. Nordquist, John Norton Moore, Alfred H. A. Soons and Hak-So Kim eds., *The law of the sea convention: US accession and globalization*, Martinus Nijhoff Publishers, 2012.

17. Anne-Marie Bradyed., *The Emerging Politics of Antarctica*, London: Routledge, 2013.

18. Suzanne Lalonde and Ted L. McDormaneds., *International Law and Politics of the Arctic Ocean*, Brill Nijhoff, 2014.

二、论文

(一) 中文论文

1. 王逸舟:"国家利益再思考",载《中国社会科学》2002 年第 2 期。

2. 李少军:"论国家利益",载《世界经济与政治》2003 年第 1 期。

3. 徐海燕:"俄罗斯'东向'能源出口战略与中俄油气合作——基于地缘政治经济学的分

析", 载《复旦学报（社会科学版）》2004 年第 5 期。

4. 郭培清、管清蕾："东北航道的历史与现状", 载《海洋世界》2008 年第 12 期。

5. 郭培清、管清蕾："北方海航道政治与法律问题探析", 载《中国海洋大学学报（社会科学版）》2009 年第 4 期。

6. 刘惠荣、林晖："论俄罗斯对北部海航道的法律管制——兼论其与《联合国海洋法公约》的冲突", 载《中国海洋大学学报（社会科学版）》2009 年第 4 期。

7. 刘惠荣、刘秀："西北航道的法律地位研究", 载《中国海洋大学学报（社会科学版）》2009 年第 5 期。

8. 郭培清、刘江萍："曼哈顿号事件与加拿大西北航道主权权利的扩张", 载《中国海洋大学学报（社会科学版）》2009 年第 5 期。

9. 白佳玉、李静："美国北极政策研究", 载《中国海洋大学学报（社会科学版）》2009 年第 5 期。

10. 邢娜："美国海事责任限制的法律适用", 载《武汉大学学报（哲学社会科学版）》2009 年第 5 期。

11. 张侠、屠景芳、郭培清、孙凯、凌晓良："北极航线的海运经济潜力评估及其对我国经济发展的战略意义", 载《中国软科学》2009 年第 S2 期。

12. 陆俊元："北极地缘政治竞争的新特点", 载《现代国际关系》2010 年第 2 期。

13. 郭培清、管清蕾："探析俄罗斯对北方海航道的控制问题", 载《中国海洋大学学报（社会科学版）》2010 年第 2 期。

14. 刘惠荣、陈奕彤："北极法律问题的气候变化视野", 载《中国海洋大学学报（社会科学版）》2010 年第 3 期。

15. 刘江萍、郭培清："保护还是搁置主权——浅谈美加两国西北航道核心问题", 载《海洋世界》2010 年第 3 期。

16. 张胜军、李形："中国能源安全与中国北极战略定位", 载《国际观察》2010 年第 4 期。

17. 胡琳琳："冰区船市场引群雄逐鹿", 载《中国船检》2010 年第 9 期。

18. 韩逸畴："论西北航道争端之困境与出路", 载《武大国际法评论》2011 年第 1 期。

19. 张侠、屠景芳："北极经济再发现下的国际合作状况研究", 载《中国海洋法学评论》2011 年第 2 期。

20. 刘惠荣、黄旻："国际海事组织法律规则探析及其对我国的启示", 载《海洋信息》2011 年第 2 期。

21. 陈玉刚、陶平国、秦倩："北极理事会与北极国际合作研究", 载《国际观察》2011 年第 4 期。

22. 肖洋："北冰洋航线开发：中国的机遇与挑战"，载《现代国际关系》2011年第6期。

23. 何剑锋、张芳："从北极国家的北极政策剖析北极科技发展趋势"，载《极地研究》2012年第4期。

24. 白佳玉："北极航道利用的国际法问题探究"，载《中国海洋大学学报（社会科学版）》2012年第6期。

25. 卢芳华："论斯瓦尔巴群岛的法律地位"，载《江南社会学院学报》2013年第1期。

26. 张侠、寿建敏、周豪杰："北极航道海运货流类型及其规模研究"，载《极地研究》2013年第2期。

27. 李振福、李娜、闫力等："北极航线通航环境分析"，载《港口经济》2012年第10期。

28. 杨剑："北极航道：欧盟的政策目标和外交实践"，载《太平洋学报》2013年第3期。

29. 卢芳华："《斯瓦尔巴德条约》与我国的北极权益"，载《理论界》2013年第4期。

30. 韦进深、舒景林："北方航道与俄罗斯的北极发展战略评析"，载《东北亚学刊》2013年第6期。

31. 王佳存："美国2013—2017年北极研究计划"，载《全球科技经济瞭望》2013年第9期。

32. 郭培清、孙凯："北极理事会的'努克标准'和中国的北极参与之路"，载《世界经济与政治》2013年第12期。

33. 杨剑："北极航运与中国北极政策定位"，载《国际观察》2014年第1期。

34. 邹志强："北极航道对全球能源贸易格局的影响"，载《南京政治学院学报》2014年第1期。

35. 刘雨辰："奥巴马政府的北极战略：动因、利益与行动"，载《中国海洋大学学报（社会科学版）》2014年第1期。

36. 张侠、屠景芳、钱宗旗、王泽林、杨惠根："从破冰船强制领航到许可证制度——俄罗斯北方海航道法律新变化分析"，载《极地研究》2014年第2期。

37. 王丹、张浩："北极通航对中国北方港口的影响及其应对策略研究"，载《中国软科学》2014年第3期。

38. 孙凯、王晨光："国家利益视角下的中俄北极合作"，载《东北亚论坛》2014年第6期。

39. 李春花、李明、赵杰臣等："近年北极东北和西北航道开通状况分析"，载《海洋学报（中文版）》2014年第10期。

40. 孙凯、刘腾："北极航运治理与中国的参与路径研究"，载《中国海洋大学学报（社会科学版）》2015年第1期。

41. 刘惠荣、李浩梅："北极航线的价值和意义：'一带一路'战略下的解读"，载《中国海商法研究》2015年第2期。

42. 钱作勤等："北极东北航道通航策略及经济性研究"，载《极地研究》2015 年第 2 期。

43. 李珍、胡麦秀："'北极航道'潜在经济战略价值的研究综述"，载《海洋经济》2015 年第 3 期。

44. 于宏源："气候变化与北极地区地缘政治经济变迁"，载《国际政治研究》2015 年第 4 期。

45. 孙凯、潘敏："美国政府的北极观与北极事务决策体制研究"，载《美国研究》2015 年第 5 期。

46. 赵进平："我国北极科考权的社会需求基础和国际维权对策"，载《中国海洋大学学报（社会科学版）》2015 年第 5 期。

47. 白佳玉、李俊瑶："北极航行治理新规则：形成、发展与未来实践"，载《上海交通大学学报（哲学社会科学版）》2015 年第 6 期。

48. 郭培清、董利民："美国的北极战略"，载《美国研究》2015 年第 6 期。

49. 贺鉴、刘磊："总体国家安全观视角中的北极航道安全"，载《国际安全研究》2015 年第 6 期。

50. 张侠、杨惠根、王洛："我国北极航道开拓的战略选择初探"，载《极地研究》2016 年第 2 期。

51. 郭培清、曹圆："俄罗斯联邦北极政策的基本原则分析"，载《中国海洋大学学报（社会科学版）》2016 年第 2 期。

52. 刘惠荣、孙善浩："中国与北极：合作与共赢之路"，载《中国海洋大学学报（社会科学版）》2016 年第 2 期。

53. 肖洋："韩国的北极战略：构建逻辑与实施愿景"，载《国际论坛》2016 年第 2 期。

54. 孙鲁闽："北极航道现状与发展趋势及对策"，载《海洋工程》2016 年第 3 期。

55. 任明："北极航区：'蜀道'之险"，载《珠江水运》2016 年第 3 期。

56. 陶润元："芬兰——破冰船设计与建造的引领者"，载《中国远洋航务》2016 年第 3 期。

57. 刘惠荣、李浩梅："北极航行管制的法理探讨"，载《国际问题研究》2016 年第 6 期。

58. 赵宁宁："当前俄罗斯北方海航道的开发政策评析"，载《理论月刊》2016 年第 8 期。

59. 郑苗壮、刘岩、裘婉飞："国家管辖范围以外区域海洋生物多样性焦点问题研究"，载《中国海洋大学学报（社会科学版）》2017 年第 1 期。

60. 董利民、XIE Hongyue："北极理事会改革困境及领域化治理方案"，载《中国海洋法学评论》2017 年第 2 期。

61. 白佳玉、孙妍、张侠："白令海峡治理的合作机制研究"，载《极地研究》2017 年第 2 期。

62. 陈萍、赵进平："北极海面风场对海冰区域性和整体性变化的影响"，载《中国海洋大学学报（自然科学版）》2017 年第 8 期。

63. 李明、杨亚伟："军事战略空间构成及其战略哲学思考"，载《兵团党校学报》2018 年第 1 期。

64. 王志民、陈远航："中俄打造'冰上丝绸之路'的机遇与挑战"，载《东北亚论坛》2018 年第 2 期。

65. 杨剑："《中国的北极政策》解读"，载《太平洋学报》2018 年第 3 期。

66. 杨海霞、张侠："经略北极 尽早行动——专访中国极地研究中心极地战略研究室主任张侠"，载《中国投资》2018 年第 7 期。

（二）英文论文

1. William E. Butler, "The legal regime of Russian territorial waters," *The American Journal of International Law*, vol. 62, 1968.

2. L C. Green, "International Law and Canada´s Anti-Pollution Legislation," *Oregon Law Review*, vol. 50, 1970.

3. Richard B. Bilder, "The Canadian Arctic Waters Pollution Prevention Act: New Stresses on the Law of the Sea," *Michigan Law Review*, vol. 69, 1970.

4. J. A. Beesley, "Rights and responsibilities of Arctic coastal states: the Canadian view," *Journal of Maritime Law and Commerce*, vol. 3, 1971.

5. Louis Henkin, "Arctic Anti-Pollution: Does Canada Make--or Break--International Law?" *The American Journal of International Law*, vol. 65, 1971.

6. Albert E. Utton, "Arctic Waters Pollution Prevention Act and the Right of Self-Protection," *U. B. C. Law Review*, vol. 7, 1972.

7. D. M. McRae and D. J. Goundrey, "Environmental jurisdiction in arctic waters: The extent of article 234," *U. B. C. Law. Review*, vol. 16, 1982.

8. Alan E Boyle, "Marine pollution under the Law of the Sea Convention, The American Journal of International Law," vol. 79, 1985.

9. Ted L McDorman, "In the wake of the Polar Sea: Canadian jurisdiction and the Northwest Passage," *Les Cahiers de Droit*, vol. 27, 1986.

10. Nicholas C. Howson, "Breaking the Ice: The Canadian-American Dispute over the Arctic´s Northwest Passage," *Columbia Journal of Transnational Law*, vol. 26, 1987.

11. N. D. Bankes, "Forty Years of Canadian sovereignty assertion in the Arctic, 1947-87," *Arctic*, vol. 40, 1987.

12. Kolodkin A L, Volosov M E., "The legal regime of the Soviet Arctic: Major issues," *Marine

Policy, vol. 14, 1990.

13. Donald R. Rothwell, "Canadian–US Northwest Passage Dispute: A Reassessment," *Cornell International Law Journal*, vol. 26, 1993.

14. Leonid Timtchenko, "The legal status of the Northern Sea Route," *Polar Record*, vol. 30, 1994.

15. Donald R. Rothwell, "International Law and the Protection of the Arctic Environment," *International and Comparative Law Quarterly*, vol. 44, 1995.

16. Mike Perry, "Rights of Passage: Canadian Sovereignty and International Law in the Arctic," *University of Detroit Mercy Law Review*, vol. 74, 1996.

17. Rob Huebert, "New directions in circumpolar cooperation: Canada, the arctic environmental protection strategy, and the arctic council," *Canadian Foreign Policy Journal*, vol. 5, 1998.

18. David Scrivener, "Arctic environmental cooperation in transition," *Polar Record*, vol. 35, 1999.

19. Elliot–Meisel E B, "Still unresolved after fifty years: The Northwest Passage in Canadian–American relations, 1946–1998," *American Review of Canadian Studies*, vol. 29, 1999.

20. R. Douglas Brubaker, "The Legal Status of the Russian Baselines in the Arctic," *Ocean Development and International Law*, vol. 30, 1999.

21. R. Douglas Brubaker, "Straits in the Russian Arctic," *Ocean Development and International Law*, vol. 32, 2001.

22. Ryan O'Leary, "Protecting the Arctic Marine Environment: The limits of Article 234 and the need for multilateral approaches," *Journal of Environmental Law and Practice*, vol. 23, 2001.

23. Donat Pharand, "The Arctic waters and the Northwest Passage: A final revisit," *Ocean Development and International Law*, vol. 38, 2007.

24. James Kraska, "the Law of the Sea Convention and the Northwest Passage," *the International Journal of Marine and Coastal Law*, vol. 22, 2007.

25. Olav Schram Stokke, "A legal regime for the Arctic? Interplay with the Law of the Sea Convention," *Marine Policy*, vol. 31, 2007.

26. E J. Molenaar, "Arctic Marine Shipping: Overview of the International Legal Framework, Gaps, and Options," *Journal of Transnational Law and Policy*, vol. 18, 2008.

27. Lee Clark, "Canada's Oversight of Arctic Shipping: The Need for Reform," *Tulane Maritime Law Journal*, vol. 33, 2008.

28. Oysten Jensen, "Arctic shipping guidelines: towards a legal regime for navigation safety and environmental protection?" *Polar Record*, vol. 44, 2008.

29. Agustín Blanco–Bazán, "Specific Regulations for Shipping and Environmental Protection in the

Arctic: The Work of the International Maritime Organization," *The International Journal of Marine and Coastal Law*, vol. 24, 2009.

30. Aldo Chircop, "The growth of international shipping in the Arctic: Is a regulatory review timely?" *The International Journal of Marine and Coastal Law*, vol. 24, 2009.

31. Donald McRae, "Arctic Sovereignty? What is at stake?" *Behind the Headlines*, vol. 64, 2009.

32. Erik Franckx, "The legal regime of navigation in the Russian Arctic," *Journal of Transnational Law and Policy*, vol. 18, 2009.

33. Jerome Verny, Christophe Grigentin, "Container Shipping on the Northern Sea Route," *International Journal of Production Economics*, vol. 122, 2009.

34. Oran R. Young, "The Arctic in Play: Governance in a Time of Rapid Change," *The International Journal of Marine and Coastal Law*, vol. 29, 2009.

35. Oran R. Young, "Wither the Arctic? Conflict or Cooperation in the Circumpolar North," *Polar Record*, vol. 45, 2009.

36. Miaojia Liu, Jacob Kronbak, "the potential economic viability of using the Northern Sea Route as an alternative route between Asia and Europe," *Journal of Transport Geography*, vol. 18, 2010.

37. Michael A. Becker, "Russia and the Arctic: Opportunities for Engagement within the Existing Legal Framework," *American University International Law Review*, vol. 25, 2010.

38. Aldo Chircop, "the Emergence of China as a Polar-Capable State," *Canadian Naval Review*, vol. 7, 2011.

39. Frédéric Lasserre and Sébastien Pelletier, "Polar Super Seaways? Maritime Transport in the Arctic: An Analysis of Shipowners' Intentions," *Journal of Transport Geography*, vol. 19, 2011.

40. Kristin Bartenstein, "The 'Arctic Exception' in the Law of the Sea Convention: A Contribution to Safer Navigation in the Northwest Passage," *Ocean Development and International Law*, vol. 42, 2011.

41. Njord Wegge, "The Political Order in the Arctic: Power Structures, Regimes and Influence," *Polar Record*, 47, 2011.

42. Oran R. Young, "If an Arctic Ocean treaty is not the solution, what is the alternative," *Polar Record*, vol. 47, 2011.

43. Aki Tonami, Stewart Watters, "Japan's Arctic Policy: The Sum of Many Parts," *Arctic Yearbook*, 2012.

44. Andrew Hartsig, "Arctic bottleneck: protecting the Bering Strait region from increased vessel traffic," *Ocean and Coastal Law Journal*, vol. 18, 2012.

45. Heather Exner-Pirot, New Directions for Governance in the Arctic Region, Arctic Yearbook, 2012.

46. Lassi Heininen, "State of the Arctic Strategies and Policies," *Arctic Yearbook*, 2012.

47. Neil Gadihoke, "Arctic Melt: The Outlook for India," *Maritime Affairs: Journal of the National Maritime Foundation of India*, vol. 8, 2012.

48. Nong Hong, "The melting Arctic and its impact on China's maritime transport," *Research in Transportation Economics*, vol. 35, 2012.

49. Njord Wegge, "The EU and the Arctic: European Foreign Policy in the Making," *Arctic Review on Law and Politics*, vol. 3, 2012.

50. Scott Stephenson, Collaborative Infrastructures: A Roadmap for International Cooperation in the Arctic, Arctic Yearbook, 2012.

51. Bing Bing Jia, "the Northwest Passage: an Artificial Waterway Subject to a Bilateral Treaty Regime?" *Ocean Development and International Law*, vol. 44, 2013.

52. Holthus P, Clarkin C, Lorentzen J, "Emerging Arctic Opportunities: Dramatic increases expected in Arctic shipping, oil and gas exploration, fisheries and tourism," *Coast Guard Journal of Safety and Security at Sea*, vol. 70, 2013.

53. Lalonde S, Lasserre F, "The Position of the United States on the Northwest Passage: Is the Fear of Creating a Precedent Warranted?" *Ocean Development and International Law*, vol. 44, 2013.

54. Miller, Manjari Chatterjee, "India's Feeble Foreign Policy: A Would-Be Great Power Resists Its Own Rise," *Foreign Affairs*, vol. 92, 2013.

55. Peter Luttmann, "Ice-Coverd Areas under the Law of the Sea Convention: How Extensive are Canada's Coastal State Powers in the Arctic?" *Ocean Yearbook*, Vol. 29, No. 1, 2015.

56. Jennifer Spence, "Finding a Place in the Arctic Council for Non-Arctic Actors: A Social Network Analysis of the Arctic Monitoring and Assessment Programme," *Arctic Yearbook*, 2016.

57. Oran R. Young, "The shifting landscape of Arctic politics: implications for international cooperation," *The Polar Journal*, 2016.

58. Øystein Jensen, "The International Code for Ships Operating in Polar Waters: Finalization, Adoption and Law of the Sea Implications," *Arctic Review on Law and Politics*, vol. 7, 2016.

59. Dongmin Jin, Won-sang Seo & Seokwoo Lee, "Arctic Policy of the Republic of Korea," *Ocean and Coastal Law Journal*, Vol. 22, 2017.

三、研究报告

1. "International Northern Sea Route Programme," INSROP Working Papers, 1994-1999.

2. H. Kitagawa, The Northern Sea Route: the Shortest Sea Route Linking East Asia and Europe, 2001.

3. "Governance of Arctic Marine Shipping," Dalhousie University, 2008.

4. D R. Rothwell, "the Arctic in International Affairs: Time for a New Regime?" ANU College of Law Research Paper No. 08-37, 2008.

5. "Arctic Marine Shipping Assessment 2009 Report," Arctic Council, 2009.

6. Linda Jakobson, "China prepares for an ice-free Arctic," SIPRI insights on Peace and Security, no. 2, 2010.

7. Frederic Lasserre, "China and the Arctic: threat or cooperation potential for Canada?" CIC China Papers No. 11, 2010.

8. Heather Conley, Jamie Kraut, "U. S Strategic Interests in the Arctic: An Assessment of Current Challenges and New Opportunities for Cooperation," CSIS Europe Program, 2010.

9. Huebert R N, Exner-Pirot H, Lajeunesse A, et al., "Climate Change & International Security: The Arctic as a Bellweather," Center for Climate and Energy Solutions, 2012.

10. Heather A. Conley, "A New Security Architecture for the Arctic, An American Perspective," The CSIS Europe Program, 2012.

11. Willy Ostreng et al., "Shipping in Arctic waters, a comparison of the Northeast, Northwest and Trans-Polar Passages," 2013.

12. Heather A. Conley, "Arctic Economics in the 21st Century: The Benefits and Costs of Cold," The CSIS Europe Program, 2013.

13. Heather A. Conley, "The New Foreign Policy Frontier: U. S. Interests And Actors in The Arctic," CSIS, 2013.

14. University of Washington, Arctic Law & Policy Year in Review: 2014.

15. Terry Fenge and Bernard Funston, "The Practice and Promise of the Arctic Council," Greenpeace Report, 2015.

后　记

　　本书是我主持的北极法律领域的第二项国家社科基金项目研究成果。第一项是 2008 年国家社科基金，项目的最终成果《海洋法视角下的北极法律问题研究》高度概括了北极地区呈现出的"法律不成体系性"和北极治理的多中心化，这项研究成果先后获得山东省社科优秀成果奖和教育部社科优秀成果奖。自 2007 年初涉北极研究以来，我和我的研究团队从基本认知北极起步，在国内较早地全面系统研究北极地区的法律秩序，分析研究中国与北极的联系、中国在北极治理和北极开发中的地位和作用，逐渐扩展研究视野和研究深度。北极航道的研究是在北极海冰消融加剧，航道开通和使用从远景规划逐步具有现实可能性的背景下展开的，与前一项国家社科基金项目相比而言，这项研究所涉及的领域既有理论研究意义同时又极具现实应用性。

　　中华民族早在两千多年前就通过海陆两条丝绸之路与其他国家开展商贸往来。《易·系辞下》："刳木为舟，剡木为楫，舟楫之利，以济不通，致远以利天下。"华夏民族开辟了闻名于世的"海上丝绸之路"，更有郑和七次下西洋的伟大壮举，从而拉开了世界大航海时代的序幕。但明朝的"海禁"政策和重农抑商、自我封闭的政策，使中国沦为闭关锁国的落伍者。自 2013 年 9 月以来，党中央提出与各国人民共建"一带一路"的倡议构想，2015 年 3 月 28 日，国家发展改革委、外交部和商务部联合发布《推动共建丝绸之路经济带和 21 世纪海上丝绸之路的愿景与行动》。在课题研究过程中，我以北极研究者的视角关注到北极航道可能成为 21 世纪

"一带一路"的新航路，于是在 2014 年年末向有关部门提出："北极航线的开发利用与 21 世纪海上丝绸之路可以形成以中国为轴心、全球辐射的经贸网络。21 世纪海上丝绸之路建设不应忽视北极航线的战略价值和意义。"这个观点得到中国工程院管华诗院士，原国家海洋局局长、现任中国海洋发展研究中心主任王曙光先生这两位我极其敬仰的海洋界大咖的认同和支持。在本书即将出版之际，我首先向管华诗院士和王曙光局长表示衷心的感谢。今天，我们欣喜地看到，不仅"雪龙"号科考船实现了北极航道穿越，而且"永盛轮"等中远特运商船也完成了二十余次北极商运。与中国飞速发展的北极航道利用相比，书中的一些观点稍显渐进性特点，有待今后不断深入研究。

这部著作得以成书，离不开中国海洋大学极地法律与政治研究团队成员们的大力支持，尤其是北极国家、北极地区法律法规的搜集、翻译、整理工作。学术午餐会、研讨会碰撞出智慧的火花，使我们不断凝炼观点，夯实研究成果。所以，衷心感谢海大极地研究中心的同事们、学生们勠力同心地执着于极地研究事业，十年的坚守，硕果累累。

本书的付梓还要感谢中国海洋大学海洋发展研究院的大力支持和资助；感谢开题报告会上杨金森先生、曲探宙先生、冯梁先生、杨剑先生、方堃先生等专家不吝赐教，贡献了海洋法与北极方面以及北极治理和战略学方面的宝贵建议；感谢原国家海洋局、现自然资源部极地考察办公室、海洋发展战略研究所、上海国际问题研究院、中国极地研究中心等单位对我和我的同事们持之以恒的指导和帮助。仅以此书的出版，向所有支持者和帮助者表示衷心的感谢！

刘惠荣

2019 年 8 月